主 编 张幼文 黄仁伟
权 衡
副主编 赵蓓文 胡晓鹏

China's International Status Report *2019*

中国国际地位报告

（2019）

China

人民出版社

目　　录

导论 40 年开放：
中国道路诠释国际地位新内涵

2018 年，是中国改革开放 40 周年。40 年来，改革开放的巨大成就对中国国际地位的提升产生了重要影响。其中的核心内容，在于 40 年改革开放走出的中国道路具备的国际意义，以及中国道路为国际地位提出的新内涵。中国道路的成功，使我们对国际地位的认识从简单的定量排名到国际治理能力，从经济成长水平到国际政治意义等方面全面提升。这种对国际地位新内涵的认识，在 2018 年全球化面临新变局背景下，显得更为重要。面对新变局与新的战略机遇期，以中国道路塑造国际地位的机制和特点需要我们进行深入的思考与探索。

一、改革开放 40 年中国走出的道路决定国际地位

1. 改革开放 40 年形成的中国道路

1978 年 12 月召开的中国共产党十一届三中全会，开启了改革开放的历史新阶段。40 年来，经过不懈奋斗、探索与实践，中国在经济、社会、科技、文化等诸多领域取得了举世瞩目的巨大成就。在经济方面，中国的改革不断解放与发展了社会生产力，国内生产总值与财富积累实现了巨大提升，经济发展年均近 10% 的增速，远高于同期世界经济的平均增速。同时，中国经济的发展为世界经济作出重要贡献。中国国内生产总值占全球生产总值持续上升，从 1978 年的 1.8% 上升到 2017 年的 15.2%[①]，并建构起开放型的现代生产体系，贸易进出口额、外商直接投资、对外投资总额均持续强劲增长。经过 40 年的发展，中国已成为世界第二大经济体与世界经济发展的重要引擎。

同时，改革开放 40 年来，中国在社会发展与科技进步方面也取得长足进步。中国的民生改善取得巨大成果，贫困人口累计减少 7.4 亿人，民众收入大幅增长，中等收入群体规模持续扩大。改革开放之初的物质短缺时代已经被物质丰富的新时代所取代。中国的科技发展水平也不断提升，建成了全球最为完整的工业体系，基础设施建设水平不

---

① 习近平：《在庆祝改革开放 40 周年大会上的讲话》，人民出版社 2018 年版，第 12—13 页。

断提升，高质量的高铁网络、高速公路体系、国际性港口群成为支撑经济社会发展与对外交往的重要依托。

改革开放取得的多方面持续性的巨大成就，反映出中国在40年中形成的独特发展道路的成功与有效性。改革开放以来，中国在思想观念、生产关系、管理体制、政府职能和领导方式等诸多方面实现了巨大变革。对外开放完成了从封闭经济向开放经济的转变，以及从计划经济向市场经济转变的双重任务。在这一过程中，中国始终坚持以经济建设为中心，坚持社会主义市场经济的改革方向，同时坚持开放、合作、共赢的对外发展战略，形成了国内经济持续增长、对外经济互动水平不断提升的发展格局。

中国独特发展道路的核心在于，中国的发展主要根据自身的国情进行选择，并具有鲜明的本国特色。中国的经济社会发展是通过自身的艰苦努力达成的，并基于制度、技术、社会结构等方面的主动创新和大胆试验。同时，中国的改革与开放之路是循序渐进的，其"摸着石头过河"的特性推进保持了改革的稳定性，并逐渐积累起国家发展的阶段性动力。在改革开放过程中，中国在开放的同时注重国家的主权和利益，实现了自主发展。在政策的制定和实施上，创新和试验成为主要的原则，充分发挥地方的积极性和灵活度，解决问题实事求是、灵活应对。在市场经济制度的设定上，形成了具有中国特色的政策规则体系，不以西方模式为唯一模板，根据时间积累而来的成功政策、规则和路径，实现市场经济的制度安排。通过这一道路，中国实现了政治稳定与制度改革、经济发展之间的协调兼容，提升了国民的整体福祉，并促进了世界经济的发展。中国的发展道路展现出发展中国家依托自身要素和发展意愿实现现代化的独特路径。

而这一路径，与西方影响下的"华盛顿共识"有着巨大的不同。以新自由主义为基础的"华盛顿共识"更多依靠西方市场经济体系的经验，强调快速推进私有化与自由化，极大削减政府在经济中的作用，并快速向国际资本开放国内市场。事实证明，这一路径有较大的不确定性，且难以完全适应于要素条件迥异、发展基础与阶段不同的众多发展中国家。而中国改革开放40年发展的成功，恰恰印证了根据发展中国家国情，采取因地制宜发展政策的发展道路，具有强大的适应弹性与生命力。

2. 中国道路是国际地位提升的根本原因

中国改革开放40年发展的成功，在发展路径的特征上与西方发达国家不同，而在实践的原则方面，则形成了较为明确的道路模式。正是这种成功的中国发展道路，成就了40年后中国的国际地位。作为最大的发展中国家，中国的国际地位，不仅源自物质层面的财富水平与力量运用，更在于自身从相对落后到逐步富强的成功发展道路的影响力与吸引力。中国国际地位的形成与提升，其基础在于改革开放40年累积而成的重要物质支撑，以及发展模式的外部影响作用。中国的国际作用，并不以军事实力的外溢以及经济控制力的全球布局为基础，而是建立于自身发展道路的成功探索以及与其他国家在推进经济全球化过程中初级合作共赢的基础之上。因此，其国际地位提升具有内生与外生因素相互结合的特性，具有合理性与科学性。从这个意义上看，中国国际地位的确立与发展，根源在于中国道路的成功。

40 年来，中国道路的构筑，并非一帆风顺，也没有外部的现成模式可以套用。中国的经济发展，是在解放生产力的过程中不断调整与改革中逐渐探索而成的。这种探索，始终注重对现实问题的解决，呈现出开放、与时俱进的状态。面对经济发展的动力与活力问题，中国通过社会主义市场经济体系的建构，形成了国内配置资源的有效机制，面对与外部世界的互动体系问题，中国通过经济特区与沿海地区城市的开放，与世界市场建立了有效联系，进而全面激活了国内闲置资源，并融入经济全球化的大潮之中。

在这样的发展过程中，中国的经济增长不仅成为自身发展的主要基础，而且为全球经济带来新的动力。中国在成长为世界经济第二大经济体的同时，也成为具备完备制造体系的世界工厂，并日益成为全球公共品的重要贡献者。金融危机之后，中国逐渐走向世界舞台中央，在全球治理领域发挥越来越重要的作用，并成为新型全球化的重要引领者。应该说，正是因为具备了能够稳定、动态应对挑战、积极抓住发展机遇的发展模式，中国才能不断适应多变的国际环境，成为全球经济与国际事务的重要参与者乃至引领者。从这个意义上看，中国道路是中国国际地位提升的决定性因素。中国道路的特点，决定了中国独特的国际地位。中国的发展模式，是在吸取多种发展模式优点的基础之上，结合本国国情而形成的，这种差异性使之能够超越照搬外部发展模式带来的负面效应，更适合发展中国家快速现代化的需求与国情，因此为中国国际地位的提升提供了重要的依托。

中国道路的特性，也要求我们对国际地位的内涵进行新的理解。传统上，一国的国际地位更多体现在政治、经济、社会、文化的国际影响力上。但中国的经验则进一步折射出，以自身发展推动国际共同发展，积极推动经济全球化，主动参与全球治理也是国际地位的重要表现。随着经济全球化的深入发展、国际主体间互动方式的变化，以及全球共同问题的不断增加，国际地位的内涵构成也在发生变化。单纯以国家实力以及对世界事务的直接影响力评价国际地位，已难以全面概括一国的国际影响力和地位。而对国际共同发展的贡献，在世界经济一体化重要方向上的引领，以及对国际共同问题的协调能力等，正在成为一国国际地位的重要评判因素。中国在改革开放过程中，通过内部经济规模的提升以及独立自主的和平外交政策、和平发展道路、互利共赢的开放战略，印证了国际地位内涵的新变化。

3. 改革开放 40 年不惑凸显"四个自信"

改革开放 40 年的发展成果，最终体现为中国独特且有效的发展道路，这一道路显示出在发展路径方面中国模式与欧美模式的差异。中国对于自身发展模式的探索，已经经历了 40 年的实践检验，巨大的成就说明中国道路符合中国的国情，有助于人民生活水平的稳步提升。从认知上看，这无疑具有强大的说服力和自信。这种自信，反映在"道路自信、理论自信、制度自信、文化自信"四个层面。从中国国家的发展来说，这

"四个自信"有非常广泛的内容，但是就对外开放这个意义上来说，还有具体的特定内容。

其一，道路自信。中国的开放发展道路建构，并非简单缘于宣布决定开放问题就迎刃而解。其核心仍在于如何开放。在改革开放40年中，有两个概念在中国开放型发展道路当中非常关键。其中，一个概念是"特殊"；另一个概念是"政策"。创办经济特区时，国内有"姓资"与"姓社"的巨大争论。以邓小平同志为核心的党中央决策使中国的开放摆脱了束缚，"特殊"的做法使中国打开了开放的缺口，打开了观念上的缺口。而"政策"则使中国经济社会能够摆脱体制的束缚，当体制改革有待于整体设计和推进的时候，是政策给了中国的发展空间。

因此，"特殊"与"政策"两个因素，在我国的开放型发展当中具有特殊的含义。正是因为充分利用了这两个概念和两种理念，使我国从封闭走向了开放。而开放型发展道路的持续发展，则需要深入解决具体问题。从发展经济学的角度看，发展的核心问题在于如何解决储蓄与外汇"双缺口"问题。中国的两个缺口的解决，仅用"出口导向"政策来概括，是不确切的。出口导向概念在发展经济学意义上，其基本含义是利用本国的比较优势产业发展出口，获得资金和外汇，打破两个缺口。

但中国的出口发展路径有其特殊性，不能仅以发挥廉价劳动力优势视角进行解释。20世纪80年代，中国利用廉价劳动力的优势，仍然未能实现高速发展。中国的服装、鞋帽在不具备品牌的情况下出口受限。中国的快速发展始于20世纪90年代，其关键在于引进了外资，进而发展了出口。因此，外资的引进，是我国出口发展的关键。20世纪90年代后期，中国的外资企业出口占全国出口近三分之二，这是中国发展的最具有典型意义的特征。正是由于外资、外贸的双顺差，使中国突破了发展经济学的最大难题——"双缺口"，也使中国建立起了发展的最基本基础和今后进一步发展的条件。中国具备了双顺差条件，就得用新的发展战略，通过"走出去"、并购获得技术，构建全球价值链，并推动国内的自主创新。中国40年开放型发展道路的历程取得了巨大成功，我们对于这一道路的特征应当充分自信。

其二，理论自信。理论是一个民族发展的灵魂。中国开放取得的巨大成就，自然不能用200年前的比较优势、半个多世纪以前的要素禀赋等基于其他国家的实践基础上提出的理论来进行简单解构。改革开放40年中国的伟大实践，远远超出历史上任何中小规模国家所经历的发展道路，自然应当以新的、符合实践发展的理论进行解读。

比较优势理论证明了自由贸易的必然性，要素禀赋理论决定了要素的结构，但是上述理论的前提是要素不流动状况。中国开放型经济的特点与之大相径庭。从中国改革开放40年走过来的经验看，主要在于抓住了全球化的机遇。全球化的机遇与挑战，是我国对外开放的基本出发点。而当今的全球化则不同于历史上其他阶段的全球化。今天的全球化不仅指贸易的自由化，更重要的是具备"投资超越贸易"特点的全球化。当今的世界经济运行中，投资替代了贸易、投资创造了贸易、投资改变了贸易。这种新机制的全球化，使中国在过去40年中能够得到发展。中国注意到全球化的机遇，抓住了这个机遇，引进了外资，使自身能够高速发展出口。中国抓住了外资引进这一历史机遇，创造了高增长，参与了全球的价值链分工。因此，抓住全球化的机遇，是具有时代特征和中国特色的开放型经济理论。

同时，中国对于全球化带来的挑战也保持了清醒，我们注意到外部冲击，注意到如何通过渐进举措来实现稳健的、可持续的开放。中国抓住宏观条件，有效防范了多次来自外部的冲击，保证开放经济的稳定发展。从中国的实践角度看，全球化的机遇与挑战的互动，是应该重点考虑的，具有时代特征和中国特色的开放型经济理论。

对中国的开放型经济理论，我们还需要进行更为深入的理解。从微观经济学视角，国际直接投资的内涵就是生产要素的国际流动。外商直接投资并不是把国外的货币转移到中国的银行，而是跨国公司以投资为载体，将技术、品牌、新兴产品、管理、营销网络等高级要素转移到中国，使中国得到实现增长的可能，这种增长同时反映为 GDP 的增长和出口增长。因此，可以说生产要素的国际流动，是经济全球化的基本特征。而要素的流动，是中国开放型经济增长的微观基础。这样的理论概括，使我们看到，中国的发展区别于世界上其他国家以往的发展。这也使得简单使用比较优势和发挥廉价劳动力优势等分析视角显示出适用性问题。因为这些视角脱离了中国的现实，脱离了中国 40 年的实践。这种适应性问题，从另一侧面证明了中国的开放发展理论应坚持来自中国实践的理论自信。

其三，制度自信。中国的发展成就，与中国建立起的制度息息相关，理解了这一点，也有助于理解国际生产要素向中国流动的原因。40 年中，中国之所以实现高速发展，关键在于开放是通过改革实现的。由于国内的改革，建立了特区、开发区、园区、开放城市等改革空间，使国内生产要素能够从闲置状态中被释放出来。如果没有中西部的农村劳动力流动到东部参与出口加工，没有土地批租制度改革，没有国内生产要素流动的改革，外资即便进入中国，也难以有效进行生产。中国的改革形成了一种促进要素集聚的有效机制，在这种机制下，外部要素流入，内部要素动员，这两种要素结合、集聚才创造了中国经济的高速增长和中国出口的高速增长，以及中国国际竞争力的迅速提升。

从整体上看，体制优势决定了中国的有效增长。改革开放以来，中国的体制可以概括为"区域发展导向型市场经济"。这一概念的总体内涵就是"市场有效、政府有为"。其"区域"定义，在于从中央到地方各级政府，从农村到乡镇，从城市到街道，各级地方政府都有发展经济的积极性和主动性。这是中国体制的最大优势，也是经济高速增长的秘密所在。

中国经济的高速增长原因，在于类似"动车组"的区域发展体制结构。中央的决策，在各级地方政府落实。同时，各级地方政府拥有政策的制定权，这种政策制定权，使国家能够在制度改革尚未完成，法律体系尚未完全建成的情况下，通过地方政府灵活地运用政策破解发展中的难题，帮助外商投资企业解决过高的制度成本，不断地改善营商环境。40 年中国改革开放的成功，证明了中国体制的优越性，中国有理由对这样的制度保持自信。

其四，文化自信。中国的改革开放过程是创新与智慧的成果，这些智慧的基础在于中华文化的影响。其中值得关注的是中国文化的包容性，以及勤劳致富的文化基础。从勤劳致富层面看，正是中国劳动者的劳动态度，形成了与其他国家不同的发展效率与成果。2018年，美国等少数经济体无端指责中国的高速增长是通过侵犯他国利益实现的。面对这些无理指责和错误思维，我们更需要关注和系统阐述中国民众勤劳致富对中国发展的决定性作用。

同时，还要看到折中平和之道对中国开放性发展的重要作用。中国的开放并未简单的一步到位和彻底全面开放，而是进行渐进的开放。我们没有完全抛弃原有体制的特征，而是将政府有为和市场作用充分结合起来。我们没有因为外资引进，就放弃国有企业和民营企业，而是让三种所有制形式各自发挥作用。在这样的结构中，民营企业是活力，外资企业是动力，国有企业是重力、是压舱石。这种结构保证了中国经济的稳定发展，而且有巨大的活力。这证明了中国折中平和文化的合理，也是战略决策和制度选择的文化基础。

二、40年中国国际地位提升的成因与世界意义

40年来，中国国际地位的巨大提升，具有多方面的成因，其中最为关键的因素，在于与世界经济体系的融合互动，以及持续发展动力的生成。而中国国际地位的提升，又为世界经济、全球治理作出了重大贡献，具有重要的世界意义。

1. 中国与世界经济体系的良性互动

40年来，中国与世界市场、世界经济体系的融合发展，使中国获得巨大的发展空间，也给中国内部体制改革带来重要动力。改革开放之初，中国通过经济特区、沿海开放城市的区域开放模式，与世界市场形成了初步对接。中国加入世界贸易组织后，实现了与世界市场和世界经济体系的全面对接。一方面，以外资引进实现出口发展成为中国开放的一大特征；另一方面，中国通过不断延长国内供应链方式实现外来产业逐步转变为中国产业，并使中国的制造业、服务业经济体系成为世界经济体系的重要组成部分。为了适应与世界经济体系的对接，中国通过改革形成了各级地方政府具有积极发展智能的区域发展导向型市场经济体制，政府与市场、政府与企业、社会与企业间的制度关系得以不断调整重塑，促进了国外要素的快速集聚，推动了国内要素的充分激活。

2008年全球金融危机后，中国的经济发展则成为世界增长的重要发动机。近10年来，中国不仅以对世界市场的链接与融合作为自身发展的条件，而且以国内市场的快速提升与升级为世界发展作出了重要贡献。党的十八大后，自由贸易试验区的不断推进建设，以及2018年中国国际进口博览会的成功举行，均表现出中国以自身发展促进世界

经济健康稳定发展的大国担当。从对接借助世界经济体系，到融合促进世界经济体系，中国的国际经济影响力与贡献度逐步提升，成为建构国际地位的重要基石。

2. 40年来中国发展的动力来源

作为发展中大国，中国40年的快速发展，其重要的原因在于找到了重要且稳定的动力来源。中国的发展动力，主要依靠960多万平方公里国土与13亿多人口的开放，开放使中国与外部世界均获得前所未有的所需资源和市场，使中国在世界范围得到发展机遇。改革开放之初，中国已经具有较为完备的工业体系，庞大的受教育的劳动力群体，以及国内较为充沛的土地、资源等要素条件。通过对外开放，跨国公司将品牌、资本、技术、创新体系，以及生产网络布局中国，进而使国内要素得以激活与有效利用。这体现出外部高级要素流入与本国要素相结合，并提高本国要素水平的重要规律。这种内外部要素间的互动，是40年来中国发展的重要动力来源。

另外，中国通过要素合作，也对世界经济作出巨大贡献，为世界经济的增长提供了动力。一方面，中国通过外资引进促进出口发展，加工贸易形式的外商投资企业出口，为全球提供了质优价廉的终端产品；另一方面，外部要素的进入与刺激，促进了国内民营经济的水平提升，一批国内新兴产业得以建立，国有企业在外部因素的影响下，通过改革创新也得到重要发展。中国企业在要素合作中自身得到锤炼、发展，并逐渐成为参与国际经济互动的重要力量。40年后，中国企业的大量"走出去"，是中国以自身要素促进世界经济发展的重要形式。

3. 中国道路对国际秩序的促进作用

40年来，中国坚持的发展道路，使之成为第二大经济体，并走向世界舞台中央。中国的发展，不仅在物质层面对世界经济起到了推动作用，也从制度层面对国际秩序特别是国际经济秩序起到了促进作用。中国的对外开放，始终以和平发展道路、互利共赢为开放战略，着力促进国际经济秩序的调整与改革，促进开放型世界经济的建设。特别是在金融危机之后，中国积极参与全球治理，通过G20峰会创新全球经济治理的协调领域与运行机制，在国际货币体系改革、应对气候变化、推动国际发展方面始终坚持与维护发展中国家与新兴经济体的利益，与发达经济体进行积极协商互动，在国际事务的协调方面发挥了重要作用。

中国发起建立的新倡议、新机制，也得到各方的积极响应。中国提出的"一带一路"倡议，得到各国的广泛赞同，中国发起建立的亚洲基础设施投资银行、金砖国家新开发银行也得到世界各国的广泛响应。同时，中国经济参与世界市场规则体系的改革，推动世界经济制度不断完善。在对多边贸易体制的改革方面，2018年，中国提出希望通过渐进式改革对世界贸易组织进行必要变革，维护开放、包容、非歧视等世界贸易组织核心价值和基本原则，保障发展中国家的发展利益和政策空间。同时，增强世界贸易组织的权威性和领导力，强化自由贸易原则与多边贸易体制的基本功能和作用，更好地促进全球自由贸易和经济全球化。中国与欧盟等经济体一道，提出针对世界贸易组织改革的具体建议。这些对于世界经济制度体系的积极参与具有建设性贡献，最终有助于世界经济、治理体系的优化与提升。

4. 中国经济发展的世界贡献

中国经济的持续稳定增长，对世界经济的良性发展具有重要的积极意义，同时对世界经济格局的调整与优化也有重要的贡献。改革开放之初，中国经济的发展动力之一，在于利用外部资源和环境实现自身的增长。应该说，这一时期，中国依靠自身的艰苦劳动，以低端要素实现了资金与外汇积累，获得了较低收益，也逐渐突破了"双缺口"瓶颈。随着经济实力的增强，中国对外部环境的正效应逐步释放。2008年全球金融危机后，中国以自身发展对世界经济的持续增长作出了重要贡献，成为不确定时期世界经济的"稳定器"。

中国不仅以自身的发展为世界作出贡献，而且通过"一带一路"倡议与建设为解决世界的发展问题提供新的解决方案。在"一带一路"项目的推进过程中，中国通过对外开放的升级建构起新的区域发展格局，也创造了新的发展经验。"一带一路"建设注重基础设施的联通，通过多种形式的合作解决沿线国家基础设施的资金难题，利用我国在该领域优势产能条件进行合作，不仅改善了我国内陆地区的发展条件，又进一步扩大了中国对外开放的合作伙伴，促进了沿线发展中国家的发展水平。从更广泛的意义上看，"一带一路"建设的意义在于开创了新兴经济体与发展中国家共同发展的新局面。"五通"的内涵相较单纯的经济合作更为全面，强调的是从设施、资金、贸易等硬件到政策、民心等软件的全面沟通与合作，这是中国对国际发展合作的重要创新。通过"一带一路"倡议的实施，中国不仅通过自身摆脱贫困的经验，为世界后发国家提供了路径借鉴，而且发挥了自身特殊优势，着力破解大量发展中国家未能在经济全球化中充分获益的发展难题。近年来，通过"一带一路"合作的推进，中国与非洲、拉丁美洲形成了互利共赢的整体合作格局，形成了南南合作的新典范。中国与印度、东盟等新兴经济体及增长区域则不断深化合作，推动伙伴关系的优化升级。这些建设性成就无疑是对世界各地区均衡发展的重要贡献，有助于世界经济格局的进一步优化。

三、全球化新态势下中国发展的选择与主张

1. 全球化新变局与新战略机遇期的特征

2018年，在改革开放40周年之际，国际环境正发生重大变化。经济全球化出现新的变局。以美国"退群"、部分国家民粹主义抬头、单边主义政策取向明显为特征的"逆全球化"现象逐渐出现，使国际经济格局呈现出新的变动态势。同时，金融危机的

深层次影响仍未消除，经济增长新旧动能转换尚未完成，国际上的各类风险加快积聚。新一轮科技革命和产业变革引发深刻变化，贫富差距和社会矛盾压力不断增加。世界经济再一次面临历史性的选择。①

如果说，20 世纪 90 年代以来的一个时期是各国共同推进全球化的阶段，那么，当前则面临全球化前进与后退力量博弈的新阶段。中美贸易摩擦带来的新的不确定性，就是中国处于全球化新变局下的突出表现。因此，面向未来，中国开放的战略机遇期判定需要新的认识与理解。应当看到，经济全球化发展的总趋势仍然没有发生根本性变化，但全球化推进的主体与力量对比正在发生结构性的变化。与前 20 年战略机遇的认知不同，我们应当认识到，未来的战略机遇并非单纯依靠外部环境的利好，而是需要中国自身主动作为、着力塑造。

2. 全球化新变局下中国进一步发展的清醒认知

面对全球化的重要变化以及战略机遇期的性质变化，中国的下一步开放战略以及国际地位提升应保持时代清醒、地位清醒、目标清醒、战略清醒。

其一，时代清醒。我们对于当今处于一个什么时代这个问题要有清醒的认识。首先，我们处于和平与发展时代，这是我国能够从封闭、僵化走到以经济建设为中心道路上的关键。中央作出"和平发展时代"这一判断，使我们摆脱了战争与革命时代认识世界的局限。发展理念提出以后，我们又提出"和平发展"的概念。"和平发展"的真实含义在于向世界宣示中国的发展是坚持和平的道路。今天的和平发展又有了新的含义，就是为了发展，要维护国际和平的局面。这是中国下一步发展需要具备的时代清醒。

"时代清醒"也包含对全球化的时代处于何种阶段的清醒。在当前面临全球化逆转挑战的背景下，这一问题需要深入探讨。特别应关注全球化走向何方的问题。虽然当前试图扭转全球化方向的主要是美国，但应当看到美国并非普通国家，该国的 GDP 仍占世界近四分之一，该国是全球化制度的主要设计者。当美国退出以后，全球化格局会发生什么变化，走向何方，需要我们有时代的清醒。

同时，我们也要清醒地认识到，全球化是否只能以美国模式进行推进？即简单的、完全纯粹的市场竞争模式，回避政府职能的模式。从时代的发展需求来看，国际间的合作不只是以全球市场融合、贸易投资金融合作为内容的全球化，还应有更广泛领域的合作。因此，对全球化逆转态势和可能的发展前景，需要有清醒的认识。

其二，地位清醒。当今中国处于国际的何种地位，需要深入研判。应当看到，尽管中国在 GDP、进出口总量和规模排名中位居前列，但在单项排名中，在很多领域仍然

① 习近平：《登高望远，牢牢把握世界经济正确方向——在二十国集团领导人峰会第一阶段会议上的发言》，《中华人民共和国国务院公报》2018 年第 35 号，http://www.gov.cn/gongbao/content/2018/content_5350039.htm。

落后。同时，作为守成大国，美国的立场在某种程度上也决定了中国的地位。若美国主要将中国置于战略竞争对手的地位，从某种意义上说，中国就难以摆脱这一定位。这一定位是不以人们的意志为转移的，而是美国的价值观及其国家立场，以及其世界地位所决定的。

中国的发展中国家地位，也是地位清醒内涵需要考虑的重要因素。党的十九大报告指出，中国作为最大发展中国家的国际地位没有变。这是对国家地位的重大选择和考虑。发展中国家的定位，不仅缘于我们的发展任务繁重，而且也是国际合作的一种战略选择。中国选择与发展中国家站在一起，去推进全球的规则和制度。中国最大发展中国家的定位，既表明自身发展任务更重，也是自身国际地位状况的体现。但中国作为发展中国家的地位也面临着诸多挑战。西方国家对于发展中国家的标准，已在多边组织的改革中提出新的异议，这是我们必须冷静面对的。

同时，发展中国家问题还包含当今世界经济的内在基本机制问题，即发展中国家是否获得了，或拥有真正合理、平等的发展地位问题。从2018年美国"301调查"报告当中，我们看到，发展中国家仍是处于不平等地位的。发达国家仍然排斥发展中国家共同发展。

所谓"非市场经济地位"问题也需要审慎关注。这一问题同样成为世界贸易组织的新议题。2018年北美自由贸易区谈判中提出的"毒丸条款"，在未来可能成为美国与欧洲、韩国、澳大利亚等国协议的模板。中国市场经济地位可能受到新的挑战。其中凸显一系列重要问题，即全球化到底是否意味着制度雷同？全球化是承认各国的"最大公约数"还是仅以美国标准为导向？是否除了美式标准之外，其他国家都是非市场经济国家？这些问题折射出的，是全球化新格局下，国家发展道路的多样性和包容性问题。

其三，目标清醒。面对未来，我国提出了"两个一百年"奋斗目标。尽管国际环境日趋复杂，我们的首要目标是将自己的事情办好。在坚持"两个一百年"奋斗目标的基础上，对于中国的发展还有更加具体的发展目标。

第一，推进新的、高质量的发展。高质量发展的重要举措，就是面向中长期的制造业高水平发展。而这一建设高水平工业化的目标，正是部分国家着力遏制中国的领域。对这一目标的清醒认知在于，该目标可能面临部分守成大国的全面打压，应当清醒看到实现这一目标的困难和挑战。

第二，推进与世界各国的共同发展。中国与各国实现共同发展的具体内容和路径就是"一带一路"合作与建设。在共同发展中，才有机会发挥中国的产业比较优势，发挥工业、技术的经验能力，发挥资金和外部优势，形成新的发展格局。但这一目标可能遭遇的国际阻力是巨大的，尤其是来自守成大国。部分国家将中国"一带一路"的合作和共同发展视为改变世界格局的举措。因此，我们必须对这个目标实现过程当中的障碍和阻力保持高度清醒。

其四，战略清醒。在快速发展的基础上，中国的战略目标已经提升，而如何实现新的战略就成为重要的任务。一方面，过去 40 年中国的发展是成功的，但是许多既有经验在下一阶段难以延续。如中国是否延续通过引进外资推进外贸发展的路径？在一定程度上，这些领域仍然需要继续推进，但必须清醒地看到，仅通过外资引进而发展的对外贸易，其结构是难以升级的。另一方面，中国的发展是否还需要等待产业的转移。中国过往 40 年的成功，很大程度上在于促进传统产业向国内转移，使我们实现了工业化。但是在当今面临新一轮科技与产业革命背景下，各国处于同一起跑线，发达国家不会将其新兴产业直接转移到中国。中国是否仍愿意处于价值链的低端？对于这一问题，我们应有高度的清醒，应当认识到，从价值链低端到高端的升级，有着一系列的困难。下一阶段，我们需要通过国际并购等方式，来实现在全球价值链分工当中的地位提升，迈向主导地位。但发达国家针对中国的国际并购与对外投资设置了各类障碍，特别包括人才引进的障碍。在这一条件下，中国在实现合理的、理应推进的开放型发展的道路上，仍存在着一系列重大障碍，需要时刻保持战略清醒。

3. 全球化新变局下中国国际地位提升的方向与主张

2018 年，中国发展的国际环境发生了重大变化。美国与中国的贸易摩擦，集中反映了国际环境的重要变化，其核心在于部分国家的逆全球化思潮与经济全球化方向及开放型世界经济之间的矛盾。美国挑起的贸易摩擦，其核心的关注点，并非单纯的贸易问题，而是中国产业发展政策等核心利益和中长期发展战略。美国与中国的贸易摩擦与霸凌主义行为并非单一个案，联系美国特朗普政府 2017 年以来反复强调"美国优先"，推出减税政策、贸易保护政策，以及退出《跨太平洋伙伴关系协定》（Trans-Pacific Partnership Agreement，TPP）、气候变化框架等一系列退群行为，折射出部分国家对自身在经济全球化中的收益和地位变化已经产生了极大的不适应，而力图以剧烈的方式改变经济全球化发展的既有格局。这种对全球化的逆转倾向，对于国际经济的良性互动以及世界范围的创新开放型发展模式与合作体系形成了很大的不确定性。

面对新的环境变化，2018 年 12 月召开的中央经济会议强调，我国发展仍处于并将长期处于重要战略机遇期。从外部环境的变化看，新的战略机遇期特性，需要中国自身塑造战略机遇。在外部环境和资源不确定的前景下，中国自身的高质量发展就成为重要的战略资源。与过往不同，中国面对的发展环境与诸多新问题，需要靠中国自身的实力加以推进改变。中国需要进一步以本国市场为主体，为经济全球化的进一步发展作出贡献，推动全球经济治理的新一轮发展。中国需要发现自身的潜在优势。机遇的塑造在于把握自身的有利条件，将国际竞争力的提升作为核心战略。

这种潜在优势体现在诸多方面。其一，经历了 40 年的发展，中国自身仍具有巨大的发展优势，特别是国内各区域发展的差距较大，就带来国内不同区域间较大的比较优势。其二，中国的市场规模巨大，与国际经济的融合度高，这就带来与国外主体谈判博弈的底气与实力。其三，中国的信息、装备等部分行业已经在全球具备领先地位，未来在新一轮科技创新潮流过程中能够形成行业性的优势。其四，国内的消费能力规模巨大且处于不断提升过程中，内需逐渐成为驱动经济发展的重要引擎。

面向新的40年，中国国际地位进一步提升的条件与以往相比有着巨大的不同。中国领导人在2018年多次国际性场合讲话中的精神，阐明了中国对全球化新变局的观点，以及中国在新环境下坚定开放思想，共享中国市场、促进全球化进一步发展的主张。这些主张，也是未来一个阶段中国国际地位提升的主要依托。习近平在博鳌亚洲论坛2018年年会开幕式上的主旨演讲中明确指出，经济全球化是不可逆转的时代潮流，面向未来，应同舟共济、合作共赢，坚持走开放融通、互利共赢之路，构建开放型世界经济，推动经济全球化朝着更加开放、包容、普惠、平衡、共赢的方向发展。[①] 在阿根廷G20峰会上，习近平再次指出，人类发展进步大潮滚滚向前，世界经济时有波折起伏，但各国走向开放、走向融合的大趋势没有改变。面对世界经济面临的变局，他提出了坚持开放合作，维护多边贸易体制；坚持伙伴精神，加强宏观政策协调；坚持创新引领，挖掘经济增长动力；坚持普惠共赢，促进全球包容发展的重要主张。[②] 这些讲话精神，都反映出中国面对国际环境新变局，以人类命运共同体思维，维护全球化发展方向，促进全球携手合作、互利共赢的重要原则。站在改革开放40年的时点上，中国国际地位未来的继续提升，其核心在于以自身的高质量发展，引领、促进、贡献经济全球化的进一步良性拓展。

---

① 《习近平出席博鳌亚洲论坛2018年年会开幕式并发表主旨演讲》，《人民日报》2018年4月11日。

② 习近平：《登高望远，牢牢把握世界经济正确方向——在二十国集团领导人峰会第一阶段会议上的发言》，《中华人民共和国国务院公报》2018年第35号，http://www.gov.cn/gongbao/content/2018/content_5350039.htm。

第一章　宏观经济：
稳中求进，继续对世界作出贡献

长期以来，中国在拉动经济增长、不断扩大开放、环境气候治理、减少贫困人口等多个方面持续为世界作出贡献，并受到联合国、世界银行、IMF 等国际组织高度评价。近年来，中国经济发展进入新常态，GDP 增速持续放缓，2018 年则需要同时应对国内经济转型以及国外贸易摩擦升级等因素带来的经济增长压力，在此情况下，中国在 2018 年仍然保持了 6.6% 的经济增长率，并且在就业、居民收入增长、污染物排放、价格指数等多方面均超额完成了年初制定的政府发展目标。2018 年中国贡献了超过 20% 的世界经济增长份额、位列全球 FDI 流入第二大经济体，并且全年减贫规模超过千万，为世界发展作出重要贡献。预计中国未来也将实现增长动力转换，持续提升潜力，在经济增长、就业、能源气候、消除贫困等多方面为世界贡献更多、更积极的力量。

一、2018 年国内外对中国增长的预期

1.《政府工作报告》提出我国 2018 年发展目标：经济增速 6.5% 左右

在 2018 年 3 月 5 日发布的中国《政府工作报告》中，李克强总理提出了 2018 年全年中国经济发展目标，包含了经济增长、失业率、居民收入、进出口、环境能耗、风险防控等多个方面。从具体指标来看，中国政府预期 2018 年"国内生产总值增长在 6.5% 左右；居民消费价格涨幅 3% 左右；城镇新增就业 1100 万人以上，城镇调查失业率 5.5% 以内，城镇登记失业率 4.5% 以内；居民收入增长和经济增长基本同步；进出口稳中向好，国际收支基本平衡；单位国内生产总值能耗下降 3% 以上，主要污染物排放量继续下降；供给侧结构性改革取得实质性进展，宏观杠杆率保持基本稳定，各类风险有序有效防控"。

与之前年份发展目标相比，中国政府制定的 GDP 增长率、CPI 涨幅、就业指标大致与 2017 年相仿，主要差别体现在：（1）新增了城镇调查失业率指标[①]，根据《政府

---

① 国家统计局于 2018 年 4 月起首次发布城镇调查失业率指标。

工作报告》中的说明，相比城镇登记失业率，城镇调查失业率涵盖农民工等城镇常住人口，能够更全面反映就业状况；（2）对 2018 年进出口发展目标的表述从 2016年、2017 年《政府工作报告》中的"回稳向好"改为"稳中向好"，将主要单位GDP 能耗下降幅度从上一年的 3.4% 下调至 3%、财政赤字率目标从 3% 下降至 2.6%等，这主要是针对国内发展情况（如中国进出口情况在过去两年中有所回暖、经济稳中向好财政增收有基础等）对 2018 年的具体目标做了相应调整；（3）强调了落实供给侧结构性改革、稳定宏观杠杆率、防控各类风险三方面政策执行的重要性，并将其写入当年政府发展目标。

从 2018 年中国政府制定的经济发展目标来看，全年增长率在全球保持较高水平，并且兼顾了国内经济增长。中国政府历年公布的经济发展目标可见表 1-1。

表 1-1　中国政府历年经济发展目标

	2016 年	2017 年	2018 年
国内生产总值增长率	6.5%—7%	6.5%左右	6.5%左右
居民消费价格涨幅	3%左右	3%左右	3%左右
城镇新增就业	>1000 万人	>1100 万人	>1100 万人
城镇调查失业率	—	—	<5.5%
城镇登记失业率	<4.5%	<4.5%	<4.5%
进出口	回稳向好	回稳向好	稳中向好
国际收支	基本平衡	基本平衡	基本平衡
居民收入增长	与经济增长基本同步	和经济增长基本同步	与经济增长基本同步
单位国内生产总值能耗下降	>3.4%	>3.4%	>3%
主要污染物排放量	继续下降	继续下降	继续下降
赤字率	3.0%	3.0%	2.6%
M2 预期增长	13%	12%	规模合理增长
社会融资规模余额增长	13%	12%	

资料来源：根据历年《政府工作报告》整理。

2. 国外研究机构对 2018 年中国经济发展预期基本平稳

从 2017 年下半年到 2018 年上半年发布的各类研究报告来看，国外研究机构普遍预测中国 2018 年增长率将保持基本平稳，但相比 2017 年有所放缓，大致位于 6.2%—6.6%，主要短期下行风险在于金融市场脆弱性、国内结构性改革、贸易摩擦等方面。图 1-1 总结了世界银行与 IMF 在各个不同时间对中国 2018 年经济增长预期变化的趋势。

（单位：%）

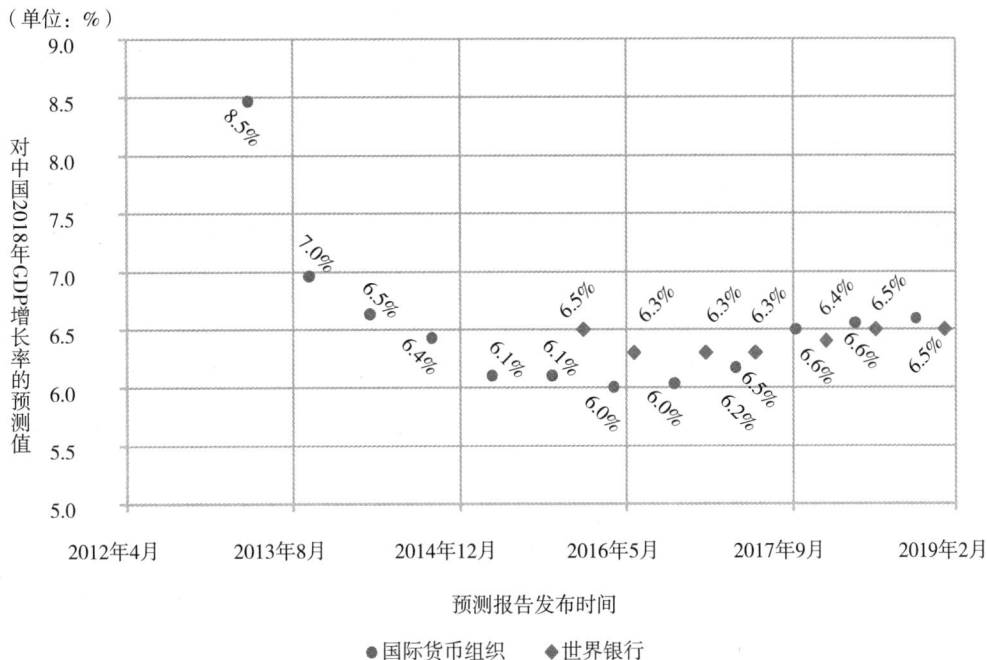

图 1-1 世界银行与 IMF 对中国 2018 年经济增长预测值变化

资料来源：IMF、世界银行研究报告，其中 IMF 预测数据来自其发布的"世界经济展望数据库"（The World Economic Outlook），每年 4 月、10 月发布；世行预测数据来源于各年度发布的"全球经济展望报告"（Global Economic Prospects），每年 1 月、6 月发布。

2018 年 1 月，世界银行在其发布的报告《全球经济展望：普遍向好但能否持久？》[①] 中认为，相比 2017 年表现[②]，随着国内政策收紧（Policies Tighten），中国 2018 年经济增长率将小幅放缓至 6.4%[③]。世界银行报告中认为可能造成中国经济增速放缓的主要原因有"金融领域脆弱性""发达经济体采取保护主义政策的可能性增强""地缘政治风险加剧"；此外长期经济放缓因素还包括"人口老龄化带来的劳动力供给不足"。

2018 年 6 月，世界银行在其发布的报告《全球经济展望：扭转潮流？》[④] 中将中国

[①] World Bank Group，*Global Economic Prospects*，*January 2018*，*Broad-Based Upturn*，*but for How Long*？Washington，D. C.：World Bank，https：//openknowledge. worldbank. org/handle/10986/28932.

[②] 在 2018 年 1 月同一报告中，世界银行预计中国 2017 年经济增长率将达到 6.8%；根据国家统计局 2019 年 1 月公布最终核实数字，2017 年中国 GDP 增长率为 6.8%，相比 2018 年 1 月公布初值下调 0.1 个百分点。

[③] 此外，世界银行预测 2019—2020 年中国经济增速将进一步放缓至 6.3%。

[④] World Bank Group，*Global Economic Prospects*，*January 2018*，*Broad-Based Upturn*，*but for How Long*？Washington，D. C.：World Bank，https：//openknowledge. worldbank. org/handle/10986/28932.

2018年经济增长率预测值调至6.5%（较1月预测值上涨了0.1%[①]），但是相较2017年仍表现为放缓，主要是受出口增长放缓、去杠杆政策持续等影响。世界银行认为"中国政府将进一步减少政策调整，持续加强宏观审慎监管，并逐步减少支持性财政政策"。报告中列出的可能导致中国经济下行风险的因素为"金融领域脆弱性""主要贸易伙伴保护主义加剧带来的贸易领域紧张局势恶化"。

2018年1月，国际货币基金组织（IMF）发布了题为《世界经济展望：前景更光明、市场乐观但未来仍面临挑战》[②]的预测报告，其中对2018年中国经济增长率预测值为6.6%。尽管由于"外部需求增强"，这一预测值相比2017年秋季报告中数字（6.5%）微有上调，但是IMF仍然认为中国经济增长将维持逐渐放缓趋势。

2018年4月，国际货币基金组织发布了新一期《世界经济展望：周期性上涨，结构性变化》[③]报告，中国在2018年经济增长率预测仍为6.6%[④]。IMF认为周期性因素在全球范围内都在减退，比如中国的信贷增长和财政刺激，这也将带来经济增长持续性放缓；从全球来看，"金融状况急剧收紧"和"过去累计的金融脆弱性"是重要短期风险。此外，持续扩大的贸易失衡可能导致各国转向"内向型政策"，带来对全球贸易和投资的破坏，IMF着重提到了美国近期的进口限制、中国宣布的报复措施以及其他国家可能采取的报复行动。

2017年11月，经济合作与发展组织（OECD）在其发布的报告《2018年东南亚、中国和印度经济展望——通过数字化促进增长》[⑤]中，预测中国在2018—2022年平均经济增长率为6.2%，低于同期亚洲新兴市场国家的平均期望值6.3%，也低于中国2011—2015年平均增长率7.9%，OECD认为这主要是由于中国面临的"结构改革挑战"。细分来看，OECD对2018—2022年印度、印度尼西亚、马来西亚、菲律宾、泰国、越南的经济增速预测值分别为7.3%、5.4%、4.9%、6.4%、3.6%、6.2%，中国仍然处于中等偏上水平。OECD在报告中还提出，从中期来看，"产能过剩问题"和"金融市场脆弱性"是拖累中国经济增长的主要因素；与此相对，"私人消费和投资"则是增长动力，随着中国经济不断开放、自贸区持续建设等，出口也将对中国经济有更多贡献。

[①] 世界银行对中国2019—2020年经济增长率仍保持6.3%的预测值不变。

[②] International Monetary Fund, 2018, World Economic Outlook, April 2018, Cyclical Upswing, Structural Change, https：//www.imf.org/en/Publications/WEO/Issues/2018/03/20/world-economic-outlook-april-2018.

[③] International Monetary Fund, 2018, World Economic Outlook, April 2018, Cyclical Upswing, Structural Change, https：//www.imf.org/en/Publications/WEO/Issues/2018/03/20/world-economic-outlook-april-2018.

[④] 如果从国际货币基金组织公布的两位数历史数据来看，2017年秋预测值为6.50%、2018年春预测值为6.56%、2018年秋预测值为6.59%（以上均为对2018年全年中国GDP增速预测值），第二位小数上略有差异。

[⑤] OECD, 2018, Economic Outlook for Southeast Asia, China and India 2018, Fostering Growth through Digitalisation, OECD Publishing, Paris, http：//dx.doi.org/10.1787/9789264286184-en.

二、2018 年中国经济发展形势：稳中有变，变中有忧

1. 宏观经济：完成全年经济社会发展主要目标任务

（1）中国政府会议公报及报告

从全年来看，中国经济在 2018 年克服了内外部的种种困难，较好地完成了年初提出的发展目标，具体指标可见表 1-2。根据 2019 年 3 月 5 日在十三届全国人大二次会议上发布的《政府工作报告》① 中的总结，对 2018 年中国经济的基本判断是"完成了全年经济社会发展主要目标任务"。从公告中披露的具体数据来看，2018 年全国各类发展指标均已超额完成：国内生产总值增长 6.6%，居民消费价格上涨 2.1%，居民人均可支配收入实际增长 6.5%，国际收支基本平衡，城镇新增就业 1361 万人，调查失业率稳定在5%，单位国内生产总值能耗下降 3.1%，污染防治得到加强、细颗粒物（PM 2.5）浓度继续下降，货物进出口总额超过 30 万亿元、实际使用外资 1383 亿美元，农村贫困人口减少 1386 万人等。

17

表 1-2 中国经济发展情况

	2016 年	2017 年	2018 年
国内生产总值增长率	6.7%	6.9%②	6.6%
居民消费价格涨幅	2%左右	1.6%*	2.1%
城镇新增就业	1314 万人	1351 万人	1361 万人
城镇调查失业率	—	—	5%左右
城镇登记失业率	4.02%	3.9%*	3.8%*
实际使用外资	1300 多亿美元	1363 亿美元	1383 亿美元
居民收入增长	6.3%	7.3%	6.5%
农村贫困人口减少	1240 万人	1289 万人**	1386 万人
单位国内生产总值能耗	下降 5%	下降 3.7%**	下降 3.1%

资料来源：表中数据均根据历年政府工作报告整理得到，其中标注 * 的数据来源于 Wind 数据库，标注 ** 的数据来源于国家统计局。

2018 年 4 月 23 日召开的中共中央政治局会议对第一季度经济工作总结为"主要指

---

① 参见 2019 年 3 月 16 日中央人民政府网站发布的新华社报道《政府工作报告——2019 年 3 月 5 日在第十三届全国人民代表大会第二次会议上》，http：//www.gov.cn/guowuyuan/2019 - 03/16/content _ 5374314.htm。

② 需要说明的是，根据国家统计局 2019 年 1 月公布最终核实数字，2017 年中国 GDP 增长率为修订 6.8%，表中 6.9%增长率来自 2018 年 3 月 5 日《政府工作报告》。

标总体稳定、协调性较好，内需拉动作用增强，工业和服务业协同性较好"①，对当前经济形势判断为"周期性态势好转，但制约经济持续向好的结构性、深层次问题仍然突出"，强调的工作重点是"三大攻坚战"，对后三季度的经济工作预期以调结构、促改革为主。

在 2018 年 7 月 31 日召开的中共中央政治局会议中，对 2018 年上半年经济运行总结为"保持了总体平稳、稳中向好态势"②，认为主要宏观调控指标均处在合理区间。同时，会议对当前中国经济形势的判断为"稳中有变，面临一些新问题新挑战，外部环境发生明显变化"。在对下半年的经济工作部署中，会议首次用了"六个稳"的提法，即强调要做好"稳就业、稳金融、稳外贸、稳外资、稳投资、稳预期"工作。

2018 年 10 月 31 日的中共中央政治局会议中，前三季度中国经济运行总结为"总体平稳，稳中有进，继续保持在合理区间"。对当前经济形势判断为"稳中有变，经济下行压力有所加大，部分企业经营困难较多，长期积累的风险隐患有所暴露"③，较年中研判用词更为谨慎，突出了经济面临的压力和问题；并且在工作部署中再次强调"六个稳"的重要性，以确保国内经济平稳运行，并且着重突出要解决民营企业、中小企业面临的困难和问题。

在 2018 年 12 月 19—21 日举行的中央经济工作会议中，中国政府官方对经济运行的长期判断为发展前景向好，但是在肯定成绩的同时，也认为当前中国经济运行形势"稳中有变，变中有忧，外部环境复杂严峻，经济面临下行压力"④，并要求增强忧患意识，妥善处理当前面临的各类问题，公报显示，"六个稳"仍然是工作重点。

（2）研究机构评价

对于中国 2018 年全年经济发展，国际研究机构普遍认为增长较 2018 年放缓，但是总体仍然在 6.5% 以上，总体较为平稳。世界银行、国际货币组织、经济合作与发展组织均从外部的贸易摩擦和内部的金融调控收紧两方面来讨论中国面临的增长压力，预期中国将倾向放松调控力度以应对经济压力，2018 年中国经济亮点则在消费和私人投资指标上。

世界银行在其 2019 年 1 月发布的报告《2019 年全球经济展望：前景趋暗》⑤ 中，

---

① 参见新华网 2018 年 4 月 23 日的新闻报道《习近平主持中共中央政治局会议　分析研究当前经济形势和经济工作》，http：//www. xinhuanet. com/politics/2018-04/23/c_ 1122727588. htm。

② 参见《人民日报》2018 年 8 月 1 日新闻报道《中共中央政治局召开会议》，http：//paper. people. com. cn/rmrb/html/2018-08/01/nw. D110000renmrb_ 20180801_ 2-01. htm。

③ 参见《人民日报》2018 年 11 月 1 日新闻报道《中共中央政治局召开会议　分析研究当前经济形势和经济工作　中共中央总书记习近平主持》，http：//paper. people. com. cn/rmrb/html/2018－11/01/nw. D110000renmrb_ 20181101_ 2-01. htm。

④ 参见新华网 2018 年 12 月 21 日的新闻报道《中央经济工作会议在北京举行　习近平李克强作重要讲话》，http：//www. xinhuanet. com/politics/2018-12/21/c_ 1123887379. htm。

⑤ World Bank, 2019, Global Economic Prospects, January 2019, Darkening Skies, Washington, D. C. , https：//openknowledge. worldbank. org/handle/10986/31066.

估算 2018 年全球经济增长率为 3.0%,略低于 2017 年值（3.1%）,其中中国 2018 年 GDP 增长率估计为 6.5%（与 2018 年 6 月报告中的预测值相比维持不变）,但是世界银行将中国 2019 年的预测增长从 6.3% 调整至 6.2%,下调了 0.1 个百分点。从报告内容来看,世界银行认为中国 2018 年增长虽然下滑,但是 6.5% 的速度总体较为稳健。中国经济主要支撑是"有韧性的消费"和"私人部门固定资产投资反弹",这在很大程度上抵消了公共基础设施建设和其他国家支出（即国有部门投资）的下滑。此外,国际上对中国未来经济增长前景密切关注,这也对中国股市、人民币汇率和债券价格带来压力。中国在过去一年严控影子银行问题和地方债风险,然而,在 2018 年中期之后,为应对中美贸易摩擦可能带来的经济冲击,中国政府倾向放松宏观政策,这也带来房价反弹（主要是一线城市）、CPI 上涨等现象,但是总体来看,这类价格波动仍然保持在中国政府年初目标范围内。

国际货币基金组织在其 2019 年 1 月发布的题为《世界经济展望：全球扩张减弱增长面临的风险偏于下行》[1] 的报告中,对中国 2018 年全年经济增长率估计值为 6.6%,与 2018 年 10 月报告预测值持平,同时对 2019 年中国经济增速则维持在 6.2% 的预测值不变。报告中分析,中国 2018 年经济减缓的主要原因是"为控制影子银行活动和预算外地方政府投资而收紧了金融监管"。此外,与美国的贸易争端扩大也进一步加剧了经济减缓（主要体现在年底）。在 2019 年 1 月报告中,国际货币基金组织认为,尽管中国采取了应对措施（如控制金融监管收紧幅度,通过下调银行存款准备金率注入流动性,以及通过恢复公共投资实施财政刺激等）,部分抵消了美国关税提高的影响,但受到"必要的金融监管收紧措施"以及"与美国贸易矛盾"的双重影响,2019 年中国经济增长仍将减缓。

经济合作与发展组织在 2018 年 12 月发布的报告《2019 年东南亚、中国和印度经济展望：转向智慧城市交通》[2] 中,对中国 2018 年经济估计值为 6.6%、2019 年预测值为 6.3%。报告中认为,中国在 2019—2023 年间增长会进一步放缓至 5.9%（2012—2016 年中国平均增长率为 7.3%）,中国通过增加投资和政府支出将会在很大程度上抵消贸易的疲软。经合组织认为,中国政府在贸易紧张局势下会倾向采取刺激经济活力的措施,另外投资恢复也是对国内需求的保障。中国经济面临的主要挑战将是"改善负债占 GDP 比重过高"和"财富不平等"。

2. 增长潜力：供给侧结构性改革成效显著,增长动力持续转换

近年来,中国经济增长速度放缓的趋势非常明显,官方表述为"增长速度从高速

---

① International Monetary Fund, 2019, World Economic Outlook Update, January 2019, A Weakening Global Expansion, Structural Change, https：//www.imf.org/en/Publications/WEO/Issues/2019/01/11/weo-update-january-2019.

② OECD, 2018, Economic Outlook for Southeast Asia, China and India 2019, Towards Smart Urban Transportation, OECD Publishing, Paris, https：//doi.org/10.1787/saeo-2019-en.

转为中高速"。从国内外各类研究机构对中国经济未来走势的预测普遍结论来看，中国经济增长放缓将是长期趋势，但是总体增长潜力仍然较为乐观，能够维持较长时期5%—6%的增长率。中国社会科学院宏观经济运行与政策模拟实验室预测在2016—2020年间中国潜在增长率区间分别为5.7%—6.6%、5.4%—6.3%[①]；国际货币基金组织（2018）预测中国在2018—2023年增长率为5.5%—6.6%[②]；世界银行和国务院发展研究中心[③]预测中国在2016—2020年、2021—2025年、2026—2030年间年均GDP增长率分别为7.0%、5.9%、5.0%。可以看到，我国未来GDP经济逐步减速、在较长时期保持中高速增长是较为普遍的观点。

随着近年来中国经济正处于不断转换增长动力的时期，传统的依靠加大投入要素（特别是资本存量）拉动经济增长的模式受到了极大的挑战，资本、劳动等要素难以持续高速发展，主要表现为劳动人口年龄特征变化与经济投资消费结构失衡等问题。根据2019年1月国家统计局公布数据[④]，2018年年末全国16—59岁人口相比去年同期减少470万人，劳动年龄人口的数量和占总人口比重两项指标连续7年出现下降[⑤]；2018年我国人口出生率为10.94‰，比2017年下降1.49个千分点，全年出生人口1523万人，比2017年减少200万人[⑥]。从投资率数据来看，2018年中国全社会固定资产投资增长率为5.9%，低于2017年7.2%的增长率，延续了近年来国内投资增长放缓的趋势。

因此，中国积极推进供给侧结构性改革，不断提升市场效率，提升技术进步对经济的拉动份额，转换国内经济增长动力。国家统计局发布公告称，在2018年"工业领域重点改革任务取得明显成效"[⑦]，主要表现在产能利用率平稳、杠杆率下降和企业成本减少三方面。根据国家统计局数据[⑧]，在产能利用率方面，2018年我国工业产能利用率为76.5%，其中煤炭开采和洗选业、黑色金属冶炼和压延加工业产能利用率均较去年同期有所提升；在降杠杆率方面，2018年年末全国规模以上工业企业资产负债率为56.5%，相比上年同期下降0.5个百分点，其中国有控股企业资产负债率为58.7%，比上年降低1.6个百分点；在降成本方面，2018年我国规模以上工业企业每百元主营业务收入中的成本和费用合计为92.58元，比上年降低0.18元；其中每百元主营业务收入中的成本为

① 李扬、张晓晶：《"新常态"：经济发展的逻辑与前景》，《经济研究》2015年第5期。

② IMF预测数据来源于World Economic Outlook Database（最后更新于2018年6月）。

③ 世界银行、国务院发展研究中心联合课题组：《2030年的中国：建设现代、和谐、有创造力的社会》，中国财政经济出版社2013年版。

④ 参见国家统计局网站于2019年1月23日发布的数据解读文章《李希如：人口总量平稳增长 城镇化水平稳步提高》，http://www.stats.gov.cn/statsinfo/auto2074/201901/t20190123_1646378.html。

⑤ 自2012年以来，中国劳动年龄人口总量共减少了2600余万人。

⑥ 国家统计局认为主要原因有两条：一是育龄妇女持续减少；二是生育水平比上年略有下降，即"全面二孩"政策在2016年、2017年集中释放，2018年政策集中释放效应弱化。

⑦ 国家统计局2019年1月28日发布的《国家统计局工业司何平博士解读2018年工业企业利润数据》，http://www.stats.gov.cn/tjsj/sjjd/201901/t20190128_1647067.html。

⑧ 参见国家统计局2019年2月28日发布的《2018年国民经济和社会发展统计公报》，http://www.stats.gov.cn/tjsj/zxfb/201902/t20190228_1651265.html。

83.88元，降低0.2元。从成果来看，2018年中国全国生产总值能耗比上年下降3.1%。全员劳动生产率比上年提高6.6%（107327元/人），处于持续上升之中。

改善营商环境也是中国政府工作的重点内容，近年来通过积极改革、落实措施，取得了较快进步，成果突出。根据2018年10月世界银行发布的《营商环境报告》（*Doing Business*），中国营商环境总体评分列世界第46位，相比去年提升32位，系首次进入世界前五十名，是当年全球营商环境提升最快的十个经济体之一。这也激发了我国市场主体创新创业的积极性，根据国家市场监管总局发布报告①，2018年我国市场活力持续提高，根据互联网大数据分析，前三季度网民对市场准入环境的正面评价占90.9%（其中，企业准入满意度94.2%、产品准入满意度81.6%、知识产权创造满意度84.8%），同比提高4.7个百分点；前三季度网民对市场竞争环境的正面评价为77.5%，总体保持平稳，企业对公平竞争环境的依赖度稳步提升，从2017年第一季度的0.21，提高到当年第四季度的0.24，再提高到2018年第三季度的0.25；前三季度舆论对市场消费环境正面评价占82.2%。但由于一些安全及消费领域事件的发生，部分消费者对食品药品安全和产品质量产生忧虑，未来仍需不断提升质量监管。

为应对国内外经济增长下行压力，2018年中国推行了较大规模的减税降费改革，总体规模超过1.3万亿元②，有助于降低企业负担、拉动内需增长。根据上海社会科学院世界经济研究所宏观经济分析组（2018）统计③，2018年国内已实施的重要的税收改革为：（1）2018年5月以来的增值税改革，将原本17%、11%两类税率下调至16%、10%，覆盖行业包括制造业、交通运输业、建筑、基础电信服务等；（2）2018年9月以来将企业研发费用税前加计扣除比例提高到75%；（3）2018年10月起实施的新个税改革，包括提升起征点以及对子女教育、继续教育、大病医疗、租房还贷、赡养老人等专项的扣除；（4）2018年9月起两次上调部分产品出口增值税退税率，年内下调降低部分商品进口关税等。

为提升民营企业活力，中国政府也针对民营企业融资难问题采取了一系列支持措施。2018年11月在北京召开的民营企业座谈会上，习近平总书记在讲话中表示，我国民营经济只能壮大、不能弱化，不仅不能"离场"，而且要走向更加广阔的舞台。此后，中国人民银行、证监会、银保监会等政府机构先后发布具体措施支持民营企业发展，如银保监会主席郭树清在11月接受采访时提出④，初步考虑对民营企业的贷款要实现"一二五"的目标，即在新增的公司类贷款中，大型银行对民营企业的贷款不低

---

① 参见国家市场监督管理总局网站于2019年2月27日发布的《2018年前三季度市场环境形势分析报告》，http://www.samr.gov.cn/sj/fxbg/201902/t20190227_291491.html。

② 华尔街见闻2018年11月9日发布肖立晟、袁野（中国社会科学院世经政所、太平洋证券）的研究报告《2019年中国减税规模测算与分析》，https://wallstreetcn.com/articles/3435290。

③ 权衡等：《复苏向好的世界经济：新格局、新动力与新风险——2018年世界经济分析报告》，格致出版社、上海人民出版社2018年版。

④ 参见中国银保监会网站于2018年11月9日发布的《郭树清就金融支持民营企业答记者问》，http://www.cbrc.gov.cn/chinese/newShouDoc/7F7EDCDDD5A04396A00E8E23F8E2E813.html。

于 1/3，中小型银行不低于 2/3，争取三年以后，银行业对民营企业的贷款占新增公司类贷款的比例不低于 50%。

三、中国持续为世界发展作出贡献

1. 中国对世界经济增长贡献率超 20%

根据国家统计局年报数据①，2018 年中国国内生产总值已经高达 90.03 万亿元，其中国民总收入 89.69 万亿元，人均国内生产总值 64644 元，全员劳动生产率 107327 元/人。中国占全球经济比重也得到极大提升，根据世界银行统计，中国在 1980—1989 年、1990—1999 年、2000—2009 年间占全球 GDP 平均比重分别为 1.9%、2.3%、5.3%，在 2013—2017 年间中国占世界经济比重则从 11.4% 提高到 15% 左右②，2018 年这一比重得到进一步提高，具体可见图 1-2。

（单位：%）

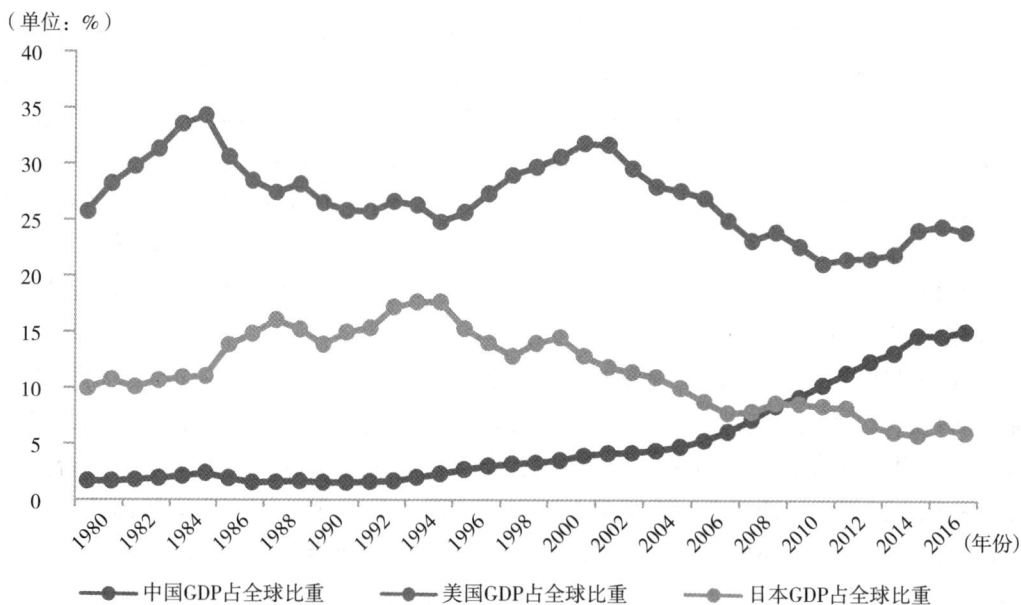

图 1-2　中国、美国和日本 GDP 占全球比重

资料来源：Wind 数据库（引自世界银行）。

---

① 国家统计局 2019 年 2 月 28 日发布的《2018 年国民经济和社会发展统计公报》，http：//www.stats.gov.cn/tjsj/zxfb/201902/t20190228_ 1651265.html。

② 参见 2018 年 3 月 22 日新华网授权发布的《政府工作报告》全文，http：//www.xinhuanet.com/politics/2018lh/2018-03/22/c_ 1122575588.htm。

根据各国际机构测算的贡献率指标（汇率法、PPP 法）来看，从 20 世纪 80 年代以来中国对世界经济增长的贡献率不断增长，2010 年以来中国对全球经济增长都在 20%以上，中间一度超过 30%，是拉动全球经济发展的重要来源。特别是 2008 年全球金融危机期间，世界各经济体普遍经历衰退之际，中国则仍保持了 9.4%的高速增长，当年中国对全球经济贡献率也达到近 40 年来的顶峰，据部分国际机构的测算口径，贡献率甚至超过 100%①。

从过去 40 年发展来看，中国贡献率呈现明显提高趋势。根据世界银行汇率法换算结果，中国对世界经济增长的贡献率从 1980 年的 4.89%提升至 2017 年的 26.92%，其中贡献率超过 30%的年份为 2012 年（30.69%）、2013 年（30.61%）、2016 年（31.35%）；根据国际货币基金组织汇率法换算结果，中国对世界经济增长的贡献率从 1980 年的 5.22%提升至 2018 年的 21.09%，高峰出现在 2016 年（23.06%）；联合国统计司测算结果（汇率法）与世界银行非常类似（见表 1-3），中国对世界经济增长的贡献率从 1980 年的 4.59%提升至 2017 年的 27.38%，高峰为 2012 年（31.31%）、2013 年（30.48%）、2016 年（32.72%）均超过 30%。购买力平价（PPP）换算结果一般高于汇率法换算结果，如世界银行认为 2013—2017 年中国对世界经济增长平均贡献率为 30.81%，IMF 认为同期中国平均贡献率为 24.77%。

表 1-3　中国对世界经济增长贡献率（2010—2018 年）　　（单位:%）

年份	汇率法换算			购买力平价换算	
	世界银行	IMF	联合国统计司	世界银行	IMF
1980	4.89	5.22	4.59	—	—
1985	5.88	7.13	6.15	—	7.38
1990	2.92	2.86	2.80	—	3.32
1995	11.75	12.10	11.53	14.31	12.30
2000	8.32	8.38	8.39	10.10	9.37
2005	17.03	14.18	16.85	19.08	15.24
2010	21.51	17.25	21.67	23.63	20.03
2011	27.73	20.39	27.85	29.61	22.65
2012	30.69	21.70	31.31	32.30	24.36
2013	30.61	22.47	30.48	32.34	24.85
2014	27.69	21.36	28.06	29.82	23.74

① 根据 Wind 数据库提供的指标，世界银行汇率法、世界银行购买力平价（PPP）法、国际货币基金组织汇率法、国际货币组织 PPP 法、联合国统计司汇率法五类口径测算的中国对世界经济增长贡献率分别为 42.46%、144.92%、688.67%、549.21%、44.23%，尽管各机构和换算方法之间贡献率结果差异较大，但是均达到了自 20 世纪 90 年代有统计以来最高值。

年份	汇率法换算			购买力平价换算	
	世界银行	IMF	联合国统计司	世界银行	IMF
2015	27.34	21.70	27.73	29.85	24.97
2016	31.35	23.06	32.72	32.85	26.39
2017	26.92	21.26	27.38	29.17	23.90
2018	—	21.09	—	—	23.52

资料来源：Wind 数据库整理。

从 2018 年指标来看，目前仅有 IMF 公布了中国 2018 年对世界经济增长贡献率，其中汇率法换算结果为 21.09%、购买力平价换算结果为 23.52%，略低于 2017 年贡献率（21.26%、23.90%）。

从国际比较来看，中国对世界经济增长贡献率已经高于美国和欧元区。根据世界银行（汇率法）测算结果，如表 1-4 所示，2017 年中国、美国、欧元区、印度、日本、巴西对世界经济增长贡献率分别为 26.92%、15.79%、12.99%、6.76%、4.25%、0.90%，中国贡献率超过了四分之一。根据国际货币基金组织（汇率法）测算结果，如表 1-5 所示，2018 年中国、美国、欧元区对世界经济增长贡献率分别为 21.09%、15.83%、8.85%，其中美国的贡献率提升较大（2017 年为 12.34%），欧元区则出现小幅下降（2017 年为 10.52%）。

表 1-4　主要国家（地区）对世界经济增长贡献率（世界银行汇率法）　（单位:%）

年份	中国	美国	日本	巴西	印度	欧元区
2000	8.32	23.76	6.88	2.89	1.41	19.82
2005	17.03	21.75	4.33	2.56	4.40	9.48
2010	21.51	13.55	8.41	5.68	5.65	9.47
2015	27.34	22.05	3.81	-4.09	8.25	12.76
2017	26.92	15.79	4.25	0.90	6.76	12.99

资料来源：Wind 数据库，世界银行（汇率法）测算。

表 1-5　主要国家（地区）对世界经济增长贡献率（国际货币基金组织汇率法）

（单位:%）

年份	中国	美国	欧元区	发达经济体	新兴市场和发展中经济体
2000	16.64	11.31	21.58	69.78	32.77
2005	14.18	19.07	7.87	44.25	43.73
2010	17.25	11.11	7.64	37.99	46.49

续表

年份	中国	美国	欧元区	发达经济体	新兴市场和发展中经济体
2015	21.70	17.75	10.06	40.30	45.78
2017	21.26	12.34	10.52	36.77	47.35
2018	21.09	15.83	8.85	36.61	47.45

资料来源：Wind 数据库，国际货币基金组织（汇率法）测算。

当前，中国经济呈现了增速逐步放缓的趋势，特别是 2018 年以来受国内调结构和防风险政策收紧、国外贸易摩擦升级等因素影响，国内外研究机构都高度关注中国未来经济增长前景，并认为这是影响全球经济发展的重要因素。国际货币基金组织在其 2019 年 1 月发布的报告[①]中将"中国增长减缓程度超过预期"列为可能影响全球经济增长的重要因素，与之并列的是"英国在未达成协议的情况下退出欧盟"。世界银行则在其 2019 年 1 月发布的报告[②]中模拟了中国经济增速放缓对世界经济增长的影响，结果显示，如果 2019 年中国增长相比基准预测降低 1%，将带来全球经济下降 0.25% 左右，如果 2020 年中国增长降低 1%，则将带来全球经济放缓 0.2% 左右[③]，中国经济发展情况与各国经济增长格局密切相关。

2. 中国持续扩大开放，贸易投资成绩显著

1978 年以来，中国在扩大对外开放方面不断加大力度，到 2018 年改革开放 40 周年之际，中国对外开放已经取得了丰硕成果，这不仅带来了国内经济腾飞，更为世界经济发展作出重要贡献。2018 年我国持续采取各项举措、积极扩大对外开放，如 4 月习近平主席在博鳌亚洲论坛上表态"中国开放的大门不会关闭，只会越开越大"，传递了中国坚持扩大开放的坚定决心，4 月证监会发布《外商投资证券公司管理办法》、6 月国家发改委和商务部发布《外商投资准入特别管理措施（负面清单）（2018 年版）》等，不断扩大金融市场开放，11 月首届中国国际进口博览会也于上海成功举办。

根据国家统计局数据，中国进出口总额由 1980 年的 570.0 亿元提升至 2017 年的

25

---

① International Monetary Fund，2019，World Economic Outlook Update，January 2019，A Weakening Global Expansion，Structural Change，https：//www.imf.org/en/Publications/WEO/Issues/2019/01/11/weo-update-january-2019.

② World Bank，2019，Global Economic Prospects，January 2019，Darkening Skies. Washington，D. C. ：World Bank，https：//openknowledge.worldbank.org/handle/10986/31066.

③ 参见全球危机与政策挑战（Global Risks and Policy Challenges）中图 D "中美经济增长放缓 1% 对全球增长影响"（Impact on Global Growth of 1-Percentage-point Growth Slowdowns in the United States and China），其中模拟了中国、美国以及中美共同遭遇 1% 增长放缓冲击的后果，模型主要基于世界银行构建的一项 VAR 模型。

27.8 万亿元①。从 2018 年 1—12 月表现来看，根据中国海关总署 2019 年 1 月初步统计结果②，中国全年进出口总额累计为 30.5 亿元，相比 2017 年同期增长 9.7%③。从国际比较来看，根据世界贸易组织统计数据显示④，2017 年中国已经位列全球货物出口第一大经济体（占全球比重 12.8%）、货物进口第二大经济体（占全球比重 10.2%），在货物贸易的进口总额上仅次于美国（占全球比重 13.4%），详见表 1-6、表 1-7；中国服务贸易量全球排名略低于货物贸易量，但出口也位列全球第五大经济体（占全球比重 4.3%）、服务贸易进口全球第二大经济体（占全球比重 9.1%），在出口上仅次于美国（占比 14.4%）、英国（占比 6.6%）、德国（占比 5.7%）、法国（占比 4.7%），在进口上仅次于美国（占比 10.2%）。

表 1-6　2007—2017 年中国货物贸易全球占比情况

年份	出口额 （10 亿美元）	占全球比重 （%）	增长率 （%）	排名	进口额 （10 亿美元）	占全球比重 （%）	增长率 （%）	排名
2007	1218	8.7	26	2	956	6.7	21	3
2008	1428	8.9	17	2	1133	6.9	18	3
2009	1202	9.6	−16	1	1006	7.9	−11	2
2010	1578	10.4	31	1	1395	9.1	39	2
2011	1898	10.4	20	1	1743	9.5	25	2
2012	2049	11.1	8	1	1818	9.8	4	2
2013	2209	11.7	8	1	1950	10.3	7	2
2014	2342	12.3	6	1	1959	10.3	0	2
2015	2275	13.8	−3	1	1682	10.1	−14	2
2016	2098	13.2	−8	1	1587	9.8	−5	2
2017	2263	12.8	8	1	1842	10.2	16	2

资料来源：根据世界贸易组织（WTO）历年统计报告整理，其中 2017 年为《世界贸易统计报告》（*World Trade Statistical Review*）⑤、2007—2016 年为《国际贸易统计报告》（*International Trade Statistics*）。

---

①　根据国家统计局统计口径，进出口数据来源于海关总署，因为 1978—1979 年为外贸业务统计数，1980 年起均为海关进出口统计数。其中，进口总额由 1980 年的 271.2 亿元提升至 2017 年的 15.3 万亿元，出口总额由 298.8 亿元提升至 12.5 万亿元。

②　参见海关总署网站 2019 年 1 月 14 日发布统计快讯《2018 年 12 月全国进出口月度总值表》，http://www.customs.gov.cn/customs/302249/302274/302275/2166555/index.html。

③　此处均为人民币计价，其中 2018 年我国进口总额 16.4 万亿元（同比增长 7.1%）、出口总额 14.1 万亿元（同比增长 12.9%）。

④　参见世界贸易组织 2019 年 4 月发布的《世界贸易统计报告 2018》（*World Trade Statistical Review*），其中货物贸易统计数据参见表 A6，服务贸易统计数据参见表 A8。

⑤　主要参见其中表 A6（题为"Leading Exporters and Importers in World Merchandise Trade"）。

表1-7 全球进出口前五大经济体（2017年）

排名	国家	出口额（10亿美元）	占全球比重（%）	增长率（%）	排名	国家	进口额（10亿美元）	占全球比重（%）	增长率（%）
1	中国	2263	12.8	8	1	美国	2410	13.4	7
2	美国	1547	8.7	7	2	中国	1842	10.2	16
3	德国	1448	8.2	3.9	3	德国	1167	6.5	11
4	日本	698	3.9	8	4	日本	672	3.7	11
5	荷兰	652	3.7	14	5	英国	644	3.6	1

资料来源：根据世界贸易组织（WTO）《世界贸易统计报告2018》整理。

在国际投资方面，中国利用外资和对外投资两项均经历了快速提升，近年来更是实现了"引进来"和"走出去"并举，2015年时中国首次成为资本净输出国，对外投资流量已经超过吸收外资额。从国家统计局数据来看，中国合同利用外资项目由1983年的522个提升至2017年的35652个，同期实际利用外资额由22.6亿美元提升至1310.3亿美元；中国每年对外投资流量由2008年的559.1亿美元提升至2017年的1582.9亿美元。[①] 根据商务部2019年1月发布的初步统计数据，中国2018年1—12月实际使用外资数额1349.7亿美元，同比增长3%[②]；中国对外全行业直接投资1298.3亿美元，同比增长4.2%[③]，其中中国企业在"一带一路"沿线对56个国家非金融类直接投资156.4亿美元，同比增长8.9%[④]。

据联合国贸发会议（UNCTAD）初步统计结果[⑤]，2018年中国已经是全球FDI流入第二大经济体（1420亿美元），仅次于美国（2260亿美元），高于英国（1220亿美元），详见图1-3。根据中国商务部发布的《中国对外投资合作发展报告（2018）》，如图1-4所示，中国对外直接投资流量全球排名日益提升，从2002年的第26位提升至2017年的全球第3位，在2015—2016年更是排行全球第2位；截至2017年年末中国对外直接投资增加值占当年全球对外直接投资增加值的9.7%、中国对外投资存量规模占全球比重5.9%，比重已创历史新高，排名从2016年的全球第6位上升至全球第2位，仅次于美国存量规模（77990亿美元）。

近年来，欧美等发达国家贸易保护主义兴起，2018年中美贸易摩擦更是吸引了全球关注，美国政府对中国贸易贡献作用评价趋向负面，如美国总统特朗普在2017年2月的一次国会发表演讲中称，自从中国2001年加入世界贸易组织后，美国少了6万多

---

① 同期中国对世界直接投资存量也从1839.7亿美元提升至18090.4亿美元。

② 参见商务部外资司2019年1月15日发布的《2018年1—12月全国吸收外商直接投资快讯》，http：//www.mofcom.gov.cn/article/tongjiziliao/v/201901/20190102832209.shtml。

③ 参见商务部对外投资和经济合作司2019年1月22日发布的《2018年我国对外全行业直接投资简明统计》，http：//hzs.mofcom.gov.cn/article/date/201901/20190102829082.shtml。

④ 参见商务部对外投资和经济合作司于2019年1月22日发布的统计简报《2018年1—12月我对"一带一路"沿线国家投资合作情况》，http：//hzs.mofcom.gov.cn/article/date/201901/20190102829086.shtml。

⑤ 联合国贸发会议（UNCTAD）2019年1月发布的 Investment Trends Monitor，No.31。

（单位：10亿美元）

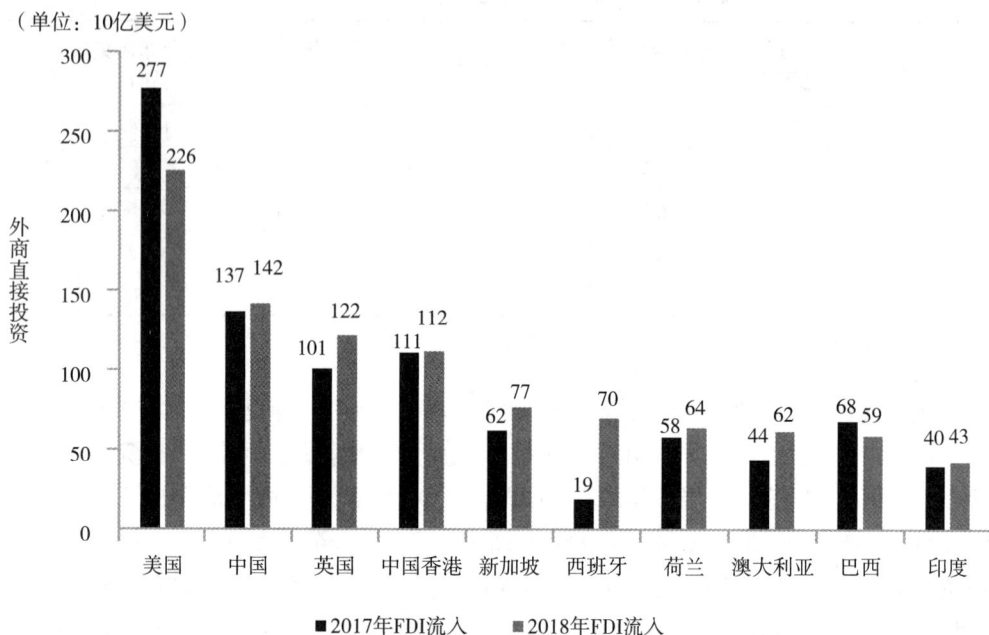

图1-3 全球对外投资流量前十位国家（地区）

资料来源：联合国贸发会议（UNCTAD）发布的《全球投资趋势监测》（*Investment Trends Monitor*）第31期。

家工厂①。但事实上，中美贸易的拉动作用是多元化的，不仅降低消费者支出、为本土企业创造利润，更加为政府提供税收，根据美中贸易全国委员会2019年发布的研究报告数据②，2016年美国对中国的出口为美国创造了约100万个就业岗位③；美国全球贸易伙伴咨询公司的测算数据显示④，2017年中美贸易（包括进口与出口）一共创造了约730万个美国工作岗位，占全美工作岗位的3.7%，贡献率超过了美国与加拿大、墨西哥、欧盟、日本等经济体贸易创造本土岗位数量⑤。

---

① 参见观察者网站2017年3月1日发布的新闻报道《特朗普首场国会演讲：中国加入WTO后，美国少了6万个工厂》，https：//www.guancha.cn/america/2017_03_01_396547.shtml。

② The US-China Business Council 于 2018 年 4 月发布的 "2018 State Export Report"，https：//www.uschina.org/reports/2018-state-exports-report。

③ 中国外交部引用了该机构对2015年中美贸易的研究结论（即2015年中美双边贸易和双向投资为美国创造了约260万个就业岗位）来回应特朗普总统关于中美贸易减少就业岗位的批评，具体参见外交部2017年3月1日发布的信息《2017年3月1日外交部发言人耿爽主持例行记者会》，https：//www.fmprc.gov.cn/web/fyrbt_673021/t1442434.shtml。

④ Baughman Laura M. and Joseph F. Francois，"Trade and American Jobs The Impact of Trade on U. S. and State-Level Employment：2019 Update"，Trade Partnership Worldwide，February 2019.

⑤ 报告中测算得到，2017年美国与加拿大、墨西哥、欧盟（27国）、日本、韩国、英国通过贸易分别创造了720万、490万、570万、130万、100万、120万个工作岗位。

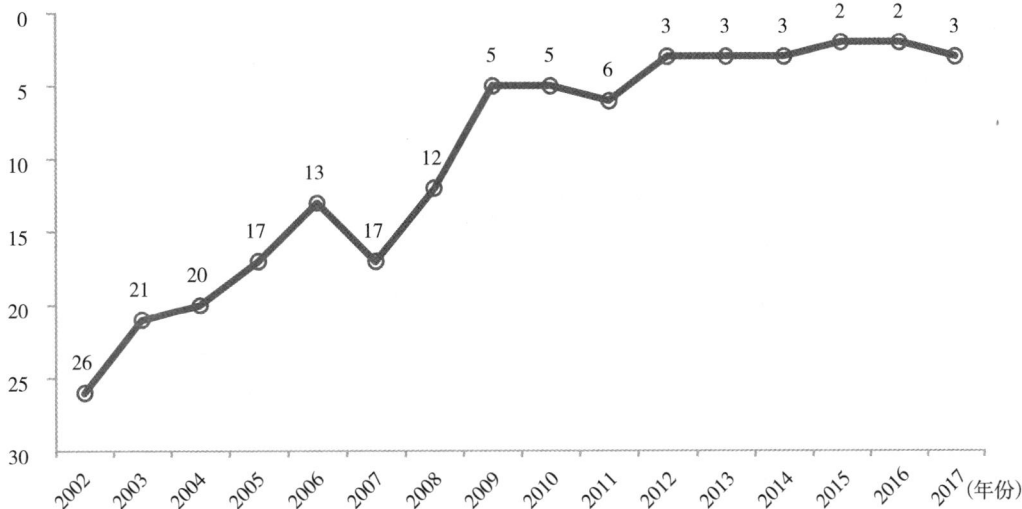

图 1-4　2002—2017 年中国对外直接投资流量在全球的位次

资料来源：本图引用自中国商务部《中国对外投资发展报告 2018》，原图数据来源于商务部、国家统计局、国家外
　　　　汇管理局《2017 年度中国对外直接投资统计公报》。

29

3. 中国发力生态环保，为全球气候治理作出贡献

2018 年中国持续大力推进生态环保建设，"污染防治"被列为"三大攻坚战"之
一，属于政府工作重点。在 2018 年 3 月《政府工作报告》中，李克强总理高度评价过
去五年间的生态环境发展成就，包括"我国单位国内生产总值能耗、水耗均下降 20%
以上，主要污染物排放量持续下降，重点城市重污染天数减少一半，森林面积增加
1.63 亿亩，沙化土地面积年均缩减近 2000 平方公里，绿色发展呈现可喜局面"①。

2018 年中国制定和施行了诸多生态环保相关法规和多项专项治理行动，包括《中
华人民共和国环境保护税法》《排污许可管理办法（试行）》《中华人民共和国土壤污
染防治法》、七大专项行动②、七场标志性的重大战役③等。在 2018 年 3 月通过的《中
华人民共和国宪法修正案》中，生态文明被写入了宪法，这位列《中国环境报》评选

---

　　① 参见中央人民政府网站上发布的 2018 年《政府工作报告》全文，http：//www.gov.cn/
guowuyuan/2018-03/22/content_ 5276608. htm。

　　② 七大专项行动主要包括："绿盾 2018"自然保护区监督检查专项行动、重点区域大气污染综合治理
攻坚、落实《禁止洋垃圾入境推进固体废物进口管理制度改革实施方案》、打击固体废物及危险废物非法转
移和倾倒、垃圾焚烧发电行业达标排放、城市黑臭水体整治及城镇和园区污水处理设施建设、集中式饮用水
水源地环境整治。可参见生态环保部网站 3 月 29 日发布的《生态环境部 2018 年 3 月例行新闻发布会实录》，
http：//www. mee. gov. cn/gkml/sthjbgw/qt/201803/t20180330_ 433330. htm。

　　③ 即蓝天保卫战、打好柴油货车污染治理、城市黑臭水体治理、渤海综合治理、长江保护修复、水源
地保护、农业农村污染治理七大攻坚战。

出的 2018 年国内十大环境新闻榜首①。此外，2018 年 5 月中国还召开了全国生态环境保护大会，正式确立了习近平生态文明思想。

中国是最早批准《巴黎协定》的国家之一，在全球气候治理、生态环保等多个方面都作出重要贡献。根据 2018 年《BP 世界能源统计年鉴》② 公布数据，中国连续 17 年成为全球能源消费增长最大的国家，到 2017 年已经是全球最大的能源消费国。与此同时，中国能源结构持续改进，煤炭燃料占比创历史新低（2017 年为 60.4%）；而对可再生能源消费则呈现快速上涨趋势（到 2017 年可再生能源消费占全球总量的 21.9%），在 2017 年中国贡献了全球增长的 36.0%。根据 2019 年《BP 世界能源展望》的预测结果，中国能源结构将持续演变，煤炭占比到 2040 年将下降至 35%，可再生能源占比将从 2017 年的 3% 增长至 2040 年的 18%；中国碳排放将在 2022 年达到峰值，预计中国将在可再生能源发展和节能减排方面持续发力。

根据陈驰等（2019）的研究成果，中国在全球约占据了 6.6% 的植被面积，但在 2007—2017 年间却贡献了近 25% 的全球绿叶面积净增加量（其中森林和农用地贡献率分别为 42% 和 32%），对全球变绿贡献巨大③；与此同时，中国还在持续制定相关计划，以保护和扩大森林，以减轻土地退化、空气污染、气候变化等问题。2018 年 9 月，中国浙江省"千村示范、万村整治"工程荣获联合国环境规划署办法的"地球卫士奖"，以表彰中国环保与经济发力同行的理念与举措。

表 1-8　全球绿叶面积（leaf area）排行前列国家（地区）及其变化情况

排名	2000 年平均绿叶面积（百万平方公里）	2000—2017 年绿叶面积净变化（十万平方公里）	2000—2017 年绿叶面积变化率（%）
1	巴西（29.68）	中国（13.51）	中国（17.80）
2	俄罗斯（12.36）	俄罗斯（7.57）	印度（11.10）
3	美国（8.93）	欧盟（4.02）	欧盟（7.78）
4	印度尼西亚（8.69）	印度（3.65）	加拿大（7.13）
5	刚果（8.50）	美国（3.59）	俄罗斯（6.62）
6	中国（7.64）	加拿大（3.35）	澳大利亚（5.62）
7	加拿大（5.41）	澳大利亚（2.83）	美国（4.55）
8	欧盟（5.23）	巴西（1.12）	墨西哥（4.07）
9	澳大利亚（5.19）	墨西哥（0.96）	阿根廷（1.70）

① 参见《中国环境报》（由生态环境部主管）2019 年 1 月 21 日刊登的新闻报道《2018 年国内国际十大环境新闻发布》，http://epaper.cenews.com.cn/html/2019-01/21/content_ 79792. htm。

② BP 是世界领先的石油和天然气企业之一，每年定期发布《BP 世界能源统计年鉴》和《BP 世界能源展望》（有中文版），这两份报告被各界视为全球最可靠的能源数据来源之一，引用广泛。

③ 与此相比，印度在全球绿叶面积增长上也有较大贡献，但是主要来自农用地（森林和农用地贡献率分别为 4.4% 和 82%）。

排名	2000 年平均绿叶面积 （百万平方公里）	2000—2017 年绿叶面积净变化 （十万平方公里）	2000—2017 年绿叶面积变化率 （％）
10	印度（3.33）	刚果（0.96）	巴西（1.54）
11	墨西哥（2.66）	印度尼西亚（0.51）	刚果（1.34）
12	阿根廷（2.16）	阿根廷（0.13）	印度尼西亚（0.83）

资料来源：Chen et al.（2019）①，采用美国国家航空航天局（NASA）发送的 MODIS 卫星数据测算得到。

4. 中国着力打好脱贫攻坚战，减贫贡献全球瞩目

2018 年是我国打赢脱贫攻坚战三年行动的起步之年，从公开数据来看，2018 年开局良好，当年减贫目标顺利完成。根据国家统计局 2019 年 2 月公布的数据②，2018 年中国农村贫困人口不断减少、贫困发生率持续下降，贫困地区农民收入增速高于全国农村平均水平。按照现行国家农村贫困标准测算，2018 年年末，全国农村贫困人口 1660 万人，比上年年末减少 1386 万人；2018 年贫困发生率 1.7%，比上年下降 1.4 个百分点。与 2012 年相比，我国累计减少 8239 万农村贫困人口、贫困发生率下降 8.5 个百分点。2018 年我国贫困地区农村居民人均可支配收入 10371 元，实际增长率 8.3%，增速高于全国农村增速 1.7 个百分点。

根据国务院扶贫办数据③，2013—2018 年我国连续 6 年超额完成千万减贫任务，此外在深度贫困地区扶贫、东西部扶贫协作和定点扶贫等方面均取得较好成绩。针对"三区三州"等深度贫困地区，26 个中央部门出台 27 个政策文件，2018 年新增中央财政专项扶贫资金 120 亿元用于"三区三州"，占全国新增资金的 60%。预计"三区三州"全年将减贫 130 万人，贫困发生率下降 6.4 个百分点，全国 334 个深度贫困县预计全年减贫 480 万人。在 2019 年还将针对"两不愁三保障"面临的突出问题加强力度持续攻坚。

从全球比较来看，中国的减贫速度远超世界平均水平，如表 1-9 所示，如果按照每人每日 1.9 美元极端贫困标准，1981 年中国的贫困发生率为 88.3%，到 2013 年时已经降至 1.9%，同一时期内，世界贫困发生率从 42.2% 降低至 10.7%。根据世界银行发布的数据，到 2011 年，中国的贫困发生率约为 7.9%，仅略高于巴西（5.5%）和俄罗斯（0%），而到 2013 年时，中国的贫困发生率（1.9%）已经低于巴西（4.9%）。这

① Chen C., Park T., Wang X., Piao S., Xu B., Chaturvedi R. K., Fuchs R., Brovkin V., Ciais P., Fensholt R., Tømmervik H., Bala G., Zhu Z., Nemani R. R. and Myneni R. B., "China and India Lead in Greening of the World Through Land-use Management", *Nature Sustainability*, Vol. 2, Feb. 2019, pp. 122-128.

② 参见新华网 2019 年 2 月 16 日刊登的《人民日报（海外版）》新闻报道《2018 年中国农村减贫 1386 万人》，http://www.xinhuanet.com/2019-02/16/c_1124121980.htm。

③ 参见国务院扶贫办网站转载《人民日报》2019 年 3 月 17 日发布新闻报道《我国年度减贫连续 6 年超千万人》，http://www.cpad.gov.cn/art/2019/3/18/art_624_95861.html。

充分说明了中国长期以来坚持发展经济，不断加大扶贫投入，带来人民收入和生活水平的大幅提升。

表 1-9　金砖五国绝对贫困人口占世界比重（按世界银行 1.9 美元标准）　（单位:%）

年份	1981	1984	1987	1990	1993	1996	1999	2002	2005	2008	2011	2013	2015
世界	42.2	39.3	35.2	35.3	34.0	29.3	28.6	25.8	20.8	18.0	13.7	10.7	—
中国	88.3	75.8	60.8	66.6	57.0	42.0	40.5	32.0	18.8	14.7	7.9	1.9	
印度	—	—	33.8	—	45.9	—	—	—	—	21.2			
巴西	24.4	29.9	18.1	20.6	19.9	14.2	13.4	12.3	9.6	6.3	5.5	4.9	4.3
俄罗斯	—	—	—	—	2.4	3.6	3.4	0.7	0.5	0.1	0	0	—
南非	—	—	—	—	29.3	33.8	—	—	—	16.9	16.6		

资料来源：权衡等：《中国收入分配改革 40 年：经验、理论与展望》，上海交通大学出版社 2018 年版，第 137—138 页。

长期以来，中国对全球减贫目标作出巨大贡献。在 2000 年之际，由 189 个国家联合签署的联合国"千年发展目标"中就提出八项发展目标，其中包括消除极端贫困与饥饿目标，即在 1990—2015 年间将每人收入低于 1 美元的极端贫困人口数量比例减半[1]。中国已经提前且超额实现这一减贫目标，如果用世界银行每日 1.9 美元贫困标准来看，则中国贫困人口在 1981 年时约为 8.78 亿人，到 2002 年已经降低至 4.10 亿人，到 2013 年时已经降低至 0.26 亿人，从 1981—2013 年间中国共减少贫困人口约 8.52 亿人，对世界的贡献率约为 74.9%[2]，详细可见表 1-10。哈佛大学学者温奈良（Nara Dillon）高度评价中国的减贫行动，她认为如果没有中国的减贫成就，联合国千年发展目标相关减贫计划不可能完成，中国的减贫经验对于发展中国家意义重大，尤其是农业人口仍然占很高比重的国家[3]。

表 1-10　中国绝对贫困人口占世界贫困人口比重（按世界银行 1.9 美元标准）

年份	世界贫困人口（亿人）	中国贫困人口（亿人）	中国占世界贫困人口比重（%）
1981	19.06	8.78	46.1
1984	18.71	7.85	42.0

---

①　根据联合国发布的《千年发展目标 2015 年报告》，生活在极端贫困中的人数已经从 1990 年的 19 亿人下降至 2015 年的 8.36 亿人，减贫目标顺利完成。

②　权衡等：《中国收入分配改革 40 年：经验、理论与展望》，上海交通大学出版社 2018 年版，第 137—138 页。

③　参见哈佛大学网站 2019 年 3 月 15 日发布的"Looking to China for Lessons on Helping the Poor"，作者为 Alvin Powell，https：//news. harvard. edu/gazette/story/2019/03/harvard-china-connection-highlighted-by-president-bacow-visit/? utm_ source = SilverpopMailing&utm_ medium = email&utm_ campaign = Daily% 20Gazette% 203 - 18-19%20 （1）。

续表

年份	世界贫困人口（亿人）	中国贫困人口（亿人）	中国占世界贫困人口比重（%）
1987	17.66	6.60	37.3
1990	18.66	7.56	40.5
1993	18.84	6.72	35.7
1996	16.97	5.11	30.1
1999	17.27	5.07	29.4
2002	16.19	4.10	25.3
2005	13.56	2.45	18.1
2008	12.17	1.95	16.0
2010	10.88	1.50	13.8
2011	9.61	1.06	11.1
2013	7.69	0.26	3.4

资料来源：权衡等：《中国收入分配改革40年：经验、理论与展望》，上海交通大学出版社2018年版，第137—138页。

第二章 行稳致远：
"一带一路"建设的成就及展望

"大雁之所以能够穿越风雨、行稳致远，关键在于其结伴成行，相互借力。"2017年5月，习近平主席在北京举行的"一带一路"国际合作高峰论坛上的话语意味深长。自2013年秋天，习近平主席首次提出共建"一带一路"倡议以来，越来越多国家积极响应，共建"一带一路"日益成为促进全球开放合作、全球经济治理体系完善、全球共同发展繁荣和构建人类命运共同体的合理方案。5年来，"一带一路"建设成果丰硕，中国以实际行动为推动世界经济共同发展、应对困难和挑战提供答案。展望未来，随着越来越多国家和地区与中国一道结伴而行，共建"一带一路"，这一中国方案必将为世界经济发展作出更大贡献。

一、习近平总书记关于"一带一路"的重要论述

2013年金秋，习近平主席在哈萨克斯坦和印度尼西亚提出共建"丝绸之路经济带"和"21世纪海上丝绸之路"，即"一带一路"倡议。5年来，"一带一路"建设逐渐从理念转化为行动，从愿景转变为现实，取得了丰硕成果。5年来，习近平总书记就"一带一路"建设的指导原则、丰富内涵、目标路径等进行深刻阐述，为"一带一路"建设的顺利开局和平稳推进提供了重要保障，为继续深化"一带一路"建设工作提供了重要遵循。

1. 共建"一带一路"是全球治理体系变革的中国方案

2018年8月27日，习近平总书记在北京出席推进"一带一路"建设工作5周年座谈会并发表重要讲话。他明确提出，共建"一带一路"不仅是经济合作，而且是完善全球发展模式和全球治理、推进经济全球化健康发展的重要途径。他还表示，共建"一带一路"顺应了全球治理体系变革的内在要求，彰显了同舟共济、权责共担的命运共同体意识，为完善全球治理体系变革提供了新思路新方案。共建"一带一路"正在成为我国参与全球开放合作、改善全球经济治理体系、促进全球共同发展繁荣、推动构

建人类命运共同体的中国方案。① "一带一路"倡议不仅是各方交流合作的平台，更是中国面对时代命题、改善全球治理、推进对外开放提出的中国方案。

2. "一带一路"倡议占据了国际道义制高点

习近平总书记在推进"一带一路"建设工作5周年座谈会上指出，当今世界正经历百年未有之大变局，以共建"一带一路"为实践平台推动构建人类命运共同体，这是从我国改革开放和长远发展出发提出来的，也符合中华民族历来秉持的天下大同理念，符合中国人怀柔远人、和谐万邦的天下观，占据了国际道义制高点。因此，"一带一路"倡议这份中国方案提出5年来得到各方积极回应。

3. "一带一路"是务实合作之路

2014年6月5日，习近平主席在北京举行的中阿合作论坛第六届部长级会议开幕式上，首次集中阐述共商共建共享原则，指出："共商，就是集思广益，好事大家商量着办，使'一带一路'建设兼顾双方利益和关切，体现双方智慧和创意。共建，就是各施所长，各尽所能，把双方优势和潜能充分发挥出来，聚沙成塔，积水成渊，持之以恒加以推进。共享，就是让建设成果更多更公平惠及中阿人民，打造中阿利益共同体和命运共同体。"习近平主席还提出中阿共建"一带一路"，"既要登高望远，也要脚踏实地"，既要做好顶层设计和规划，又要争取早期收获，尽早取得实实在在的成果。②

4. 从"大写意"到"工笔画"

习近平总书记在推进"一带一路"建设工作5周年座谈会上指出，过去几年共建"一带一路"完成了总体布局，绘就了一幅"大写意"，今后要聚焦重点、精雕细琢，共同绘制好精谨细腻的"工笔画"，推动这项工作不断走深走实。

（1）"基本要求"：要百尺竿头、更进一步

习近平总书记指出，经过"夯基垒台、立柱架梁"的5年，共建"一带一路"正在向落地生根、持久发展的阶段迈进。

他公布的"成绩单"浓缩成了"夯基垒台、立柱架梁"8个字：5年来，共建"一带一路"大幅提升了我国贸易投资自由化便利化水平，推动了我国开放空间从沿海、沿江向内陆、沿边延伸，形成陆海内外联动、东西双向互济的开放新格局；我国同"一带一路"相关国家的货物贸易额累计超过5万亿美元，对外直接投资超过600亿美元，为当地创造20多万个就业岗位，我国对外投资成为拉动全球对外直接投资增长的

---

① 赵超、安蓓：《坚持对话协商共建共享合作共赢交流互鉴 推动共建"一带一路"走深走实造福人民》，《人民日报》2018年8月28日。

② 杜尚泽、焦翔：《习近平出席中阿合作论坛第六届部长级会议开幕式并发表重要讲话》，《人民日报》2014年6月6日。

重要引擎。

5 年的成效预示出"一带一路"的巨大潜力与广阔前景。正如习近平总书记所指出的，共建"一带一路"正在成为我国参与全球开放合作、改善全球经济治理体系、促进全球共同发展繁荣、推动构建人类命运共同体的中国方案。

"我们要百尺竿头、更进一步，在保持健康良性发展势头的基础上，推动共建'一带一路'向高质量发展转变"。习近平总书记明确指出，这是下一阶段推进共建"一带一路"工作的基本要求。

向高质量发展转变，就是要从"有"转向"好"的发展。如今，"一带一路"正在向落地生根、持久发展的阶段迈进，要更进一步，就要坚持稳中求进工作总基调，贯彻新发展理念，集中力量、整合资源，以基础设施等重大项目建设和产能合作为重点，解决好重大项目、金融支撑、投资环境、风险管控、安全保障等关键问题，形成更多可视性成果。

以重大问题为导向，抓住关键问题着力解决，习近平总书记以强烈的问题意识，以积土成山、积水成渊的实干精神，推动共建"一带一路"不断走深走实。

（2）"走深走实"：要聚焦重点、精雕细琢

过去几年，共建"一带一路"完成了总体布局，用习近平总书记的话说，就是"绘就了一幅'大写意'"。他接着指出，今后要聚焦重点、精雕细琢，共同绘制好精谨细腻的"工笔画"。

从"大写意"到"工笔画"，是从"完成了总体布局"到进一步"走深走实"的生动比喻。如何"聚焦重点、精雕细琢"？习近平总书记提出了以下这些具体的"要"：

要在项目建设上下功夫，建立工作机制，完善配套支持，全力推动项目取得积极进展，注意实施雪中送炭、急对方之所急、能够让当地老百姓受益的民生工程。

要在开拓市场上下功夫，搭建更多贸易促进平台，引导有实力的企业到沿线国家开展投资合作，发展跨境电子商务等贸易新业态、新模式，注重贸易平衡。

要在金融保障上下功夫，加快形成金融支持共建"一带一路"的政策体系，有序推动人民币国际化，引导社会资金共同投入沿线国家基础设施、资源开发等项目，为"走出去"企业提供外汇资金支持。

要推动教育、科技、文化、体育、旅游、卫生、考古等领域交流蓬勃开展，围绕共建"一带一路"开展卓有成效的民生援助。

要规范企业投资经营行为，合法合规经营，注意保护环境，履行社会责任，成为共建"一带一路"的形象大使。

要高度重视境外风险防范，完善安全风险防范体系，全面提高境外安全保障和应对风险能力。

要加强党对共建"一带一路"工作的领导。各地区各部门要增强"四个意识"、坚定"四个自信"，主动站在党和国家大局上谋划推动共建"一带一路"工作。

5. 一切都在阳光下运行

习近平总书记在推进"一带一路"建设工作5周年座谈会上重申了中国的一贯立场：共建"一带一路"是经济合作倡议，不是搞地缘政治联盟或军事同盟；是开放包容进程，不是要关起门来搞小圈子或者"中国俱乐部"；是不以意识形态划界，不搞零和游戏，只要各国有意愿，我们都欢迎。

新华社《学习进行时》专栏梳理了习近平总书记5年来的相关重要论述：

2015年3月28日，习近平主席在博鳌亚洲论坛2015年年会开幕式上发表主旨演讲强调，"一带一路"建设不是要替代现有地区合作机制和倡议，而是要在已有基础上，推动沿线国家实现发展战略相互对接、优势互补。

2017年9月3日，习近平主席出席金砖国家工商论坛开幕式并发表主旨演讲强调，共建"一带一路"倡议不是地缘政治工具，而是务实合作平台；不是对外援助计划，而是共商共建共享的联动发展倡议。

2018年4月11日，习近平总书记同出席博鳌亚洲论坛2018年年会的中外企业家代表座谈时强调，"一带一路"倡议一切都在阳光下运行。我们不搞小圈子，也不搞强买强卖。

2018年4月11日，习近平总书记集体会见博鳌亚洲论坛现任和候任理事时强调，"一带一路"不像国际上有些人所称是中国的一个阴谋，它既不是第二次世界大战之后的马歇尔计划，也不是什么中国的图谋。

6. 把对话当作"黄金法则"

新华社《学习进行时》专栏梳理了5年来习近平总书记关于对话合作，互联互通的重要论断：

2014年11月8日，习近平主席在"加强互联互通伙伴关系"东道主伙伴对话会上发表讲话强调，共同建设"丝绸之路经济带"和"21世纪海上丝绸之路"与互联互通相融相近、相辅相成。如果将"一带一路"比喻为亚洲腾飞的两只翅膀，那么互联互通就是两只翅膀的血脉经络。

2016年1月21日，习近平主席在阿拉伯国家联盟总部发表重要演讲时强调，"一带一路"建设，倡导不同民族、不同文化要"交而通"，而不是"交而恶"，彼此要多拆墙、少筑墙，把对话当作"黄金法则"用起来，大家一起做有来有往的邻居。

2016年8月17日，习近平总书记出席推进"一带一路"建设工作座谈会强调，以"一带一路"建设为契机，开展跨国互联互通，提高贸易和投资合作水平，推动国际产能和装备制造合作，本质上是通过提高有效供给来催生新的需求，实现世界经济再平衡。

2016年11月19日，习近平主席在秘鲁利马出席亚太经合组织工商领导人峰会并发表主旨演讲强调，"一带一路"倡议，就是要以互联互通为着力点，促进生产要素自由便利流动，打造多元合作平台，实现共赢和共享发展。

7. 人类命运共同体是最高目标

新华社《学习进行时》专栏梳理了5年来习近平总书记关于人类命运共同体的重要论断：

2016年4月29日，习近平总书记在中共中央政治局第三十一次集体学习时强调，在新的历史条件下，我们提出"一带一路"倡议，就是要继承和发扬丝绸之路精神，把我国发展同沿线国家发展结合起来，把中国梦同沿线各国人民的梦想结合起来，赋予古代丝绸之路以全新的时代内涵。

2016年4月29日，习近平总书记在中共中央政治局第三十一次集体学习时强调，"一带一路"建设不应仅仅着眼于我国自身发展，而是要以我国发展为契机，让更多国家搭上我国发展快车，帮助他们实现发展目标。

2017年5月14日，习近平主席在"一带一路"国际合作高峰论坛开幕式上发表主旨演讲强调，推进"一带一路"建设，要聚焦发展这个根本性问题，释放各国发展潜力，实现经济大融合、发展大联动、成果大共享。

2017年5月15日，习近平主席在"一带一路"国际合作高峰论坛圆桌峰会上致开幕辞强调，在"一带一路"建设国际合作框架内，各方秉持共商、共建、共享原则，携手应对世界经济面临的挑战，开创发展新机遇，谋求发展新动力，拓展发展新空间，实现优势互补、互利共赢，不断朝着人类命运共同体方向迈进。这是他提出这一倡议的初衷，也是希望通过这一倡议实现的最高目标。

2018年8月27日，习近平总书记在推进"一带一路"建设工作5周年座谈会上强调，以共建"一带一路"为实践平台推动构建人类命运共同体，这是从我国改革开放和长远发展出发提出来的，也符合中华民族历来秉持的天下大同理念，符合中国人怀柔远人、和谐万邦的天下观，占据了国际道义制高点。

二、"一带一路"建设取得的成果

"一带一路"5年共建，为世界经济发展注入了新动能，为推动经济全球化朝着更加开放、包容、普惠、平衡、共赢的方向发展注入了强劲动力。5年来，"一带一路"倡议得到了越来越多国家的热烈响应，"一带一路"建设逐渐从理念转化为行动，从愿景转变为现实，建设成果丰硕，已成为广受欢迎的全球公共产品。共建"一带一路"对于挖掘新的经济增长点、增强各国内生发展动力、促进全球经济增长具有重要意义，发挥了重要作用。历经5年共建，"一带一路"建设连点成线到面，基础设施联通网络初步成型，沿线产业合作形成势头，各国政策协调不断加强，民众开始从合作中得到实惠，彼此距离进一步拉近。① 在 2018 年 8 月 27 日国新办新闻发布会上，国家发展改革委副主任、国家统计局局长宁吉喆介绍了"一带一路"建设 5 年来取得了巨大进展。②

一是增进战略互信，凝聚国际共识。"共建'一带一路'倡议和共商共建共享的核心理念已经写入联合国等重要国际机制成果文件，已有 103 个国家和国际组织同中国签署 118 份'一带一路'方面的合作协议。"2017 年首届"一带一路"国际合作高峰论坛在北京成功举办，论坛 279 项成果中，截至 2018 年 6 月已有 265 项完成或转为常态工作，剩下的 14 项正在督办推进，落实率达 95%。

如表 2-1 所示，5 年来"一带一路"倡议得到多个国家和地区的欢迎，各国或国际组织纷纷根据本国国情，积极与"一带一路"进行对接，使"一带一路"的国际影响力不断提升。

表 2-1　与中国"一带一路"实现对接的部分国家或地区及其发展战略

国家或地区	发展战略
匈牙利	"向东开放"政策
沙特	2030 愿景
蒙古国	"发展之路（草原之路）"计划
越南	"两廊一圈"规划
哈萨克斯坦	"光明之路"计划
土耳其	"中间走廊"计划
印度尼西亚	"全球海洋支点"规划
泰国	"东部经济走廊"发展规划
欧亚经济联盟	中国与欧亚经济联盟经贸合作协定
欧盟	"容克计划"
非盟	2063 年议程

资料来源：笔者根据中国一带一路网（http://www.yidaiyilu.gov.cn）相关资料整理。

二是狠抓合作项目，形成示范效应。聚焦"六廊六路多国多港"主骨架，推动一批合作项目取得实质性进展。中巴经济走廊建设进展顺利，中老铁路、中泰铁路、匈塞铁路建设稳步推进，雅万高铁部分路段已经开工建设，瓜达尔港已具备全作业能力。根据中国一带一路网数据，2011 年中欧班列全年开行仅 17 列、年运送货物总值不足 6 亿美元，截至 2018 年 8 月 26 日，中欧班列累计开行数量突破 1 万列、年运送货物总值达 160 亿美元，到达欧洲 15 个国家 43 个城市（见图 2-1）。

三是促进合作共赢，实现共同发展。我国已经成为 25 个沿线国家最大的贸易伙伴。商务部副部长钱克明介绍，"过去五年，我国同沿线国家贸易总额超过 5 万亿美元，年

① 本报评论员：《为世界经济发展注入新动能》，《人民日报》2018 年 8 月 30 日。
② 陆娅楠：《一带一路，朋友多、路好走》，《人民日报》2018 年 8 月 28 日。

（单位：列）

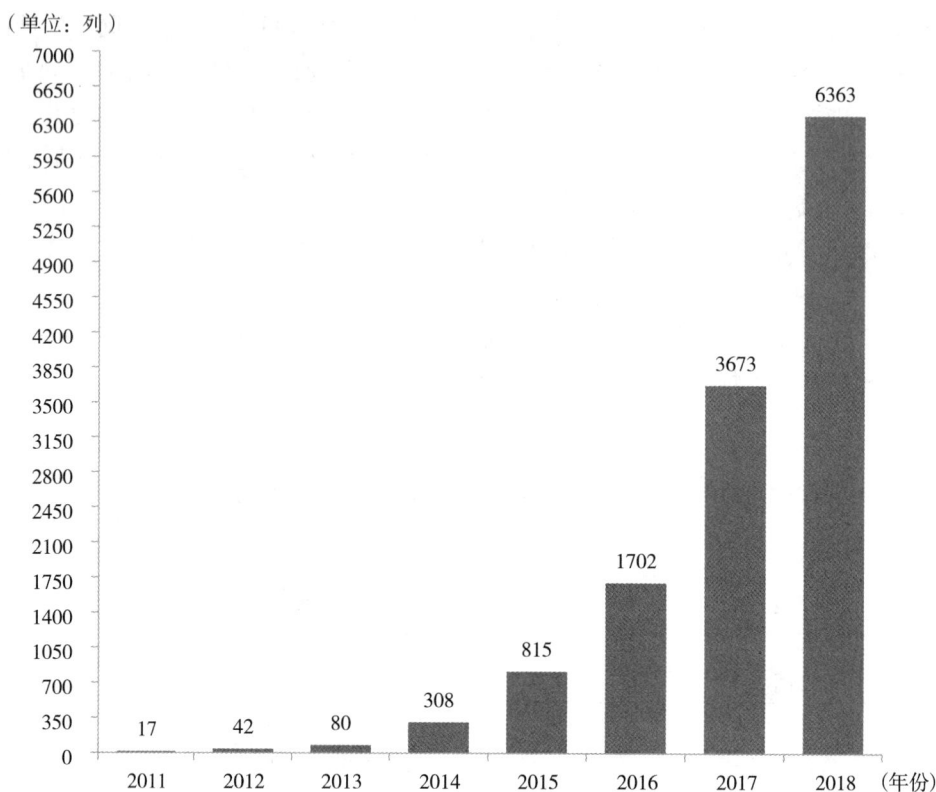

图 2-1　2011—2018 年中欧班列开行数量

资料来源：笔者根据中国一带一路网（http：//www.yidaiyilu.gov.cn）数据绘制。

均增长 1.1%，在世界贸易下滑、负增长的情况下，我们是正增长 1.1%"。五年来，中国对沿线国家直接投资超过 700 亿美元，年均增长 7.2%。"同时，我们还不断放宽外资准入领域，营造高标准的营商环境，吸引沿线国家来华投资。"

据中国一带一路网统计，截至 2018 年"一带一路"建设为沿线国家或地区创造 24.4 万个就业岗位，中国与沿线国家或地区新签对外承包工程合同额超过 5000 亿美元，建设境外经贸合作区 82 个，上缴东道国税费累计 20.1 亿美元。如图 2-2 所示，2013 年至 2018 年，中国与"一带一路"沿线国家或地区贸易总体上保持了增长态势。

四是完善服务体系，强化金融支撑。中国与 17 个国家核准《"一带一路"融资指导原则》，加快推进金融机构海外布局，已有 11 家中资银行设立 71 家一级机构。与非洲开发银行、泛美开发银行、欧洲复兴开发银行等多边开发银行开展联合融资合作。

据中国一带一路网统计，截至 2018 年 12 月亚投行成员已达 93 个，其中来自"一带一路"沿线国家成员超过 6 成。中国出资 400 亿美元成立的丝路基金，2017 年获增资 1000 亿元人民币，已签约 19 个项目。24 个国家设立中资银行及各类机构 102 家。人民币跨境支付系统覆盖 40 个"一带一路"沿线国家的 165 家银行。投融资体系不断完善，为"一带一路"建设提供了强有力的支撑。

（单位：%）

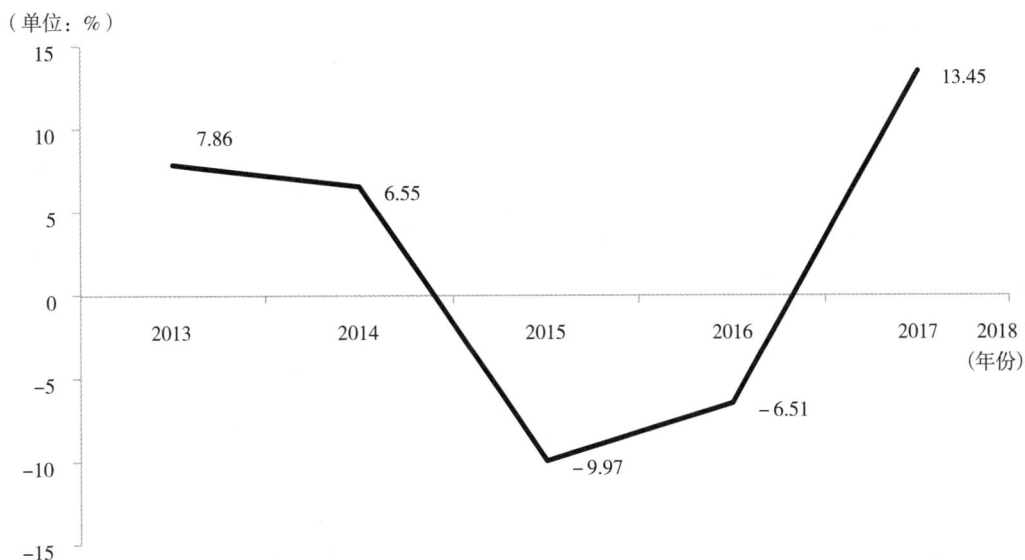

图 2-2　2013—2018 年中国与"一带一路"沿线国家或地区贸易增长率

资料来源：海关总署。

　　中方对于共建的项目和相关国家的投资合作，始终重视加强债务管理。在"一带一路"建设项目的投融资问题上，中国始终坚持以经济效益为导向，根据项目国实际情况提供贷款，支持项目建设，避免给项目国造成新的债务风险和财政负担。中资银行在为项目提供融资前，都会对借款人的负债情况、偿债能力做严格测算。贷款后也会持续跟踪监测相关国别风险和主权风险，比如开发银行建立了国家主权信用评级，以及国家风险限额管理制度，中国工商银行、中信保等机构都建立了相关的评估监控管理体系。发展经济和改善民生是发展中国家最紧迫的任务，对一些经济建设确有迫切资金需要的发展中国家，中资银行也会通过合理设计融资结构等多种方式，帮助其实现债务可持续。例如柬埔寨的光缆和数字电视项目就是通过股权投资加银团贷款模式予以支持。

　　五是秉持开放包容，密切文化交流。我国积极开展教育、科技、文化等领域合作，制定印发了教育、科技、金融、能源、农业、检验检疫、标准联通等多个领域的专项合作规划。通过实施"丝绸之路"奖学金计划，在境外设立办学机构等，为沿线国家培育技术管理人才。2017 年，来自沿线国家的留学生达 30 多万人，赴沿线国家留学的人数 6 万多人。预计到 2020 年，与沿线国家双向旅游人数将超过 8500 万人次，旅游消费约 1100 亿美元。"一带一路"旅游已经成为世界旅游的新增长点。

三、"一带一路"建设得到国际社会的广泛认同和热情参与

　　"一带一路"建设反映了各国人民对促和平、谋发展的共同愿望，得到了国际社会

41

的广泛认同和热情参与。①

1. "一带一路"建设得到了国际社会的广泛认同

5年来，越来越多的国家、国际组织和企业从"一带一路"合作的平等、开放和普惠中获益，对"一带一路"建设投出了"信任票"和"支持票"。共建"一带一路"倡议和共商共建共享原则的核心理念已经写入联合国等重要国际机制成果文件，已有103个国家和国际组织同中国签署118份"一带一路"方面的合作协议。2017年首届"一带一路"国际合作高峰论坛在北京成功举办，论坛279项成果中，到目前为止已有265项完成或转为常态工作，剩下的14项正在督办推进，落实率达95%。众多跨国公司高管表示，"一带一路"倡议意味着难得机遇，特别是在基础设施等领域催生大量新商机。

5年来，"一带一路"建设以战略眼光和全球视野在当今世界百年未有之大变局中把握航向，成为完善全球发展模式和全球治理、推进经济全球化健康发展的重要途径。回应当前世界经济增长动力不足的难题，"一带一路"建设与一些国家所奉行的单边主义、保护主义形成鲜明对比；倡导通过加强各国互联互通，进一步改进和完善全球供应链、价值链、产业链，让处在不利位置上的国家得以更好地参与到全球分工中，更多地从全球价值链当中获益；面对和平赤字、发展赤字、治理赤字的挑战，中国同联合国有关机构签署"一带一路"合作协议，通过和联合国的合作更好地推动"一带一路"对接联合国2030年可持续发展议程，让各国得以从更加开放、包容、普惠、平衡、共赢的全球化进程中获益。日本前首相福田康夫就曾撰文称，"一带一路"建设让所有参与国乃至全世界都能从中受益，增进所有国家人民的福祉。

5年来，"一带一路"建设传承中华民族天下大同的理念，秉持中国人怀柔远人、和谐万邦的天下观，以扎实的行动回应外界的质疑与疑惑，成为占据国际道义制高点的中国方案。俄罗斯《导报》刊文指出，"一带一路"倡议展现了中国对全球治理新理念的思考，"对中国来说，'一带一路'与其说是路，更像是中国最重要的哲学范畴——道"。中国之道彰显了同舟共济、权责共担的命运共同体意识以及"计利当计天下利"的大国担当。在联合国副秘书长、联合国开发计划署代理署长盖图看来，中国不限制国别范畴，不搞封闭机制，不唱独角戏，更不搞一言堂，这正是"一带一路"朋友圈不断扩大的原因。

2. 国外人士积极评价"一带一路"5年来的成就

美国库恩基金会主席罗伯特·劳伦斯·库恩认为，历史长河中，丝绸之路上不同国家、民族、宗教信仰和文化背景的人们，创造了彼此间和平、共享的成功先例。习近平

---

① 国际人士谈一带一路合作：《一带一路，"21世纪的一项开创性倡议"》，《人民日报》2019年2月11日。

主席提出的"一带一路"倡议，同样着眼于沿线各国的共同利益。中国一再声明，不论自身发展走到哪一步，都不会在处理对外关系时以大欺小，"一带一路"建设正是基于团结合作、共享发展、平等互利之上。"一带一路"倡议在世界范围内这么受欢迎，是因为中国找到了自身发展经验同世界需要的契合点。100 年后，当我们这代人的历史都已写定，人们回首往事会看到，今天关于"一带一路"的讨论将比任何一场选战都重要得多。"一带一路"建设，将成为 21 世纪最伟大的故事之一。

英国四十八家集团俱乐部主席斯蒂芬·佩里认为，"一带一路"倡议是丝绸之路的重新焕发，它为世界带来了惊人的、富有创造力的现代贸易形式。依托"一带一路"这个超越国界的概念，亚洲、欧洲、非洲、美洲国家及人民和谐联通。"一带一路"倡议的基石是尊重每个国家和民族的文化及体制，用实现共同的可持续发展这一目标将人们紧紧团结起来。"一带一路"倡议是 21 世纪一项变革性的工程。习近平主席给了我们一张路线图，为我们指明了未来方向。虽然前路会有坎坷，但我们前进的方向是正确的。越是能够紧紧抓住"一带一路"倡议所带来的机遇的国家，越能享受到倡议带来的发展红利。

美国未来学家多丽丝·奈斯比特、约翰·奈斯比特认为，世界需要桥梁，需要建设桥梁的智慧。习近平主席提出的"一带一路"倡议，是一项具有"架设桥梁"意义的倡议，其恢宏的目标是缩小发达经济体和发展中国家以及新兴经济体之间的经济差距，跨越文化和历史差异，促进理解和交流。"一带一路"不仅是一项发展经济的举措，还鼓励人类以一种共同方式解决未来世界面临的全球性问题。"一带一路"涉及围绕经济发展的一个新的思想共识，以及更高层面的共识进化，还意味着互不干扰、非结盟，寻求的是发展经验的交流，而不是把一种发展模式强加在另一种发展模式之上。其最大的不同寻常之处是让各国和各国人民都获益，而不是只惠及少部分人群。非洲国家已经在中国支持下发展基础设施并从中获益，这比照搬西方的民主体制更行之有效。

日本前首相鸠山由纪夫认为，以共商、共建、共享为原则的"一带一路"是构建人类命运共同体的重要路径，通过"一带一路"建设推动地区实现和平与发展是一个伟大的构想。其更为深刻的着眼点是通过促进区域经济发展，增进国家之间交流，进而防范纷争于未然，以发展促和平，以和平保发展。

美国麦肯锡全球研究院院长华强森认为，正如 19 世纪末的东方快车象征着第二次工业革命欧亚文明的交流，"一带一路"体现了新变革下经济互通、文化相融的时代潮流。"新东方快车"将满载沿线国家或地区人民政策沟通、设施联通、贸易畅通、资金融通、民心相通之梦，驶入中国与各国紧密相连、共享机遇的新疆域。

英国剑桥大学政治与国际关系学院资深研究员马丁·雅克认为，在世界经济的汪洋大海中游泳，中国实现了与世界的深度融合，这种融合为很多国家和地区的经济增长与繁荣带来了机遇。"一带一路"就是一个强有力的例子。正因为认识到发展的重要性，中国才能提出"一带一路"这样的伟大倡议。它想要解决的是自 1945 年以来的全球核心问题——占世界人口 85% 的发展中国家的转型问题。它表明中国正努力寻找一种让中国和其他国家实现互利共赢的新型国际关系。西方国家往往把全球化等同于西方化，从而把许多国家排除在外。但中国对全球化的理解无关意识形态、经济结构和种族。在中国看来，全球化就意味着发展，意味着借助"一带一路"等合作倡议，让全世界人民更加幸福。这种非排他性和获益广泛性，充分地证明了"一带一路"所提倡的共享精神。改革开放是一种思维方式，一个过程，一种将现实视角与战略视角相结合的转型方法。"一带一路"倡议展示的正是改革开放的思维：在不断扩大合作的过程中，找出更有效、更务实的办法。

澳大利亚前外长、悉尼科技大学澳中关系研究院院长鲍勃·卡尔认为，如果40年前有人预测中国有一天将向世界"出口"道路、桥梁、港口、机场、隧道等基础设施建设能力，世界一定会感到这是空想。然而，我们看到今天中国正在切切实实地做这些事。"一带一路"把中国的增长和繁荣带到世界各地，帮助亚洲和世界其他地区一同发展。

英国牛津大学伍斯特学院高级研究员彼得·弗兰科潘认为，历史上，高山、大海、沙漠等天然屏障分隔了彼此，阻挡了思想与信息的相互交流，阻碍了经济、政治以及文化发展。中国提出的"一带一路"倡议包含公路、铁路、港口等重要基础设施建设，着力于克服这些物理障碍，是对历史经验的汲取。"一带一路"连接世界，面向未来，很长时间内将是促进全球经济增长的润滑剂。

法国前总理德维尔潘认为，在一个缺乏集体行动、受到2008年国际金融危机削弱的世界里，习近平主席提出的"一带一路"倡议从一开始就具有长远视野。该倡议展现了三个互为补充的前景：政治上，促进不同国家与人民之间的包容与合作；经济上，推动经贸往来，扩大投资，满足发展的各项具体需求；文化上，延续古丝绸之路精神，促进各国人民间的文明互鉴。总而言之，"一带一路"是21世纪的一项开创性倡议，它是联通古今、通向未来的桥梁，旨在发展的道路上"不让一个人掉队"。

过去几十年间，中国表现得越来越有大国风范，日益走近世界舞台的中央，大概是当今世界最显著的一个特征。可以说，不仅仅是中国迎来了一个新时代，它也开启了一个全球的新时代。当前全球化正处于十字路口，民粹主义抬头撕裂世界，全球经济复苏因保护主义而黯然失色，许多国家面临着不稳定因素。中国却在不断加快开放步伐，相信"一带一路"将把破碎的世界聚合起来，为各国发展和共同稳定带来新机遇。

法国重建布雷顿森林体系委员会执行董事马克·乌赞认为，"一带一路"建设增进互联互通，将带动沿线国家和地区的发展，创造更具包容性和可持续的全球发展模式。"一带一路"也为全球化可能面临的问题提供了中国方案：随着经济增长、人民生活不断改善，那些逆时代潮流的呼声必将不攻自破。

当前，国际上出现了"逆全球化"的声音，一些国际合作机制的功能似乎在减弱。中国提出"一带一路"倡议、发起成立亚投行，为促进世界经济开放、包容和可持续发展提供了新路径，让许多"曾被边缘化"的国家有机会参与到国际合作中来，分享经济全球化的红利，这必将谱写全球化的新篇章。

日本科学技术振兴机构高级研究员冲村宪树认为，今天中国翻天覆地的变化与政策的连贯性与执行力息息相关。习近平主席提出的"一带一路"倡议和构建人类命运共同体理念，表明中国继续坚持改革开放的坚定决心，以及中国愿与世界各国分享改革开放成功经验和机遇，为世界和平与共同发展贡献中国智慧。

"一带一路"倡议让中国对外开放迈上新台阶。它把中国的发展与亚洲、欧洲乃至全球的发展联系起来，从而形成一个动态的、可持续的发展途径。日本国内很多有识之士都希望日本加入"一带一路"，日本如果只是旁观，就会失去很多发展机会。

日本富士通总研经济研究所首席研究员金坚敏认为，近年来，受世界经济增长乏力、国内贫富差距扩大以及持续不断的难民危机等困扰，部分发达经济体反全球化思潮涌动，"本国利益优先"的诱惑开始蔓延，发展中国家期待贸易投资自由化带动经济开发、创造就业的发展理念受到挑战。发达经济体与发展中经济体的矛盾有加剧趋势，迫切需要提出并尝试全球经济治理新的框架模式。

"一带一路"倡议不仅是"新型全球化"的理念创新，同时为发展中经济体与发达经济体发展经济、增加就业、消除贫困提供了一个共同的框架基础和舞台。中国还汇集全球资源，具体安排落实了倡议所需的资金、技术、人才等，为倡议带来了"真金白银"。

美国卡特政府法律顾问哈维·朝鼎认为，构建联系的桥梁可以走向繁荣，而筑起隔绝的高墙只会通向发展的死胡同。"一带一路"建设是中国致力于推动经济全球化和多边主义发展的实例。

法国经济学家、调节学派创始人米歇尔·阿列塔认为，习近平主席具有长期目标和战略眼光，他提出的"一带一路"倡议设计精巧、定位准确，让资金、人才、技术流动起来，确保相关国家在世界经济发展大潮中互利共赢不掉队。许多国家在"一带一路"建设的帮助下，经济得到发展、社会趋于稳定、管理更为优化。在继续深化改革、扩大开放的大背景下，中国提出的"一带一路"倡议加速了资本的跨境流动。该模式同美国华尔街已主导40余年的短视的金融控制模式截然不同，它寻求的是多种形式的相互依存：互联互通、相互贸易、长期投资。"一带一路"建设有助于解决发展不平衡、资源恶化等全球治理问题。

以色列驻华大使何泽伟认为，"一带一路"总让我想起一首情歌，其中有一句歌词是"我们从哪儿开始"。以色列与中国有着传统的友好合作关系，中国公司在以色列开展了一些大型基建项目，以色列人民从中受益良多。在"一带一路"框架下，中以两国间最具有优势的是创新合作。两国创新合作潜力巨大，以色列高科技公司将与中国公司在各领域展开合作。

希腊驻华大使莱奥尼达斯·罗卡纳斯认为，"一带一路"倡议为解决全球性挑战提供了开创性思路。在"一带一路"框架下，不同国家和地区民众间的文化合作与相互理解得到增强，对未来发展大有裨益。

"一带一路"倡导开放合作，不搞保护主义，真正推进贸易与投资、促进互联互通、推动增长与发展，这对于深受金融危机之害的希腊、经济增长乏力的欧洲，以及经济全球化的未来都具有特别重要的意义。

日本国际贸易投资研究所首席经济学家江原规由认为，在人类历史上，从来没有一个倡议像"一带一路"一样以实现各国合作共赢为目标。全球 140 多个国家和地区、80 多个国际组织积极支持和参与"一带一路"建设，有力地证明了"一带一路"赢得世界范围内的共鸣。

在"一带一路"建设推进中，整个世界看到了中国谋求公平合理的全球化，以及中国坚定不移朝着建设人类命运共同体迈进的姿态。"一带一路"是全球化时代包含创新思想的世纪大工程。

法国前总理拉法兰认为，中国通过提出"一带一路"倡议等方式推动多边合作，为国际社会树立了榜样，中国的长远目标和对时代需求的把握对于世界发展大有裨益。在一个将以创新为标志的世界中，中国有一张了不起的王牌，就是源远流长而博大精深的中华文明。"一带一路"是一个需要创新、需要建设、需要分享的伟大计划。中国在世界发出的声音是平衡之声、多边合作之声，也自然而然是进步之声。

有些西方国家对于"一带一路"心存疑虑。那是因为中国并没有复制西方模式，而是去创造一个自己的发展方式，一种更加包容的发展方式。好似在丝绸上刺绣，需要一针一线的功夫。"一带一路"建设也是如此，需要依靠一步步推进，才会一步步收获成果。"一带一路"建设格外需要各国共同谋划、精心布局。

英国商务大使芭芭拉·贾琦认为，一些西方媒体对中国的报道没有全面传递出发展的信息，仍然存在着沟通的障碍和鸿沟。建议全球媒体把眼光放远，不仅更多关注中国，也要关注参与"一带一路"建设的其他国家，应该积极向公众宣介"一带一路"建设蕴含的机遇，促进沿线国家间的有效沟通，从而加深对中国和"一带一路"建设的理解。

法国戴高乐基金会主席雅克·高德弗兰认为，"一带一路"倡议提出以来，沿线各国进行了积极的、富有成效的合作。针对目前存在的一些逆全球化思潮，"一带一路"建设可以向那些怀疑论者证明，全球化进程可以在国家间有组织、有规则地进行，它不仅是一条互通有无的贸易道路，也是一条连接人类知识和智慧的发展道路，将切实造福各国人民。

德国西门子公司大中华区首席执行官赫尔曼认为，"一带一路"不仅是这个时代的"热词"，而且成为切切实实发生的生动事实。它是当今最为重要和最具影响力的全球基础设施建设规划，给全球化提供更强劲动力，并具有巨大潜力构建新型全球贸易的蓝图。

四、精心绘制"工笔画"，推动共建 "一带一路"高质量发展

习近平总书记在推进"一带一路"建设工作 5 周年座谈会上指出，过去几年共建

"一带一路"完成了总体布局,绘就了一幅"大写意",今后要聚焦重点、精雕细琢,共同绘制好精谨细腻的"工笔画"。推动共建"一带一路"向高质量发展转变,是下一阶段推进共建"一带一路"工作,绘制好"工笔画"的基本要求,具体应做好以下工作。①

1. 重视与相关国家发展战略和基本利益的对接

合作的基础是理念认同和利益契合。"一带一路"建设所秉持的原则是"共商共建共享"。正是因为它坚持开放包容、同舟共济、互利共赢,所以得到了众多国家的积极响应和参与。在短短 5 年时间里,中国同 130 多个国家和国际组织签署了"一带一路"方面的合作协议,把相关国家和地区的发展思路、基本关切和核心利益与共建"一带一路"紧密联系在一起,使各参与国自身发展战略与共建"一带一路"相得益彰。推动共建"一带一路"向高质量发展转变,要进一步注重与相关国家发展战略对接,尊重其重大关切和核心利益,努力把"一带一路"建设变成相关国家推进本国经济社会发展的重大机遇,变成相关国家相互支持、共同提升的国际合作新平台,变成造福相关国家人民、推动构建人类命运共同体的强大助推器。

2. 推动形成有效的运行机制和公平公正的治理体系

47

5 年来的实践表明,共建"一带一路"不仅是经济合作,还是推动相关体制机制创新、完善全球发展模式和全球治理的重要途径。共建"一带一路"体现了经济全球化、区域一体化的发展趋势,是反对单边主义、孤立主义和贸易保护主义,反对地区封锁、市场分割等短视封闭行为的有力举措;共建"一带一路"倡导平等参与、机会共享、对话协商、合作共赢,具有平等性、开放性、普惠性、非排他性等特质,从根本上反对霸权主义、强权政治等无视国际规则和道义的行为;共建"一带一路"秉持天下大同的理念,追求世界各国和平共处、共同繁荣。总之,共建"一带一路"顺应了世界发展与全球治理体系变革的内在要求,彰显了同舟共济、权责共担的命运共同体意识,为推动形成更加公正、合理和均衡的全球治理体系提供了新思路新方案。我们要大力推动共建"一带一路",更加注重携手应对人类共同面临的发展难题,开拓发展机遇;更加注重加强南南合作等区域合作,大力援弱治穷减贫;更加注重维护弱小区域特别是发展中国家的发展机会和利益,提高其在全球治理体系中的参与权和话语权,积极推动人类命运共同体建设。

3. 增强普通人群实实在在的获得感

推动共建"一带一路"取得实质性进展,民心相通是关键,增强"一带一路"建设参与国人民的获得感是保障。5 年来,中国与"一带一路"建设参与国在科技、教

---

① 范恒山:《推动共建一带一路向高质量发展转变》,《人民日报》2018 年 10 月 29 日。

育、文化、卫生、体育、旅游等领域的交流务实展开，落地实施了一大批惠及民生的项目，还提供了各种形式的民生援助，在相关国家不断夯实民意基础。推动共建"一带一路"向高质量发展转变，要继续在增进"一带一路"建设参与国人民的直接利益上下功夫。应注重梳理"一带一路"建设参与国人民的诉求，着眼于"雪中送炭"，把合作项目建设及相关服务提供与普通人群最迫切的需要有效对接，把各类援助与解决普通人群最突出的困难紧密结合。应不断完善与参与国进行合作建设的路径和机制，采取有效方式吸引或推动各国人民参与其中，使其真切感受到共建"一带一路"带来的实惠。此外，还要结合实际事例创新和优化宣传内容与方式，使参与国人民真正认识到"一带一路"建设既是推动世界发展和全球治理体系变革完善的"政府工程"，也是解决民生疾苦、为民排忧解困的"民生工程"，使共建"一带一路"贴近人民、深入民心，成为相关国家人民积极投身、自觉参与的"世界工程"。

4. 提升各类投资项目的质量与效果

各类投资项目建设是共建"一带一路"的支撑，"一带一路"建设质量的高低取决于各类投资项目建设的质量优劣。过去5年，我国发挥自身优势并结合相关国家实际，与相关国家聚焦"六廊六路多国多港"主骨架，合作共建了一批重大工程项目，形成了良好开局和初步合作成果，赢得了国际社会广泛关注和相关国家积极评价。推动共建"一带一路"向高质量发展转变，要把提升各类投资项目的质量放到突出位置。更加重视重要基础设施投资和项目建设，通过推动相关国家打通基础设施的瓶颈环节或构建枢纽性平台，推进相关国家基础设施互联互通，夯实项目所在国经济发展的基础，促进相关国家便利参与全球分工、在更广范围配置资源，从全球价值链中获取利益，在实现自身快速发展的同时也为世界经济发展作出贡献。更加注重推动经济结构优化和发展水平提升，通过共组投资基金、共建产业园区、共造贸易链产业链等，利用先进科技，发展现代产业，培育发展新动能，实现"一带一路"建设参与国经济结构转型、发展水平提升，不断提高其可持续发展能力和国际竞争力。更加注重形成品牌效应，严格论证、精心谋划、聚焦重点、精雕细琢，使每笔投资都能给所在国家带来实实在在的好处，使每项工程都拥有为人称道的口碑，经得起时间的检验和世人的审视。更加注重协调发展，统筹考虑项目建设与生产生活生态，形成生产链条的无缝衔接、运作系统的有机配套、经济发展与生态环境保护的有机融合，真正实现创新发展、绿色发展。

5. 强化安全保障和风险防范应对

强有力的安全保障和风险防范应对能力，既是推动共建"一带一路"转向高质量发展的重要条件，也是其重要内容。作为助推相关国家发展的"福祉工程"和能够让当地老百姓受益的"民生工程"，共建"一带一路"受到众多国家和地区的欢迎与支持。但我们也应看到，当今世界经济发展面临诸多不确定、不稳定因素，共建"一带一路"还面临不少困难和风险。应加强大势研判和重点因素分析，密切跟踪世界政治经济发展新动向和相关国家形势变化状况，加强与相关国家沟通交流，做到情况在胸、对策在手。深化对各类投资和建设项目的微观环境分析，精准判断风险压力，提升化解能力，预先做好基础性工作。与"一带一路"建设参与国共同推进相关法制建设、信用体系建设和应急反应体系建设，在国家治理体系和运作体制机制上形成共建"一带一路"强有力的安全保障和风险防控能力。

6. 重视与我国重大区域发展战略协同对接

共建"一带一路"与我国重大区域发展战略是相互补充、相互支撑和相互促进的。作为一个涉及100多个国家和国际组织的重大战略，"一带一路"建设与我国其他重大区域发展战略相结合，能够形成内外联动效应，让各项战略更便于操作、更接地气，也更容易落到实处、带来实惠。各地区应加强"一带一路"建设同京津冀协同发展、长江经济带发展、粤港澳大湾区建设、自贸区建设等国家战略对接，从各地实际出发，把握切入点和关键点，推动形成全方位、深层次对内对外开放合作的新格局，利用国际国内两个市场、两种资源促进我国经济社会持续健康发展和区域协调发展。

第三章　冲突不断：
中美贸易摩擦的复杂性和长期性

中国和美国是全球最大的两个经济体，最大的两个贸易国，这场由美国发起的中美贸易摩擦对全世界的影响既是复杂的也是长远的。虽然美国的贸易保护主义、单边主义使得全球化出现了逆转的势头，但是全球化发展的趋势不可逆转，中美关系也将在新形势下达到新平衡。

一、历年中美经贸关系回顾与思考

1. 历年中美经贸关系回顾

美国对华贸易政策服从中美关系及世界政治经济秩序的变化，自中美关系正常化及建交以来，以 1989 年、2001 年和 2008 年为标志，美国对华贸易政策经历了友好合作、施压接触、遏制接触和全面遏制四个阶段。

第一阶段（1979—1989 年）："解冻"、合作与发展

从世界格局看，20 世纪七八十年代美苏争霸仍在继续，美国有动力与中国缓和关系。1979 年 1 月 1 日，中美两国正式建交，不久邓小平就于 1979 年 1 月 28 日对美国进行了访问，在此期间中美两国交换了对国际局势、产权、最惠国待遇等相关问题的看法，并签署了领事、贸易、科技和文化交流协议。邓小平访美后，中美两国的贸易发展迅猛，两国之间企业往来频繁，也签署了一系列促进中美贸易发展的协议，包括《中华人民共和国和美利坚合众国政府关于举办贸易展览会的协定》和《中华人民共和国和美利坚合众国贸易关系协定》等协定。1979 年 7 月 1 日，两国政府签订了为期三年的《中美贸易关系协定》，决定从 1980 年 2 月 1 日开始相互给予最惠国关税待遇，使中美贸易实现了正常化。

整体上该阶段中美贸易关系伴随政治关系好转而"解冻"，除因台湾问题贸易额在 1982 年、1983 年和 1986 年出现负增长，合作与发展成为主旋律。因美国放松对华出口管制及中国改革开放发展的需要，双边贸易额不断增长。按美方统计，双边贸易额 1989 年达到 178 亿美元。1989 年年底，双方签订了 27 个科技合作议定书，开展的科技

合作项目有 500 多个，人员交流 5000 多次。中美两国贸易额的增长率均高于同期两国各自的贸易增长率，美国是中国第三大贸易伙伴，1989 年中国是美国第 15 大出口贸易伙伴，第 9 大进口贸易伙伴。

第二阶段（1990—2000 年）：限制、制裁与恢复

1990 年，东欧剧变、苏联解体，冷战格局土崩瓦解，中国对美国的战略作用骤然下降。这一时期的美国当局对华贸易政策转向限制、制裁甚至报复。克林顿（Clinton，1993—2001 年）上台初期，提出以促进贸易为名、行贸易保护主义之实的"公平贸易"对华政策。1993 年 5 月 28 日，克林顿签署行政命令，要求中国必须在人权问题取得全面进展时才能考虑延长中国最惠国待遇，首次把最惠国待遇和人权问题挂钩，将经济问题政治化，对中国实行有条件的最惠国待遇。由于中国巨大市场的吸引力，在国内外的压力下，1994 年 5 月 26 日，克林顿宣布延长中国最惠国待遇，这一决定标志着美国对华政策的重大转变。此后五年到中国加入世界贸易组织之前，美国每年围绕给予中国最惠国待遇问题都会发生争执，但每次都以中国获得最惠国待遇而告终。

1999 年 11 月 15 日，中国同意在增值电信、寿险方面与美国可持股 50% 等方面作出让步，中美签署关于中国加入世贸组织的双边协议。2000 年 5 月和 9 月，美国众议院和参议院分别通过给予中国永久性正常贸易关系的地位。

该阶段中美贸易额进一步扩大，据美方统计，2000 年中国上升为美国第四大进口贸易伙伴，中美双边贸易额达到 1215 亿美元，中国对美顺差达到 838 亿美元，首次超过日本成为美国逆差第一大来源国，种下了日后贸易摩擦加剧的种子。这个阶段中美贸易摩擦较上阶段明显上升，主要体现在知识产权和市场准入争端，美国对中方发起多次"301 调查"，中美连续签订三个知识产权协议、中国同意加强知识产权的立法和执行而告终，美国加征关税及中国报复性的关税行动最终均未实施。

第三阶段（2001—2007 年）："接触"与"遏制"并存

2001 年"9·11"事件发生后，美国政府谋求中国的合作，共同"反恐"。2001 年 12 月 11 日中国正式加入世界贸易组织，中美贸易关系被纳入 WTO 多边贸易体制框架之内。小布什政府以"接触"手段拉拢中国，允许中国加入世界贸易组织初期在过渡期内逐步开放国内市场，但同时将从敦促中国遵守贸易规则转变为监督中国履行加入世界贸易组织承诺，并要求中国进一步开放市场，且中国市场经济的认定问题和特定产品过渡性保障机制成为美国持续牵制中国的武器。

总体上，该阶段两国贸易关系进入新的发展时期，两个国家之间的贸易合作领域更趋广泛。中美贸易双边贸易额达到 4075 亿美元，美国对华贸易逆差达到 2680 亿美元，占美国全部货物逆差的 32.2%。但是，贸易摩擦与日俱增，美国不断施压人民币汇率升值，以此为契机推动中国金融业对外开放；对华反倾销、反补贴案件明显增加。

第四阶段（2008 年至今）：对华转向全面遏制，贸易保护主义抬头

2008 年美国经济遭受金融危机沉重打击，2008—2009 年经济均负增长，失业率居

高不下，经济形势恶化、贫富分化导致国内反全球化、民粹主义和贸易保护主义抬头。2010年中国超越日本成为第二大经济体，美国贸易逆差不断扩大，美对华贸易逆差占全部货物贸易逆差的42.1%，超过日本在20世纪80年代的表现，对美国经济霸主地位构成冲击。

在此背景下，奥巴马（Obama，2008—2016）执政初期非常重视美中贸易关系，其贸易政策和意识形态都具有自由贸易和实用主义兼容的特点，以"稳健、理性和务实"为主。但金融危机爆发后，其主要支持者劳工团体的施压迫使奥巴马政府在对华贸易方面采取保护主义措施。

特朗普（Trump）在竞选纲领中就提出对华要更加强硬，将中国认定为汇率操纵国，其内阁成员整体对华态度偏强势。上台至今对华启动"301调查""232调查"等，并提出对500亿美元商品加征关税，直指《中国制造2025》，遏制中国崛起。

该阶段美国对华政策及社会思想基础发生重大转变，集中体现在斯蒂芬·班农（Stephen Bannon）在日本的演讲《中国摘走了自由市场的花朵，却让美国走向了衰败》及莱特希泽（Lethizer）《对过去十年中国在世界贸易组织中作用的评估》。2008年美国《国防战略报告》将中国定位为"潜在竞争者"，2018年《国防战略报告》将中国首次定位为"战略性竞争对手"。特朗普反复提及中美间的对等原则，要求实现市场机制和竞争机制的对等，而不只是在某些领域的谈判。莱特希泽认为中国加入WTO后美国的经济利益未能实现，美国对华贸易赤字持续增加，制造业岗位失去；认为中国的法制承诺很值得怀疑，对知识产权法律法规执行不力，违背WTO承诺实施出口限制，利用投资规定保护中国产业，中国政府向非中国企业施压，迫使后者按照不利条件许可其技术或知识产权；认为中国重商主义对美国经济产生了致命影响。提出要对中国：实施反倾销和反补贴以及保障措施；对中国操纵货币的行为作出回应；向WTO提交有关中国不遵守WTO义务的补充案件。

2. 历次中美贸易摩擦的原因分析

如上文所述，历次中美贸易摩擦都是由美方挑起，美国利用国内法单边对华发动贸易制裁，主要有"201条款"、"301条款"、"特别301条款"、"232条款"及"337条款"，主要涉及知识产权、市场准入、清洁能源补贴等问题。

（1）美国指责中国操纵汇率

自2003年以来，人民币汇率问题逐渐成为美国国会关注的重点，这源于中美贸易逆差加剧。美国长期指责中国压低人民币汇率，从而令自身的出口产品获得"不正当的"竞争优势。汇率是影响美对华贸易最为直接和便利的工具，历史上美国也曾依靠此种手段迫使日本签订《广场协议》，导致日元升值，热钱流入导致资产泡沫以及随后破裂，出口增速下降，日本经济陷入失去的20年。

在人民币升值过程中，除受金融危机影响顺差回落外，中美之间贸易失衡持续扩大。可见，人民币汇率升值并没有改善中美贸易情况，而应从美国低储蓄高消费的模式、对华高科技出口限制、美元国际储备货币地位等方面解决问题，仅靠汇率而不解决深层次问题无法扭转中美贸易逆差。

（2）知识产权保护问题

知识产权行业作为美国的优势行业，相较于货物贸易巨大逆差，知识产权贸易是其外贸盈余的主要来源，直接影响美国的经济利益，美国对知识产权的保护尤其重视。2016年美国知识产权出口1244亿美元（对华79亿美元，占比仅6.4%），进口444亿美元，顺差800亿美元，其中对华知识产权顺差为74亿美元，占比9.3%。中国改革开放初期知识产权法律体系不健全，执法力度不足，导致中美知识产权领域贸易摩擦不断。

美国对华知识产权纷争主要动用两个条款：一是"特别301条款"，《1988年综合贸易与竞争法》第301条规定，美国贸易代表办公室确定对拒绝充分有效保护知识产权的重点国家名单，并展开调查，有权决定是否采取报复性措施，决定一旦作出，30天内必须执行，无须征得总统同意。二是"337条款"，《关税法》第337条规定，美国国际贸易委员会有权对货物进出口过程中可能存在的不公平行为进行调查，如果调查成立对相关产品采取措施，以减轻对美国相关产业的损害。

（3）高科技领域出口管制

出口管制源于第二次世界大战期间美国出于国防利益需要禁止或削减军事设备出口，后成为冷战时期遏制苏联的政策组成部分，冷战结束后美国虽放松出口管制，但是仍把出口管制作为其推行对外政策目标的工具。但是伴随东欧剧变、苏联解体、1989年中国春夏"政治风波"的影响，美国把对华技术管制作为制裁中国的主要手段，暂停两国几项军事技术转让合同，禁止治安类技术和产品出口，终止长征火箭发射修斯卫星的合同等至少300项对华出口的许可。

由于长期对华实行严格管制政策，美国在高技术领域的比较优势没有在中美双边贸易中体现。按照美方统计，2017年美国对华高科技贸易逆差1354亿美元，占商品逆差的36%，占美高科技全部贸易逆差的122.7%，2005年该指标为109%。美国对华高科技逆差主要集中在生物技术、生命科学、光电、信息及通讯领域。如果美国放开高科技出口限制，实现该领域的贸易平衡，即可减少对华总逆差近四成。

（4）中国的市场经济地位问题

2001年在中国加入WTO的缔约条款中，并未承认中国的市场经济地位，但约定其他缔约国15年后不能再借口中国不具备"市场经济地位"，而以替代国产品价格为参照来对中国进行"反倾销"，但这也不意味着中国到期就能够自动取得市场经济地位。2016年年底，美国宣布不承认中国市场经济地位。在中国不被承认市场经济地位期间，中国企业必须举证自身处于公平的交易环境中，才能在反倾销的过程中不被适用替代国。否则，反倾销的国家尽可能选择成本高于中国的替代国，导致中国企业在反倾销诉讼中处于十分不利的地位。对于发起诉讼的进口国通常有利可图，进一步刺激美国对华发动反倾销立案调查。实际上，根据世界银行数据，中国的营商环境在190个国家和地区中排名第78位，高于第100名的印度，但印度却被承认为市场经济国家，美国牵制中国的意图明显。

（5）美国在中国加入世界贸易组织时设置牵制条件：市场经济地位、特别产品过渡性保障机制

中国加入世界贸易组织经历长达十五年的艰苦谈判，主要是与美国谈判，美方最终支持中国加入WTO是有条件的，体现在入世协定书中的第15条、第16条规定，涉及中国的市场经济地位问题和特定产品过渡性保障机制，这成为美国及盟国牵制中国的工具，也被称作咬住中国的"两颗毒牙"。

二、本轮中美贸易摩擦的发展及展望

经过多年发展，中美贸易关系已成为全球最重要的双边贸易关系之一。从贸易量来看，根据中方统计，2017年中国对美出口4331亿美元，占总出口额的19%，美国为中国第一大出口国。对美进口1552亿美元，占比约8.3%，美国为中国第二大进口国（次于欧盟占比的13.3%）。根据美方统计，2017年美方对华出口1304亿美元，占其总出口额的8.4%（低于加拿大的18.2%，墨西哥的15.6%），是其第三大出口国，美方对华进口5056亿美元，占其进口额的21.4%，中国为美国第一大进口国。从双边投资来看，2017年中国对美的外商直接投资额为290亿美元，美国是中国第三大投资目的地。

特朗普上台后，美国贸易保护主义和民粹主义思潮持续抬头，美国与中国的贸易摩擦明显加剧。特朗普在竞选时宣称，要保护传统产业，让制造业的工作重新回到美国。反对自由贸易协议如北美自由贸易协定（North American Free Trade Agreement，NAFTA）和跨太平洋伙伴关系协定（Trans-Pacific Partnership Agreement，TPP）。特朗普建议把中国宣布为汇率操纵国，并对所有从中国进口的产品征收45%的关税。

2018年3月23日，美国采取"232"措施宣布对进口钢铁和铝产品分别加征25%、10%的关税。中国宣布拟对自美进口水果、猪肉等价值30亿美元产品分别加征15%、25%的关税。

2018年6月15日，白宫对中美贸易发表声明，对1102种产品总额500亿美元商品征收25%关税。白宫的声明提到了《中国制造2025》。美国贸易代表办公室称中国关税清单包含两个序列，第一组中国关税涵盖340亿美元进口，于7月6日12时正式开征。美国贸易代表办公室将对160亿美元的第二组中国关税进行进一步评估。

2018年6月15日，中国国务院关税税则委员会决定对原产于美国的659项约500亿美元进口商品加征25%的关税，其中对农产品、汽车、水产品等545项约340亿美元自2018年7月6日起实施加征关税，对化工品、医疗设备、能源产品等114项其余商品加征关税的实施时间另行公布。

2018 年 6 月 18 日，特朗普指示美国贸易代表确定价值 2000 亿美元的中国商品，如果中国采取报复性措施并拒绝改变贸易"不公平"做法，将额外征收 10% 的关税。随后特朗普宣称进一步升级至 5000 亿美元，这基本实现了对中国出口美国商品的全覆盖。根据美方统计，2017 年中国对美国出口金额 5056 亿美元，美国对中国贸易逆差金额 3752 亿美元。

2018 年 6 月 26 日，特朗普表示将通过外国投资委员会来加强把关所有国家对美技术领域投资。同日，中国下调部分亚洲国家进口关税，大豆关税下调至零。6 月 29 日，中国发布了新的外商投资准入负面清单，共在 22 个领域推出开放措施，基本完全放开制造业的投资限制，2021 年取消金融领域所有外资股比限制。7 月 2 日，美国国家电信和信息管理局阻止中国移动向美国市场提供服务。7 月 3 日，中国法院采取"诉中禁令"方式，禁止美国美光在华销售芯片。

2018 年 7 月 6 日，美方对中国出口的 340 亿美元商品征收 25% 的关税，中国随即对等加征关税。

2018 年 7 月 10 日，特朗普下令美国贸易代表办公室（USTR）启动程序，对另外 2000 亿美元中国进口商品征收 10% 的关税。

2019 年，中美关系的走向主要受三个因素影响：一是美国国内政治经济形势。由于民主党控制了新一届国会众议院，民主党对特朗普的挑战和牵制增大，特朗普面临的政治压力上升。经济上，从 2018 年 10 月开始的美国股市大幅波动，以及 2019 年美国经济增长放缓的迹象，意味着特朗普发展经济的努力也将面临更大挑战。面对更加不利的国内政治经济形势，特朗普需要与中方达成对美国较为有利的贸易协议，既可以稳定市场信心，也可以作为政绩牌抵挡民主党的压力。

二是特朗普政府内部各派在对华问题上影响力的变化。当前特朗普执政团队在对华问题上分成四派：以特朗普本人为代表的经济民族主义者，关心的主要是如何促进美国经济利益，尤其是解决对华贸易逆差问题；以贸易代表莱特希泽和白宫国家贸易委员会主任纳瓦罗（Navarro）为代表的经济现实主义者，关心的主要是防止中国在经济实力上超过美国，尤其是阻止中国获得美国的高技术（特别是半导体技术）；以财政部部长姆努钦（Munuchin）为代表的经济自由派，关心的是中国的市场（特别是服务业）开放；以副总统彭斯（Pence）、总统国家安全事务助理博尔顿（Bolton）为代表的国家安全鹰派，关心的是开展与中国的战略竞争并试图遏制中国。

各派之间既竞争又合作，而特朗普一方面缺乏对政策过程的全面掌控能力，另一方面也希望利用各派相互牵制，并根据自己的政治需要决定取舍，由此导致其政策的混乱和相互矛盾。目前看来，前面三派之间逐渐形成了共识，即通过谈判谋求中国在解决贸易不平衡、保护知识产权和停止强制美国企业转让技术、开放服务业市场等方面作出让步，最大限度地促进美国的经济利益。

三是中美贸易谈判的进展。由于中方对美方发起贸易战采取了坚决斗争的立场，美方关于贸易战可以"易胜""速胜"的幻想破灭。2018 年 12 月 1 日在阿根廷举行的中美领导人会晤是中美贸易摩擦的重要转折点，此后两国以积极务实的态度重开谈判，已取得重要和实质性进展，在2019年上半年结束这轮贸易战的前景看好。

与此同时，也要看到，即使中美贸易摩擦能够告一段落，中美经贸摩擦仍将此起彼伏，美国更不会放弃在科技领域的对华限制和打压。尤其需要注意的是，随着中美贸易摩擦的休兵，特朗普政府内部的国家安全鹰派有可能在外交与安全上加大对华压力。在中美关系的重要转型期，摩擦、颠簸和冲突越来越成为常态，有效的风险和危机管控对双方都是紧迫的挑战。

就美国对华战略而言，强化对华竞争、增加对华压力已是基本共识，但如何竞争，如何处理竞争与合作的关系，如何确定对华关系的终极目标，美国应准备在对华关系中付出哪些代价，对于这些问题，美国内部尚在探索和辩论之中。美国各派关于中国问题的辩论不仅是一个认知和偏好的问题，更是不同利益的博弈。最重要的是，美国政治经济形势在很大程度上决定其对外战略的走向，而展望未来，美国政治经济形势的演变具有较大程度的不确定性。

不管是美国对华战略还是中美关系，中国都是一个重要的塑造因素，其影响主要体现在力量、利益和认知三个维度。中国的经济发展和国力的增强是美国对华战略要面对的基本现实，也是中美关系演变的重要动力。总体而言，中美力量对比的变化将继续朝着对中国有利的方向发展，美国必须适应这样的新现实。

随着中国的发展和强大，美国国家利益（不管是经济还是外交、安全）的实现越来越多地取决于对华关系的状态，中美势必要重构两国利益关系的格局，在某种意义上，这种重构已经开始。在此过程中，利益的竞争固然会加剧，但利益的协调和交换也至关重要，美方越来越注重短期收益和相对收益，这无疑增加了中美利益博弈的力度和难度，但中方注重长远和大局的思维方式则为双方利益协调提供了更大的运作空间。

当前美国正在形成更加负面的对华和对双边关系的新认知，然而这种认知并不是一成不变的。中方可以通过重要的行动和有效的沟通让美方认识到，双方在经贸以及地区与国际事务上有着合作的现实需求和巨大潜力，中国不只是美国的战略竞争者，也是美国的重要伙伴。面对两国在价值观方面渐行渐远的趋势，中方要强调加快改革、扩大开放的决心，淡化双方在价值观和政治制度上的差异，管控意识形态分歧。在美方越来越以"零和"思维、竞争思维看待双边关系时，中方应强调确立"稳定、协调、合作"的双边关系基调的重要性，继续倡导中美应谋求建立与21世纪的时代潮流相吻合的新型大国关系。

由此看来，中美关系在短期内形势严峻，面临一些前所未有的挑战，但从长远来看，我们不必过于悲观，它一方面取决于美国内部各派的博弈，另一方面更取决于中国的影响与应对。塑造一个推进务实合作和建设性竞争、有效管控风险、防范重大冲突的中美关系，仍是中国对美外交的基本方向。

三、历次中美贸易摩擦的经验和启示

1. 贸易摩擦的经济学原理

国际贸易是双赢，但具有极强的收入分配效应，这是引发贸易摩擦的经济学原因。国际贸易的基本理论是，各国劳动生产率、要素禀赋和比较优势差异决定了国际分工，分工提升了专业化生产、规模经济效应和生产率，因此，国家作为一个整体可以从贸易中受益。但是，国际贸易具有极强的收入分配效应，贸易所得对出口部门有利，但将使得进口部门受损。以美国为例，在国际贸易中美国整体受益，支撑了高消费模式，但是贸易的收入分配效应十分明显，在全球化中，美国的科技和金融具有比较优势并因此受益，但不具备比较优势的制造业（中低端）却由此受损，因此从 2016 年选战可以看到，硅谷和华尔街反对特朗普，而"铁锈州"支持。

2. 贸易摩擦的社会政治原因

美国制造业衰落以及中国崛起。2008 年次贷危机以来，量化宽松政策和零利率导致资产价格大涨，美国收入分配差距空前拉大，制造业大幅衰落，底层沉默的大多数被剥夺感加深；美国货物贸易逆差创 2009 年以来新高，再度接近峰值，近年美国政府、企业和民众在全面反思过去长期支持并主导的全球化对美国的影响以及美国受到的"不公平"待遇问题，其中，对中国货物贸易逆差占美国逆差来源的 46%，与 20 世纪 60 年代西欧、80 年代日本类似，当前的中国成为美国转移国内矛盾的重要对象；美方认为中美贸易失衡和美国制造业衰落主要责任在于中方的重商主义，希望系统解决造成中美贸易逆差的深层次体制机制和结构性问题。

3. 中国经济崛起引发美国警惕

美方认为中国是政治上的威权主义、经济上的国家资本主义、贸易上的重商主义、国际关系上的新扩张主义，这是对美国领导的西方世界的全面挑战。中国经济崛起挑战美国经济霸权，中国进军高科技挑战美国高科技垄断地位（国际分工从互补走向竞争），中国重商主义挑战美国自由贸易，中国"一带一路"倡议挑战美国地缘政治，中国发展模式挑战美国意识形态和西方文明。

过去 5 年中国占全球经济规模比重从 11% 上升到 15%，改革开放 40 年的成就、党的十九大报告、"中国制造 2025"、供给侧结构性改革展示了中国经济的勃勃生机和宏伟蓝图，新冷战思维引发在位霸权国家遏制新兴大国崛起。

4. 本轮贸易摩擦具备长期性与严峻性

中美贸易摩擦服从于世界政经局势、社会意识形态演化以及中美关系，要深刻认识到此次中美贸易摩擦不同于以往的长期性和日益严峻性。贸易摩擦不仅是经济实力的较量，还是政治、文化、科技、网络、意识形态等领域的全方位综合实力较量。与以往摩擦不同的是：当前中国的 GDP 与美国之比、美对华逆差占美国逆差总额比重均超过历史上任何一个国家，包括 20 世纪 80 年代的日本，引发美国警觉与恐慌，美国打压欧洲和日本的态度和行动一定会运用到中国；随着中国制造从中低端走向中高端，中美贸易从互补性走向竞争性；美国决策层和社会的思想基础发生变化，不同于 80 年代因遏制苏联的对华友好及 90 年代希望打开中国巨大市场的对华整体温和，以班农的日本演讲、莱特希泽否定中国加入世界贸易组织贡献的证词、纳瓦罗《致命中国》为代表，认为美国制造业的衰落由中国造成，认为中国不再可能走上西方的自由民主式政治与市场经济，是对其制度和霸权的挑战；美国贫富差距拉大、制造业衰落等国内矛盾需要出口；美国积累起贸易（对华摩擦的五大方面）、货币金融汇率（对日本）、资源战（对欧洲）的多维打击经验和手段。

5. 倒逼中国国内改革

历次贸易摩擦均由美国主动挑起，中国有妥协有斗争，总体上中国化压力为动力，走向更加开放。美国挑起贸易摩擦，利用其霸权地位维护其政治经济地位和迫使对方开放市场是惯用方式。在知识产权争端、市场准入争端、反倾销反补贴、中国市场经济地位问题、出口管制和人民币汇率等问题上面，中国历次更多的是妥协让步，也有斗争，但最终都顶住压力，未拿核心利益进行交换，比如美国试图进入中国发行与出版音像制品进入文化宣传等敏感领域、借人民币汇率问题要求中国金融全面开放都被拒绝。在压力面前，中国选择推进改革，加强知识产权保护的立法和执法，改革人民币汇率制度，改善营商环境等。

当前面对更激烈的一轮中美贸易摩擦，中国更应顶住压力，维护"中国制造 2025"等核心利益，资本项下的开放要循序渐进，扩大对美进口而非主动限制出口，决不能重蹈日本覆辙。更重要的是在外部争取战略机遇期，在内部勤练内功，推动供给侧结构性改革，防范化解重大风险，推动国企、社保、财政等基础性改革，发展基础科技的大国重器。

6. 与美国国内政治环境高度相关

美国对华贸易摩擦多发于经济金融危机和政治选举期间，作为其转移矛盾及政治筹码的工具。反倾销反补贴、奥巴马轮胎特保案均多发生在中期选举和总统选举期间。互联网泡沫破灭及 2008 年金融危机后，贸易摩擦明显频繁。

中美贸易摩擦虽伴随双方相互反击过程但最终多以磋商和签署协议告终，美国更多的是以施压作为谈判的筹码，争取更大的主动权，最大化满足本国需求。从历次摩擦可以看到，即使双方处于剑拔弩张之时，双方仍保持谈判，加征关税等手段较少真正实施，而作为谈判筹码施压。考虑到金融市场的剧烈反应、国内经济和通胀的承受力，此次加征关税的大动作如果实施必将两败俱伤。

7. 客观理性认识美方真实意图

中美贸易失衡既有中国部分领域开放度不够、部分产品进口关税较高、政府给予部分国企补贴以保护发展中的幼稚产业等原因，但更主要、更深层次的七大原因具有长期性和根本性，贸易摩擦解决不了：中美经济结构、全球价值链分工、美元国际储备货币地位、美元嚣张的特权、美国低储蓄过度消费模式、限制对华高科技出口、美国大量跨国企业在华投资等。这在当前美欧、美日贸易摩擦中均有清楚的先例。只有客观、理性、清醒地认识美方真实意图和底牌，才能作出客观理性的战略判断。美国对中国加征关税的领域并不是中国更具比较优势的中低端制造，而是《中国制造 2025》中计划主要发展的高科技产业，包括航空、新能源汽车、新材料等。

第四章　进口博览会：
展示中国开放市场，成果与国际反响

2018 年，在中美经贸摩擦持续不断的背景下，中国国际进口博览会的召开，展示了中国政府向世界开放中国市场的决心，并通过降低进口关税、放宽外商投资市场准入等一系列实际行动和举措，表明了中国政府坚定支持贸易自由化、经济全球化和主动开放的立场和态度。改革开放以来，中国进口在全球进口中的地位不断上升，并已成为全球第二大进口国，成为拉动世界贸易和经济增长的重要引擎；同时，中国在全球进出口贸易网络中的地位也不断提升，在进口广度、深度、中介度和接近中心度等网络中心度指标上，中国都已成为世界进口贸易网络的核心，为全球贸易网络的拓展和深化作出了重要贡献。中国首届国际进口博览会的召开，获得了全球各国主要媒体的广泛好评，坚定和增强了国外投资者和贸易主体对中国市场的信心。

一、进口博览会与开放市场：出口导向到进出口平衡

1978 年以来，随着中国经济发展的客观需要，中国的对外贸易战略历经了多次转变，从进口替代和出口导向相结合，到以出口导向为主、进口为辅，再到进出口贸易平衡和扩大进口；2018 年，随着中国国际进口博览会的盛大召开，中国政府从中央高层表态和实际行动上都明确了"进出口平衡"和"积极进口"的对外贸易导向。

1. 改革开放以来中国对外贸易战略的演变

改革开放 40 年来，中国顺应经济全球化的发展趋势，不断扩大和深化对外开放，大力发展外向型经济，一举成为全球最大的进出口贸易国①。对外贸易已成为拉动中国经济增长的重要动力之一，为中国经济发展作出了重大贡献，使中国成为世界上增长最快的经济体之一。

---

① 据美国经济分析局（BEA）发布的数据统计，2018 年美国进出口贸易额为 4.21 万亿美元，略低于同期中国进出口贸易额。2018 年，中国继续保持全球第一大进出口贸易国的地位。

根据中国海关总署公布的数据显示，我国2018年外贸进出口总值4.62万亿美元，增长12.6%，再创历史新高；其中，出口2.48万亿美元，增长9.9%，出口增速创2011年以来新高；进口2.14万亿美元，增长15.8%，首次突破2万亿美元；贸易顺差3517.6亿美元，收窄16.2%，为2013年以来最低。进出口贸易额相对于1978年增长了200多倍（见图4-1），对外贸易成为促进中国经济快速稳定增长的重要因素之一，中国也逐渐发展成为世界第一大进出口贸易国。

（单位：亿美元）

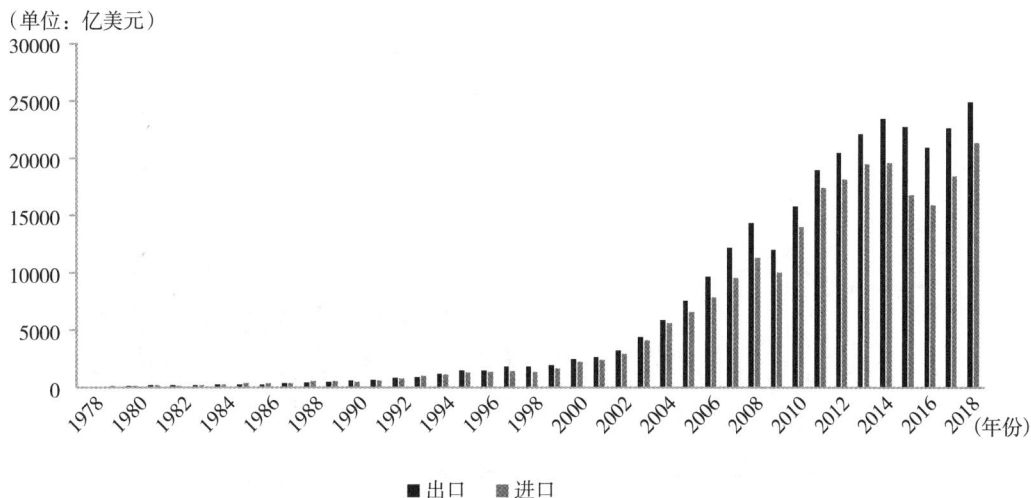

图4-1　1978—2018年中国进出口贸易年度进出口额

资料来源：中国海关总署网站：《进出口商品总值表（美元值）A：年度表》，http：//www.customs.gov.cn/customs/302249/302274/302276/310277/index.html。

中国对外贸易的高速增长离不开顺应时代发展的进出口贸易发展战略，根据经济发展阶段以及面临的国内外形势的不同，中国对外贸易战略可分为四个阶段：

（1）进口替代和出口导向相结合（1978—2000年）

1978年12月，党的十一届三中全会明确了对外贸易在中国经济发展中的战略地位和指导思想。由于经济体制从严格计划经济体制开始向市场经济体制转变，使得中国对外贸易战略发生变化。从1978年到2000年，中国处于改革开放的早期探索阶段，中国对外贸易获得初步发展。这一阶段的中国对外贸易战略主要以进口替代战略和出口导向战略相结合为主，中国从经济独立自主的目标出发，一方面用本国产品替代进口产品，限制工业制成品的进口来促进本国工业化；另一方面，采取措施促进面向出口的工业部门的发展，以非传统的出口产品来替代传统的初级产品的出口，扩大对外贸易，使出口产品多样化，以推动工业和整个经济的发展。

在这一阶段，中国进出口贸易呈现比较快速的发展趋势，由1978年的206亿美元上升到2000年的4743亿美元，贸易额增长了22倍，对外贸易在我国国民经济中所占比重逐年提高，对外贸易成为我国经济增长的重要动力之一。从贸易平衡来看，1990 年以前的大多数年份都以贸易逆差为主，这意味着 1990 年以前的以进口替代为主的战略导向极为明显。1990 年以后，除个别年份（1993 年为逆差①）外，其他年份都呈现贸易顺差的态势（见图 4-2），总体上出口大于进口（贸易顺差不大，最高不超过 450 亿美元），中国的对外贸易战略开始转向进口替代和出口导向相结合。

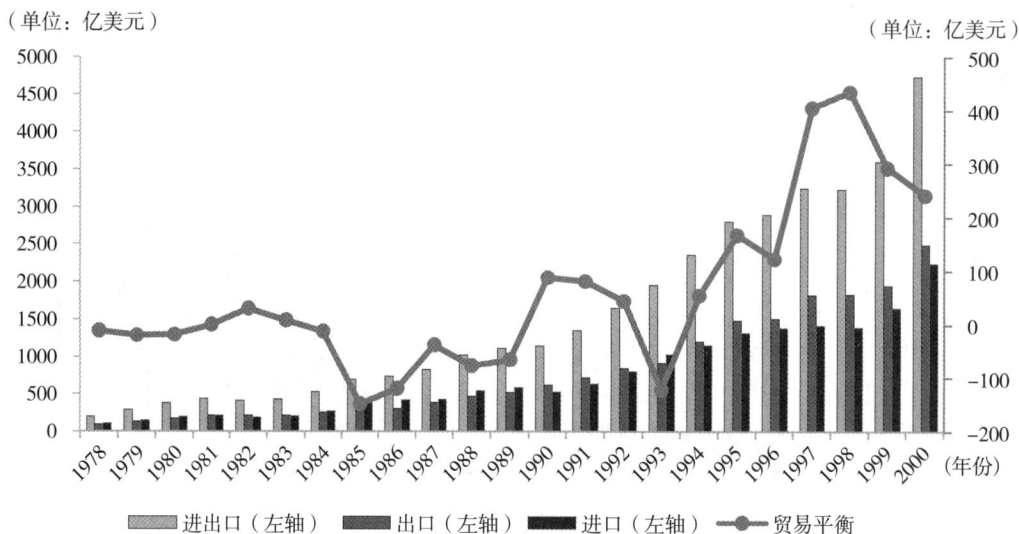

图 4-2　1978—2000 年中国进出口贸易额和贸易平衡

（2）以出口导向为主、进口为辅（2001—2011 年）

2001 年，中国加入世界贸易组织（WTO）后，意味着中国对外贸易开始进入一个崭新的发展阶段。在中国进出口贸易体制的改革进程加快，以及加入 WTO 带来的国外市场准入水平显著下降的背景下，我国抓住了出口发展的重要机遇期，对外贸易战略开始逐步转向"以出口导向为主、进口为辅"的阶段。

从 2001—2011 年中国进出口贸易额数据来看，该阶段进出口贸易额呈现快速增长的趋势，由 2001 年的 5097 亿美元上升到 2011 年的 36419 亿美元；同期，进出口贸易差额也增长明显，贸易顺差呈现快速扩大后再下降的局面，从 2001 年的 225 亿美元增长到 2008 年的最高点 2981 亿美元后开始回落，2011 年实现贸易顺差 1549 亿美元，是 2001 年的 6.9 倍（见图 4-3）。这表明，加入世界贸易组织以来中国以出口导向为主、进口为辅的对外贸易战略取得了重要的发展成效。

---

① 1993 年的大额贸易逆差与当年的高通货膨胀率密切相关，通货膨胀通过价格因素传导导致国内产品出口竞争力的下降。

（单位：亿美元）　　　　　　　　　　　　　　　　　　　　　　（单位：亿美元）

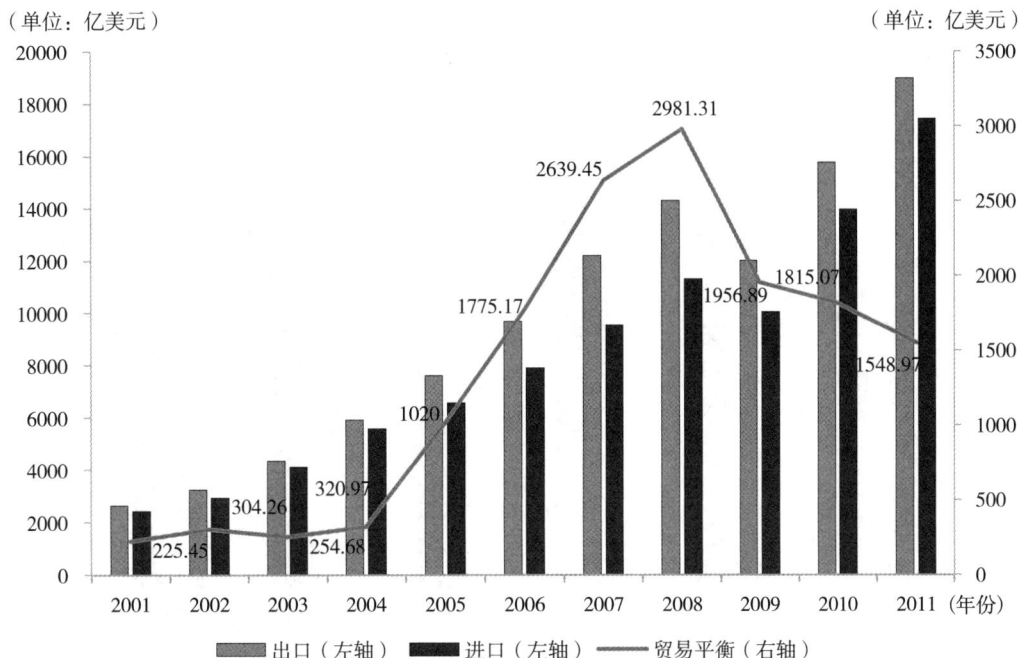

图4-3　2001—2011年中国进出口贸易额和贸易平衡

资料来源：中国海关总署网站：《进出口商品总值表（美元值）A：年度表》，http：//www. customs. gov. cn/ customs/302249/302274/302276/310277/index. html。

（3）进出口贸易平衡和扩大进口（2012—2017年）

随着中国进出口贸易差额的不断扩大，为更好地利用国内、国外两种资源和两个市场，进一步减少贸易摩擦，中国的对外贸易战略开始进入进出口贸易平衡和扩大进口的阶段。该阶段，加强进口已成为促进我国经济内外均衡的客观需要，是促进我国结构调整的重要支撑，同时也是我国解决瓶颈制约的有效途径和扩大国内消费的必然要求。

在此背景下，2012年4月30日，出台了《国务院关于加强进口促进对外贸易平衡发展的指导意见》（国发〔2012〕15号），提出"要在保持出口稳定增长的同时，更加重视进口，适当扩大进口规模，促进对外贸易基本平衡，实现对外贸易可持续发展"，并出台了调整和降低部分商品进口关税；增加进口促进资金规模；提供多元化融资便利；完善进口信用保险体系和贸易结算制度；进一步优化进口环节管理；完善海关特殊监管区域和保税监管场所进口管理；推动进口与国内流通衔接；推动加工贸易转型升级；完善产业损害和进口商品质量安全预警机制；进一步提高通关效率；加强边境贸易基础设施建设；加强电子政务信息平台建设等多项进口促进任务措施。

从2012—2017年中国进出口贸易变化趋势上看，贸易顺差经历了先扩大再下降的趋势，贸易顺差额从2012年的2303亿美元，增加到2015年的5939亿美元；此后再逐年下降到 2017 年的 4196 亿美元（见图 4-4）。

（单位：亿美元）

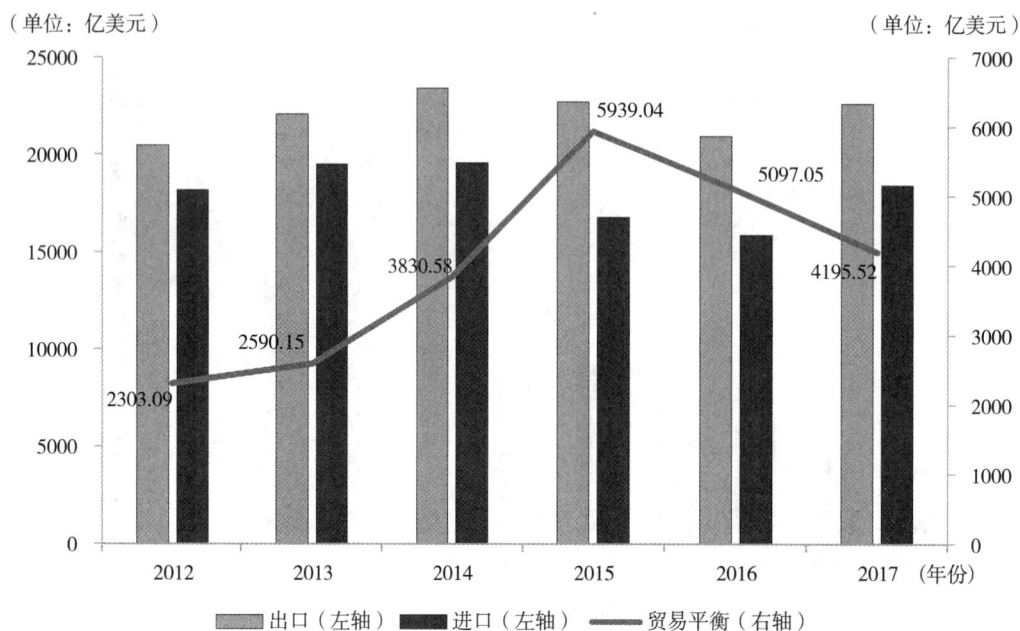

图 4-4　2012—2017 年中国进出口贸易额和贸易平衡

资料来源：中国海关总署网站：《进出口商品总值表（美元值）A：年度表》，http：//www. customs. gov. cn/customs/302249/302274/302276/632006/index. html。

（4）进口博览会与积极扩大进口（2018 年以后）

2018 年以来，中国对外贸易战略进一步向积极扩大进口转变。李克强总理在 2018 年《政府工作报告》中强调，要"积极扩大进口"，进一步促进产业升级和对外贸易平衡发展。2018 年 7 月，《国务院办公厅转发商务部等部门关于扩大进口促进对外贸易平衡发展意见的通知》（国办发〔2018〕53 号）指出，为进一步扩大进口，优化进口结构，更好地发挥进口对人民群众消费升级、新旧动能转换、提升国际竞争力等方面的积极作用，要求进一步积极扩大商品进口，优化进口结构，该通知通过法律法规形式进一步强调了"积极扩大进口"在贸易政策中的重要性。2018 年 11 月，首届中国国际进口博览会在上海举办，是中国推进新一轮高水平对外开放的创举，为我国对外贸易尤其是进口贸易的发展带来了重要机遇。

2. 中国进口市场的总体发展概况

回顾改革开放 40 年发展历程，中国经济发展受益于改革开放，得益于经济全球化，对外贸易成为拉动中国经济增长的重要动力之一，为中国经济发展作出了重大贡献。40 年间中国对外贸易经历了从量变到质变的飞跃，从以出口为重，转变为进出口并重；商品进出口结构也从以初级产品为主转变为以制成品为主；贸易方式也由以加工贸易进出口为主逐步转变为以一般贸易进出口为主，中国正在以更加开放的姿态迎接经济全球化，开放的市场、活跃的对外贸易活动为全球更多国家（地区）创造机会，与世界各国（地区）共享中国经济发展机遇。

2018 年中国 GDP 达到 90.03 万亿元，按可比价格计算，比上年增长 6.6%。中国经济稳步快速的增长过程中，伴随着进口市场规模的不断扩大，从图 4-5 可以看出，1981—2018 年的 38 年间，中国进口大致可以以 2001 年为界，分为两个发展阶段。

（单位：亿美元）

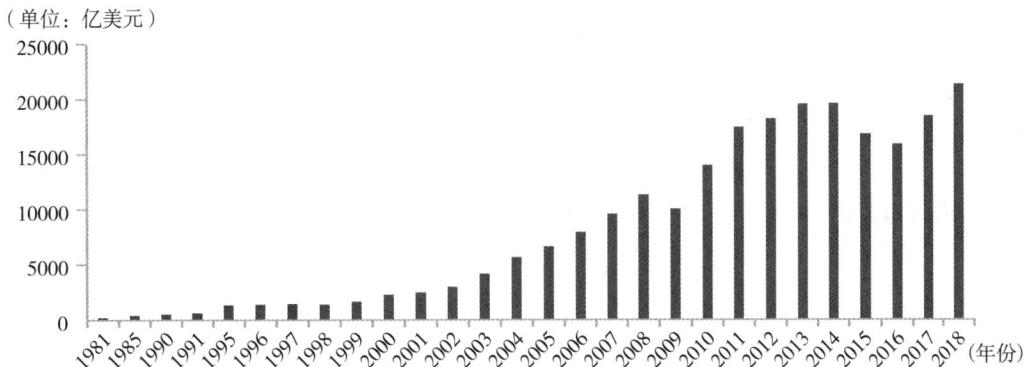

图 4-5 1981—2018 年中国进口贸易额变化

1981—2000 年加入世界贸易组织的前 20 年，中国进口贸易呈现比较快速的发展趋势，1981 年进口额仅为 220 亿美元，2000 年进口额已达 2251 亿美元，是 1981 年的 10 余倍，年均复合增长率为 13%；进口额占世界进口额的比重也从 1978 年的 0.8%上升至 2000 年的 3.3%，进口贸易在世界进口贸易中的位次则从世界第 29 位跃升为第 8 位。

2001 年 11 月中国正式加入世界贸易组织后，中国在更加开放的世界舞台上深度参与国际分工，相应地与世界各国（地区）的贸易活动更加频繁，进口贸易也进入快速增长通道。2001 年进口额仅为 2436 亿美元，位居世界第六，尽管受2008 年金融危机影响，以及 2016 年英国脱欧等反全球化浪潮的影响，中国的进口贸易在 2009 年和 2016 年均有所趋缓，但 2018 年进口贸易总额仍高达 18438 亿美元，位居世界第二，成为仅次于美国的全球第二大进口国家，2001—2017 年间进口贸易的年均复合增长率达到 16.4%，大大超过同期全球进口贸易的年均复合增长率。

从 2017 年 1 月至 12 月中国进口贸易额数据来看，2017 年中国进口贸易整体呈现良好的增长势头，第四季度进口贸易额高达 5061 亿美元，创全年进口新高。2018 年，中国的进口贸易仍延续 2017 年的增长态势，保持高位增长。尽管 2018 年 3 月中美贸易摩擦逐步升级，但受国内经济持续向好的有利因素影响，中国第二季度进口贸易额达

5349 亿美元，超出 2017 年同期水平（见图 4-6）。由此看来，中国进口贸易在复杂的国际经济形势下仍然保持持续稳定的发展态势。

（单位：亿美元）

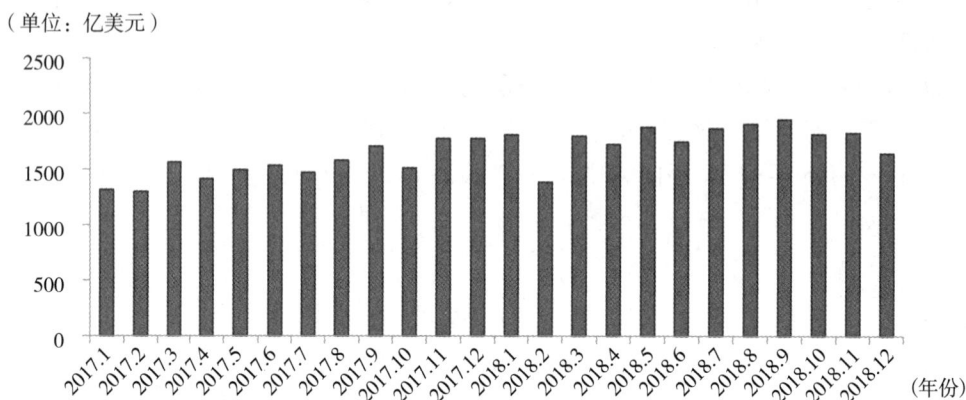

图 4-6　2017—2018 年中国进口贸易月度进口额

资料来源：中国海关总署网站：《进出口商品总值表（美元值）B：月度表》，http://www.customs.gov.cn/customs/302249/302274/302276/2278964/index.html。

3. 中国进口贸易的主要商品结构变化

从中国主要进口商品结构来看，制造品一直是中国进口的最主要的产品种类，2017 年中国制造品进口超过 1.15 万亿美元，初级产品进口达 6257.23 亿美元。从趋势上看，随着中国国内制造业水平的不断提升，制造品的进口比重有所下降，从 2001 年的 77.96% 下降到 2017 年的 64.81%；同期，中国对初级产品的进口比重则呈现不断上升的趋势，从 2001 年的 21.33% 上升到 2017 年的 35.19%。

表 4-1　2001 年和 2017 年中国进口商品结构比较　（单位：亿美元；%）

WTO 产品分类	2001 年		2017 年	
	金额	占比	金额	占比
A 初级产品	519.50	21.33	6257.23	35.19
（1）农产品	201.25	8.26	1809.44	10.18
食品	93.66	3.84	1134.59	6.38
（2）燃料和采矿产品	318.25	13.06	4447.79	25.02
燃料	174.66	7.17	2496.18	14.04
B 制造品	1899.21	77.96	11521.60	64.81
（1）钢铁	107.49	5.66	225.88	1.96
（2）化学品	321.04	13.18	1924.57	10.83
药品	12.18	0.50	262.46	1.48

续表

WTO 产品分类	2001 年		2017 年	
	金额	占比	金额	占比
（3）机械和运输设备	1070.15	43.93	7369.41	41.45
办公电信设备	495.65	20.35	4135.76	23.26
——电子数据处理与办公设备	126.60	5.20	1010.43	5.68
——通信设备	132.93	5.46	179.37	1.01
——集成电路与电子器件	236.12	9.69	2945.95	16.57
运输设备	116.01	4.76	1189.55	6.69
——汽车产品	49.12	2.02	834.80	4.70
（4）纺织品	125.73	5.16	172.85	0.97
（5）服装	12.74	0.52	72.68	0.41

资料来源：世界贸易组织（WTO）统计数据库，http：//stat. wto. org/StatisticalProgram/WSDBStatProgramSeries. aspx? Language＝E。

从具体的进口产品结构来看，食品是农产品的主要进口类别，且在农产品进口贸易中的比重呈现迅速上升趋势，2001 年食品在农产品进口贸易中的占比为 46.54%，2017年食品进口比重增长到 62.67%的高水平。食品在农产品进口贸易比重的不断提升与中国是人口大国密切相关。作为世界人口第一大国，为满足近 14 亿人口的食品消费需求，需要进口大量农产品，同时随着人均收入水平不断提高，人们对高质量的进口食品的需求日趋旺盛。今后，随着中国经济不断发展，人均收入水平的不断提高，预计食品在农产品进口贸易中的比重还会提高。

在初级加工进口贸易中，燃料进口规模不断扩大，2017 年规模是 2001 年的 10 倍之多，且在燃料和采矿产品中的占比也较为稳定，高达 50%以上。这与中国工业企业生产以及居民消费对石油、天然气等的需求增加有关。钢铁制成品进口贸易中，2017 年钢铁进口规模仅是 2001 年的 2 倍左右，且随着中国钢铁行业生产技术进步，对钢铁进口的依赖性逐渐下降，钢铁制成品贸易比重也从 2001 年的 5.66%下降为 2017 年的 1.96%。

机械和运输设备制成品是制成品进口贸易的重要内容。2017 年进口规模相比 2001年扩大了 6.9 倍左右，且占据制成品进口贸易的半壁江山，占比分别为 41.45%和43.93%。随着信息技术在工业生产中不断深化，人们生活水平不断提高，这些商品的进口规模仍有不断扩大的趋势。纺织品和服装制成品进口贸易规模都呈现扩大趋势，其中纺织品贸易规模扩大 1.4 倍左右，服装制成品贸易规模扩大 5.7 倍左右。随着中国纺织服装行业的成长壮大，纺织品在全部进口贸易中的比重呈下降趋势，2001 年纺织品进口额占全部进口贸易额的 5.16%，2017 年则下降为 0.97%，而同期服装进口贸易占比相对较为稳定，分别为 0.52%和 0.41%。

4. 中国进口贸易的国别结构

（1）中国进口贸易的洲际来源结构

2018 年中国进口贸易的第一大来源地为亚洲，从亚洲进口约 1.19 万亿美元，占中国全部进口的 55.87%；第二大来源地为欧洲，从欧洲进口约 3794 亿美元，占比为 17.77%；第三大来源地为北美洲，从北美洲进口约 1837 亿美元，占比为 8.60%；其次为拉丁美洲，从拉丁美洲进口约 1586 亿美元，占比为 7.43%；再次为大洋洲，从大洋洲进口约 1212 亿美元，占比为 5.68%；最后是非洲，从非洲进口约 993 亿美元，占比为 4.65%（见图 4-7）。

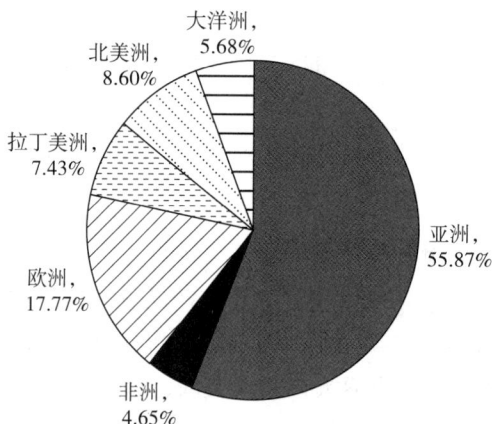

图 4-7　2018 年中国进口贸易的洲际来源分布

资料来源：中国海关总署。

（2）中国进口贸易的国别（地区）结构

从 2018 年进口金额的排序情况来看，亚洲经济体韩国、日本列中国进口贸易来源地的前两位，占比分别为 9.58%、8.46%，这与中、日、韩之间形成的区域产业链分工体系密切相关。美国为中国第三大进口来源地，2018 年中国从美国进口约 1550.96 亿美元，占比为 7.26%。德国、澳大利亚、巴西、越南、马来西亚和俄罗斯分别为中国进口来源地的第 5—10 位，分别占中国总进口比重的 4.98%、4.94%、3.63%、2.99%、2.96% 和 2.77%。前十大进口贸易伙伴占中国总进口的比重约达到 60%，这表明中国的进口来源地集中度较高（见表 4-2）。

中国前 50 大进口贸易伙伴国之中，有 6 个是东盟国家，分别是越南、马来西亚、泰国、印度尼西亚、新加坡和菲律宾，六国合计占中国总进口比重的 12% 以上。这表明，东盟国家也融入了东亚区域产业链分工体系，中国与这些东盟国家存在紧密的中间品生产和贸易分工关系。目前，"一带一路"沿线国家和地区在中国进口贸易中的比重不断上升，2018 年中国从"一带一路"沿线 65 个国家和地区合计进口约 5634 亿美元，占中国总进口比重的 26.4%。

表 4-2　2018 年中国进口贸易来源国别（地区）结构（前 50 位）

（单位：亿美元;%）

排序	国家	金额	比重	排序	国家	金额	比重
1	韩国	2046.39	9.58	26	阿曼	188.62	0.88
2	日本	1805.80	8.46	27	印度	188.38	0.88
3	美国	1550.96	7.26	28	阿联酋	162.58	0.76
4	中国	1462.34	6.85	29	科威特	153.74	0.72
5	德国	1063.34	4.98	30	秘鲁	150.43	0.70
6	澳大利亚	1054.52	4.94	31	墨西哥	140.43	0.66
7	巴西	775.12	3.63	32	荷兰	123.30	0.58
8	越南	639.59	2.99	33	新西兰	110.82	0.52
9	马来西亚	632.22	2.96	34	爱尔兰	108.59	0.51
10	俄罗斯	590.82	2.77	35	卡塔尔	91.44	0.43
11	沙特阿拉伯	458.91	2.15	36	瑞典	89.51	0.42
12	泰国	446.32	2.09	37	西班牙	87.64	0.41
13	瑞士	385.24	1.80	38	哈萨克斯坦	85.35	0.40
14	印度尼西亚	341.62	1.60	39	土库曼斯坦	81.19	0.38
15	新加坡	337.15	1.58	40	委内瑞拉	73.94	0.35
16	法国	322.20	1.51	41	比利时	69.69	0.33
17	加拿大	283.82	1.33	42	奥地利	69.23	0.32
18	南非	272.99	1.28	43	刚果（布）	67.99	0.32
19	智利	268.74	1.26	44	蒙古	63.42	0.30
20	安哥拉	257.99	1.21	45	哥伦比亚	58.86	0.28
21	英国	238.79	1.12	46	刚果（金）	56.61	0.27
22	伊拉克	224.99	1.05	47	斯洛伐克	52.44	0.25
23	伊朗	211.04	0.99	48	芬兰	47.82	0.22
24	意大利	210.63	0.99	49	利比亚	47.78	0.22
25	菲律宾	206.07	0.96	50	缅甸	46.88	0.22

资料来源：中国海关总署。

5. 中国进口贸易方式构成

目前，中国进口商品贸易方式中以一般进口贸易为主，其次为加工贸易，接下来是海关特殊监管区域物流货物或保税区仓储转口贸易①。2001 年、2010 年和 2018 年一般

---

①　海关统计中，"保税区仓储转口"是指，从境外存入保税区的仓储、转口货物和从保税区运出境的仓储、转口货物，不包括从境外存入非保税区和从非保税区运出境的仓储、转口货物。2012 年后，海关统一将"保税区仓储转口"更改为"海关特殊监管区域物流货物"。

贸易进口总值分别为 1135 亿美元、7680 亿美元和 8395 亿美元，占比分别为 54.69%、59.32% 和 68.84%，2018 年相较 2001 年一般贸易方式进口规模扩大了 11 倍，超过一半以上的进口商品是以一般进口贸易方式进口，且呈现增长的态势。加工贸易成为仅次于一般贸易方式的主要进口方式，但加工贸易占比呈现下降的趋势，2018 年占比为 20.54%，相较 2001 年占比 45.31% 下降了 24.77%，降幅较大，同时期海关特殊监管区域物流货物或保税区仓储转口贸易进口占比提高了 10.63%（见图 4-8）。

（单位：%）

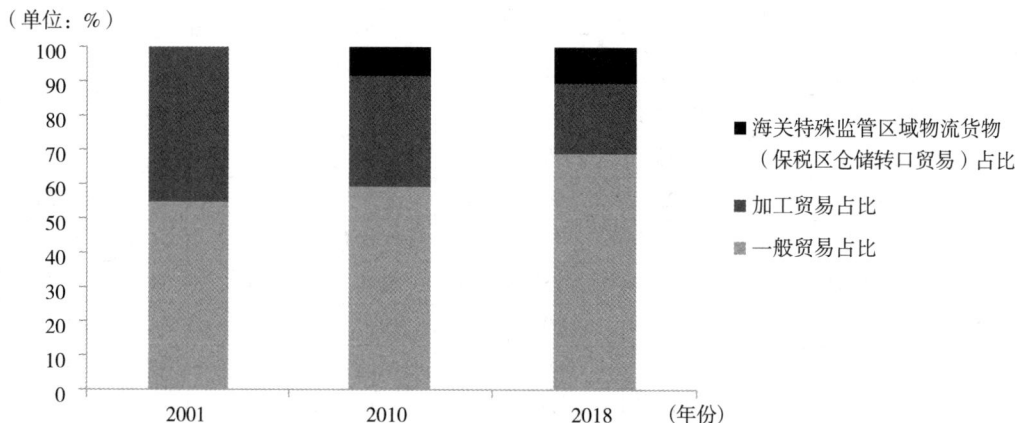

图 4-8　2001 年、2010 年、2018 年中国的进口贸易方式变化

资料来源：中国海关总署："进出口商品贸易方式总值表"，http：//www.customs.gov.cn/customs/302249/302274/302277/index.html。

6. 中国进口的国内地区结构

根据 2018 年进口商品收货人所在地划分的进口贸易总额进行排序，广东省、上海市和江苏省分别以 5036 亿美元、3048 亿美元、3000 亿美元进口总值位列全国前三，占比分别为 23.58%、14.27% 和 14.05%。山东省、浙江省、北京市、天津市、辽宁省、福建省、四川省分列中国进口来源省市的第 4—10 位（见表 4-3）。

表 4-3　2018 年中国进口的省区市结构

（单位：亿美元;%）

排序	省区市	金额	占比	排序	省区市	金额	占比
1	广东省	5036	23.58	18	新疆维吾尔自治区	193	0.91
2	上海市	3048	14.27	19	黑龙江省	189	0.89
3	江苏省	3000	14.05	20	云南省	167	0.78
4	山东省	1906	8.93	21	吉林省	159	0.75
5	浙江省	1136	5.32	22	湖南省	144	0.68
6	北京市	991	4.64	23	江西省	143	0.67
7	天津市	957	4.48	24	海南省	135	0.63

续表

排序	省区市	金额	占比	排序	省区市	金额	占比
8	辽宁省	759	3.55	25	内蒙古自治区	124	0.58
9	福建省	679	3.18	26	山西省	82	0.38
10	四川省	453	2.12	27	甘肃省	39	0.18
11	广西壮族自治区	431	2.02	28	贵州省	26	0.12
12	河北省	379	1.77	29	宁夏回族自治区	13	0.06
13	河南省	297	1.39	30	西藏自治区	2	0.01
14	安徽省	230	1.08	31	青海省	2	0.01
15	重庆市	222	1.04	32	东部地区	17512	82.00
16	陕西省	219	1.03	33	中部地区	1954	9.16
17	湖北省	196	0.92	34	西部地区	1891	8.86

资料来源：中国海关总署。其中，东部地区包括：北京、天津、上海、辽宁、江苏、浙江、福建、山东、广东；中部地区包括：河北、山西、吉林、黑龙江、安徽、江西、河南、湖北、湖南、海南；西部地区包括：内蒙古、广西、重庆、四川、贵州、云南、西藏、陕西、甘肃、宁夏、青海、新疆。

　　尽管，2018 年中国进口的区域来源主要集中在东部地区（82%），但中部和西部地区占比相比于 2001 年相对提高。与 2001 年相比，东部地区的进口比重有所下降（从92%下降到82%），而中、西部地区分别从 2001 年的 5% 和 3% 上升到 2018 年的 9% 和9%（见图 4-9）。这得益于中国产业从东部向中、西部转移的推进，以及"一带一路"国际合作实践下，中、西部地区在对接"一带一路"沿线国家和地区方面具有得天独厚的地理优势，从而在进口贸易发展方面拥有广阔的发展空间和潜力。

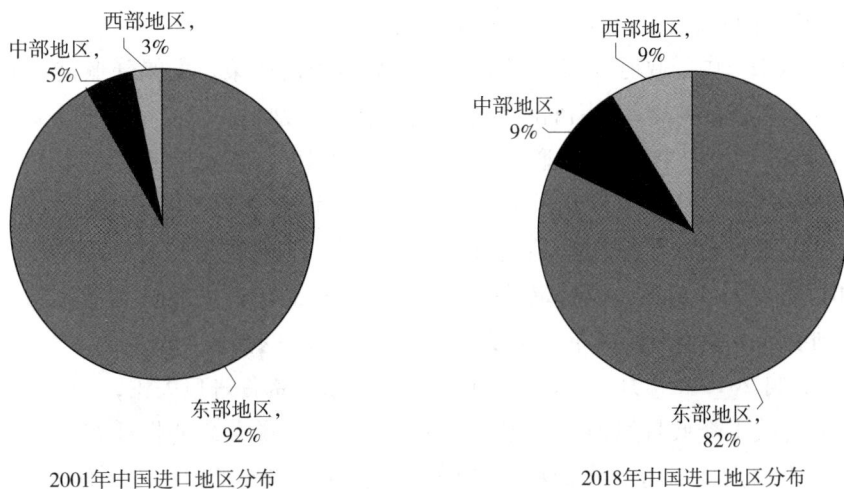

2001年中国进口地区分布　　　　　2018年中国进口地区分布

图 4-9　2001 年和 2018 年中国进口三大区域分布比重的比较

二、进口博览会与中国扩大开放的立场

1. 进口博览会召开的国际背景

2017年5月，中国国家主席习近平在"一带一路"国际合作高峰论坛上宣布，中国将从2018年起举办中国国际进口博览会。举办中国国际进口博览会是中国政府坚定支持贸易自由化和经济全球化、主动向世界开放市场的重大举措，有利于促进世界各国加强经贸交流合作，促进全球贸易和世界经济增长，推动开放型世界经济发展。

在中美经贸摩擦的背景下，2018年11月5—10日召开的首届中国国际进口博览会显得意义更为重大。面对美国贸易保护主义的持续抬头，中国政府并未采取针锋相对的措施，而是向世界展示开放中国市场的决心和态度，并明确中国国际进口博览会并不只是办好一届，而是要持续办下去，以高规格、高质量的要求吸引全球各国国际组织、企业来参会，通过万商云集，共同分享中国经济和中国进口市场快速成长带来的红利。

2. 实际行动展示中国市场开放的决心

中国举办首届国际进口博览会不只是进一步深化开放的宣言，而是通过一系列行动展示中国市场开放的决心。这些行动通过2018年的进口关税调整、大幅放宽市场准入（金融和汽车领域）和进口贸易便利化政策等集中体现。

（1）2018年中国政府出台多次进口减税政策

2018年以来，中国政府颁布了多次进口产品减税的政策，大幅降低进口成本，扩大国内进口。其中，涉及大范围的减税政策有五次，分别是：（1）《国务院关税税则委员会关于2018年关税调整方案的通知》（税委会〔2017〕27号）规定，自2018年1月1日起，对948项进口商品和484个进口信息技术产品进行不同幅度的减税；（2）《国务院关税税则委员会关于降低药品进口关税的公告》（税委会公告〔2018〕2号）规定，自2018年5月1日起，以暂定税率方式将部分药品进口关税降为零；（3）《国务院关税税则委员会关于降低汽车整车及零部件进口关税的公告》（税委会公告〔2018〕3号）规定，自2018年7月1日起，降低汽车整车及零部件进口关税；（4）《国务院关税税则委员会关于降低日用消费品进口关税的公告》（税委会公告〔2018〕4号）规定，自2018年7月1日起，降低部分进口日用消费品的最惠国税率，涉及1449个税目；（5）《国务院关税税则委员会关于降低部分商品进口关税的公告》（税委会公告〔2018〕9号）规定，自2018年11月1日起，降低部分商品的最惠国税率，涉及1585个税目。

表4-4　2018年度历次主要进口减税政策一览表

序号	进口减税商品及内容	政策文件	发布时间
1	自2018年1月1日起,对948项进口商品实施暂定税率（不同幅度降税）,其中27项信息技术产品暂定税率实施至2018年6月30日止	《国务院关税税则委员会关于2018年关税调整方案的通知》（税委会〔2017〕27号）	2017年12月12日
2	对《中华人民共和国加入世界贸易组织关税减让表修正案》附表所列484个信息技术产品最惠国税率自2018年1月1日至2018年6月30日继续实施第二次降税,自2018年7月1日起实施第三次降税	《国务院关税税则委员会关于2018年关税调整方案的通知》（税委会〔2017〕27号）	2017年12月12日
3	"十三五"期间继续对进口种子（苗）、种畜（禽）、鱼种（苗）和种用野生动植物种源免征进口环节增值税。农业部和国家林业局出台2018年度免税进口计划	《财政部、海关总署、税务总局关于2018年度种子种源免税进口计划的通知》（财关税〔2018〕6号）	2018年3月15日
4	自2018年5月1日起,以暂定税率方式将包括抗癌药在内的所有普通药品、具有抗癌作用的生物碱类药品及有实际进口的中成药进口关税降为零	《国务院关税税则委员会关于降低药品进口关税的公告》（税委会公告〔2018〕2号）	2018年4月23日
5	自2018年7月1日起,降低汽车整车及零部件进口关税。将汽车整车税率为25%的135个税号和税率为20%的4个税号的税率降至15%,将汽车零部件税率分别为8%、10%、15%、20%、25%的共79个税号的税率降至6%	《国务院关税税则委员会关于降低汽车整车及零部件进口关税的公告》（税委会公告〔2018〕3号）	2018年5月22日
6	自2018年7月1日起,降低部分进口日用消费品的最惠国税率,涉及1449个税目。因最惠国税率调整,自2018年7月1日起,取消210项进口商品最惠国暂定税率,其余商品最惠国暂定税率继续实施	《国务院关税税则委员会关于降低日用消费品进口关税的公告》（税委会公告〔2018〕4号）	2018年5月31日
7	自2018年11月1日起,降低部分商品的最惠国税率,涉及1585个税目。自2018年11月1日起,取消39项进口商品最惠国暂定税率,其余商品最惠国暂定税率继续实施	《国务院关税税则委员会关于降低部分商品进口关税的公告》（税委会公告〔2018〕9号）	2018年9月30日
8	自2018年11月1日起,将药品列入进境物品进口税税目1,适用15%的税率。其中对按国家规定减按3%征收进口环节增值税的进口抗癌药品,按货物税率征税;将进境物品进口税税目2、3的税率分别调整为25%、50%	《国务院关税税则委员会关于调整进境物品进口税有关问题的通知》（税委会〔2018〕49号）	2018年9月30日
9	《国家支持发展的重大技术装备和产品目录（2018年修订）》和《重大技术装备和产品进口关键零部件、原材料商品目录（2018年修订）》自2019年1月1日起执行,符合规定条件的国内企业为生产相关目录中所列装备或产品而确有必要进口所列目录商品,免征关税和进口环节增值税	《关于调整重大技术装备进口税收政策有关目录的通知》（财关税〔2018〕42号）	2018年11月14日

资料来源：根据中国财政部官方发布的政策文件整理。

（2）2018年大幅放宽外资市场准入

2018年4月10日，习近平主席在博鳌亚洲论坛上宣布要大幅度放宽市场准入，在服务业特别是金融业方面，对2017年年底宣布的放宽银行、证券、保险行业外资股比限制的重大措施要确保落地，同时要加快保险行业开放进程，放宽外资金融机构设立限制，扩大外资金融机构在华业务范围，拓宽中外金融市场合作领域。在制造业方面，下一步要尽快放宽外资股比限制特别是汽车行业外资限制①。

从具体政策层面上，2018年6月28日，国家发展改革委、商务部发布了《外商投资准入特别管理措施（负面清单）（2018年版）》，自2018年7月28日起施行。根据2018年版负面清单，汽车行业取消专用车、新能源汽车外资股比限制，2020年取消商用车外资股比限制，2022年取消乘用车外资股比限制以及合资企业不超过两家的限制。为此，特斯拉（上海）有限公司得以正式以独资公司的身份落户于上海浦东新区，从事电动汽车及零部件、电池及对应商品的批发、佣金代理（拍卖除外）及进出口等业务。

2018年8月17日，银保监会发布《中国银行保险监督管理委员会关于废止和修改部分规章的决定》（中国银行保险监督管理委员会令2018年第5号），其中指出，取消中资银行和金融资产管理公司外资持股比例限制，实施内外资一致的股权投资比例规则，持续推进外资投资便利化。具体包括四个方面：一是废止《境外金融机构投资入股中资金融机构管理办法》；二是取消《中国银监会中资商业银行行政许可事项实施办法》《中国银监会农村中小金融机构行政许可事项实施办法》和《中国银监会非银行金融机构行政许可事项实施办法》对外资入股中资银行和金融资产管理公司的股比限制；三是明确外资入股的中资银行的监管属性和法律适用问题；四是明确境外金融机构投资入股中资银行，除需符合相关的金融审慎监管规定外，还应遵守我国关于外国投资者在中国境内投资的外资基础性法律。

（3）进口博览会的便利化政策

为支持首届进口博览会的顺利进行，中央到各地政府推出了覆盖展前、展中和展后多项贸易便利化政策。展前贸易便利化政策包括：制定进口博览会通关指引；发布《2018年首届中国国际进口博览会检验检疫禁止清单》和《2018年首届中国国际进口博览会检验检疫限制清单》；对展销消费品实施便利化监管，实施以"产品预检验+符合性声明+口岸快速验放"为主要内容的合格评定模式等。

展中贸易便利化政策包括：食品及日用消费品在合理范围内经海关核定允许有一定比例消耗；展中合理范围内的，与活动规模相匹配的试用、品尝、散发展品消耗，经海关核定，按照相关规定免征关税和进口环节增值税、消费税；进博会期间品尝、散发的预包装食品，在境外参展商作出统一标识的情况下，免贴中文标签等。

---

① 习近平：《大幅度放宽市场准入》，新华网，http://www.xinhuanet.com/politics/2018-04/10/c_1122659082.htm。

展后贸易便利化政策包括：延长 ATA 单证册项下展览品暂时进境期限，单证有效期由 6 个月延长至 1 年；简化出境手续，便利展览品展后处置。暂时进境展览品可结转到海关特殊监管区域和保税监管场所；支持保税展示交易，扩大适用范围等。这些贸易便利化政策，保障了进口博览会的顺利进行，显著降低了参展国外进口商的进出境和展会布展成本。

三、中国进口的国际地位变化：对世界经济的贡献

1978 年以来，中国进口在全球总进口的比重不断上升，已发展成为全球第二大进口国，对拉动世界经济增长作出了重要贡献。由于中国主要通过制造业融入全球生产分工体系，从而进口结构以资本品和中间品为主，消费品进口相对偏低，这意味着未来中国在增加消费品进口方面有巨大的机会和潜力。采用网络分析法四个中心度指标的分析表明，中国的进口不管是从连接性（网络广度）和中介性（网络桥梁作用）方面，还是从接近中心性（靠近网络中心）和贸易伙伴重要性（网络深度）来看，中国都已经成为全球进口网络的中心，对世界各国贸易和经济增长产生重要推动作用。

1. 中国进口总额在全球进口中的地位

改革开放以来，中国进口在全球进口中的比重基本保持持续上升的趋势。1978 年中国进口占全球进口的比重仅为 0.8%，列全球第 29 位；1995 年中国进口占全球进口的比重上升到 2.37%，列全球第 11 位；2001 年中国进口占全球进口的比重进一步上升到 3.23%，列全球第 8 位，当年前三大进口国分别为美国、德国和日本，占全球比重分别为 17.14%、7.03% 和 5.05%。2001 年，中国加入世界贸易组织后，进口获得了飞速发展，2010 年中国进口占全球进口的比重达到 7.33%，仅次于美国，成为全球第二大进口国；2018 年中国进口占全球进口的比重进一步上升到 10.79%，连续多年保持全球第二大进口国的地位，成为促进全球进口贸易和全球经济增长的重要引擎（见表 4-5）。

表 4-5　中国与主要国家的进口在全球进口中的地位比较

1995 年			2001 年			2010 年			2017 年			2018 年		
排名	国家	进口额	排名	国家	进口额	排名	国家	进口额	排名	国家	进口额	排名	国家	进口额
1	美国	14.03%	1	美国	17.14%	1	美国	11.98%	1	美国	13.33%	1	美国	13.21%
2	德国	8.15%	2	德国	7.03%	2	中国	7.33%	2	中国	10.21%	2	中国	10.79%
3	日本	5.97%	3	日本	5.05%	3	德国	6.15%	3	德国	6.46%	3	德国	6.50%
4	法国	5.19%	4	英国	4.99%	4	日本	4.17%	4	日本	3.72%	4	日本	3.78%

1995 年			2001 年			2010 年			2017 年			2018 年		
排名	国家	进口额	排名	国家	进口额	排名	国家	进口额	排名	国家	进口额	排名	国家	进口额
5	英国	4.92%	5	法国	4.56%	5	法国	3.83%	5	英国	3.57%	5	英国	3.40%
6	意大利	3.72%	6	意大利	3.52%	6	英国	3.63%	6	法国	3.45%	6	法国	3.40%
7	荷兰	3.17%	7	加拿大	3.27%	7	意大利	3.09%	7	荷兰	3.18%	7	荷兰	3.26%
8	加拿大	3.00%	8	中国	3.23%	8	荷兰	2.94%	8	韩国	2.65%	8	韩国	2.70%
9	比利时	2.83%	9	比利时	2.85%	9	韩国	2.64%	9	意大利	2.50%	9	印度	2.58%
10	韩国	2.44%	10	荷兰	2.82%	10	比利时	2.56%	10	印度	2.47%	10	意大利	2.53%
11	中国	2.37%	11	墨西哥	2.48%	11	加拿大	2.44%	11	加拿大	2.45%	11	墨西哥	2.41%
12	新加坡	2.36%	12	西班牙	2.39%	12	印度	2.25%	12	墨西哥	2.39%	12	加拿大	2.37%
13	西班牙	2.14%	13	韩国	2.12%	13	西班牙	2.01%	13	比利时	2.25%	13	比利时	2.27%
14	瑞士	1.63%	14	新加坡	1.83%	14	新加坡	1.90%	14	西班牙	1.95%	14	西班牙	1.96%
15	马来西亚	1.33%	15	瑞士	1.46%	15	墨西哥	1.86%	15	新加坡	1.81%	15	新加坡	1.87%
16	泰国	1.30%	16	马来西亚	1.09%	16	俄罗斯	1.50%	16	阿联酋	1.51%	16	瑞士	1.41%
17	墨西哥	1.26%	17	奥地利	1.07%	17	瑞士	1.39%	17	瑞士	1.49%	17	波兰	1.35%
18	奥地利	1.22%	18	瑞典	0.96%	18	澳大利亚	1.19%	18	波兰	1.28%	18	阿联酋	1.28%
19	瑞典	1.14%	19	澳大利亚	0.94%	19	巴西	1.19%	19	越南	1.25%	19	泰国	1.26%
20	澳大利亚	1.07%	20	泰国	0.91%	20	波兰	1.15%	20	马来西亚	1.14%	20	俄罗斯	1.26%

资料来源：UN COMTRADE 数据库。

2. 不同类别产品在全球进口中的地位

目前，中国已深度参与了全球生产分工，尤其是在制造业方面，中国通过大量利用外资，嵌入了跨国公司主导的全球供应链体系。这种全球分工格局下，中国的进口主要以资本品和中间品为主，进口后在中国深加工或组装后再出口到全球其他国家；而在消费品进口方面则相对较低。

（1）基于 BEC 产品分类口径

表 5-6 的数据变化反映了这种趋势。根据联合国统计局口径的"按广泛经济类别分类"（Classification by Broad Economic Categories，BEC[①]），国际贸易产品分为资本品、中间品和消费品三大类，从表 4-6 中可以清楚发现，中国三类产品的进口额和排名都是增长的。

---

① 广泛经济类别分类（BEC）由联合国统计局制定、联合国统计委员会审议通过、联合国秘书处出版颁布，其目的是按照国际贸易商品的主要最终用途或经济类别（资本品、中间品和消费品）对国际贸易 SITC 数据的基本项目编号进行综合汇总。

表 4-6 1995—2016 年中国不同种类产品进口额占世界比重变化（按 BEC 分类口径）

（单位：亿美元;%）

年份	资本品		中间品		消费品	
	金额	比重	金额	比重	金额	比重
1995	300.53	3.50	841.24	3.01	65.12	0.69
1996	306.17	3.32	881.61	2.98	65.49	0.66
1997	267.10	2.74	947.81	3.09	68.78	0.68
1998	261.61	2.59	925.22	3.10	66.01	0.65
1999	271.21	2.60	1047.32	3.38	69.13	0.67
2000	338.29	2.93	1442.48	4.00	82.72	0.77
2001	424.28	3.81	1507.63	4.37	88.43	0.81
2002	523.05	4.60	1852.46	5.15	104.85	0.90
2003	716.35	5.54	2579.18	6.14	124.84	0.94
2004	930.49	5.84	3414.91	6.55	150.82	0.99
2005	969.04	5.49	4082.56	6.84	179.25	1.08
2006	1147.82	5.63	4886.97	7.06	212.10	1.17
2007	1334.33	5.70	5800.00	7.22	246.07	1.20
2008	1518.28	5.81	6771.75	7.10	281.91	1.24
2009	1328.11	6.33	6261.37	8.82	298.94	1.48
2010	1820.60	7.34	8652.89	9.69	385.08	1.72
2011	2065.83	7.30	10888.88	10.04	515.28	2.01
2012	1935.29	6.90	11225.29	10.49	613.53	2.36
2013	1936.21	6.76	12454.18	11.40	673.13	2.46
2014	1932.78	6.53	11738.67	10.99	732.94	2.55
2015	1774.76	6.39	9606.53	10.76	794.00	2.93
2016	1616.10	7.42	9089.94	10.03	804.95	2.86

资料来源：UNCTAD，根据 BEC 分类与 HS 海关商品编码对应表整理计算。

1995 年中国进口资本品 300.53 亿美元，排名世界第六，占世界比重的 3.50%。2001 年中国进口资本品 424.28 亿美元，仍排名第六，但占世界比重上升到 3.81%。到 2010 年中国进口资本品达到 1820.60 亿美元，跃升至世界第二名，占世界资本品进口比重的 7.34%。2015 年中国进口资本品数额仍居世界第二位，但数额和比重较 2010 年略微下降。

中间品进口方面，1995 年，中国中间品进口额排第十二名，排名较低，数额为 841.24 亿美元；2001 年 1507.63 亿美元，排名上升至第六。2010 年，中国中间品进口额增长至 8652.89 亿美元，居世界第二位，2015 年进口额 9606.53 亿美元，达到 1995 年的 11 倍。

　　中国进口消费品的总额相对较低，1995 年进口消费品约 65.12 亿美元，排名世界第二十八，之后缓慢增长且在最近几年增长加快，2015 年进口消费品达到 794.00 亿美元，排世界第十位。

　　从图 4-10 可以清楚地看出中国不同种类产品进口额占世界比重的变化，其中资本品比重增长最快，从 1995 年的 3% 增长到 2016 年的 10% 左右。中间品的比重增长也比较明显，从 1995 年的 3% 到 2016 年的 7% 左右。消费品比重增长比较缓慢，在 2008 年之前基本维持在 1%—2%，2016 年增长至 3% 左右。

（单位：%）

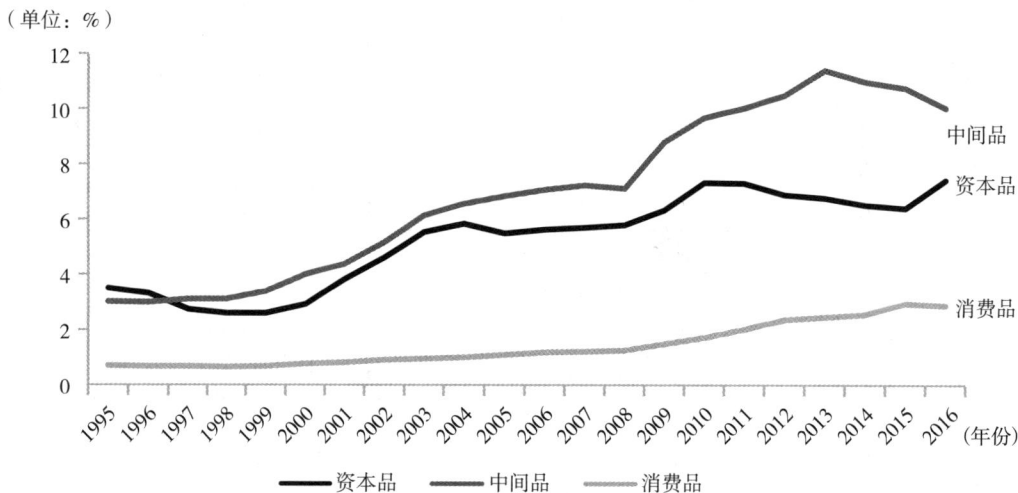

图 4-10　1995—2016 年中国不同种类产品进口额占世界比重变化（按 BEC 分类口径）

（2）基于产品技术水平分类口径

　　基于产品技术水平分类的方法主要是拉尔（Lall，2000）[1] 提出的分类方法，该方法得到了国内外学界的广泛采用。拉尔综合了帕维特（Pavitt，1984）和经济合作与发展组织（Organization for Economic Co-operation and Development，1994）的方法，以 R&D 的比重、规模经济、进入壁垒、学习效应等考虑技术在产品竞争优势中的作用，在 SITC 三位数的基础上，将 SITC（0—9 类）共三百多种产品按照技术含量，分为五大类：初级产品（PP）、资源型产品（RB）、低技术产品（LT）、中技术产品（MT）、高技术产品（HT）。资源型产品（RB）分为以农业为基础的产品（RB1）、其他资源型产品（RB2）。在低技术产品（LT）中，进一步分为纺织服装等产品（LT1）、其他低技术产品（LT2）。在中技术产品（MT）中，MT1 为自动化产品；MT2 为加工工业产品，如化工产品等；MT3 为机械产品。在高技术产品（HT）中，部分可以放在发展中国家生产加工的高技术产品列入 HT1 类产品，其他的高科技产品不容易被发展中国家

―――――――

　　① Lall，and Sanjaya，"The Technological Structure and Performance of Developing Country Manufactured Exports，1985-1998"，*Oxford Development Studies*，Vol. 28，No. 3（2000），pp. 337-369.

所生产，列入 HT2 类产品。

从表4-7可以看出十种分类产品进口额占世界比重都呈现上升趋势，其中，其他资源型产品（RB2）和初级产品（PP）的比重增长最快，RB2进口占世界进口的比重从1995年的2.32%上升到2016年的16.26%；PP进口占世界进口的比重则从1995年的1.77%上升到2016年的12.05%。同时，高技术产品的进口占全球比重也明显上升，其中，HT1进口占全球进口的比重从1995年的3.38%上升到2016年的8.97%；HT2进口占全球进口比重从1995年的1.98%上升到2016年的8.64%。这表明，中国进口的主要产品不仅包括石油、天然气等资源型产品和初级产品，而且还包含了高技术产品，这些高技术产品中大部分用于中间品投入，另有小部分产品用于消费。

表4-7 1995—2016 年中国不同种类产品进口额占世界比重变化（按 Lall，2000 分类口径）

（单位:%）

年份	HT1	HT2	LT1	LT2	MT1	MT2	MT3	PP	RB1	RB2
1995	3.38	1.98	1.90	1.89	0.94	4.77	3.93	1.77	1.68	2.32
1996	3.02	2.39	1.91	1.81	0.90	4.89	3.73	1.90	1.69	2.36
1997	3.19	2.64	1.98	1.70	0.82	5.08	3.05	2.17	1.86	2.53
1998	3.47	2.64	1.81	1.60	0.62	4.99	2.74	1.93	1.85	2.68
1999	3.93	2.20	1.83	1.63	0.70	5.66	2.88	2.04	2.00	3.11
2000	4.55	2.21	1.98	1.72	0.99	6.39	3.27	3.06	2.32	4.08
2001	5.25	3.24	2.02	1.81	1.15	6.86	3.85	2.85	2.41	4.73
2002	6.63	3.64	2.06	2.13	1.47	7.79	4.60	3.24	2.81	5.08
2003	7.66	4.61	1.89	2.45	2.43	8.13	5.41	4.06	3.28	6.35
2004	8.16	5.68	1.80	2.35	2.35	8.36	5.83	4.68	3.44	7.82
2005	8.13	6.27	1.71	2.37	2.10	8.57	5.43	4.97	3.35	9.21
2006	8.24	6.96	1.77	2.23	2.48	8.52	5.49	5.41	3.78	9.81
2007	7.63	7.32	1.52	2.24	2.37	8.31	5.47	5.79	4.41	11.35
2008	7.32	7.57	1.48	2.23	2.24	7.53	5.58	5.94	4.62	11.97
2009	7.97	7.08	1.55	2.58	3.82	10.09	6.44	7.60	5.20	14.94
2010	8.40	8.80	1.73	2.79	4.47	10.05	7.57	8.83	5.89	16.42
2011	8.25	8.75	1.84	2.71	4.43	9.73	7.69	9.42	6.29	18.26
2012	8.01	9.41	2.16	2.62	4.41	9.39	6.90	10.50	6.34	17.45
2013	8.27	9.71	2.38	2.60	4.61	9.46	6.66	10.83	6.30	19.43
2014	8.29	9.22	2.31	2.65	5.02	8.83	6.67	11.79	6.28	19.10
2015	7.97	9.22	2.50	2.63	4.52	8.97	6.39	11.92	6.69	17.19
2016	8.97	8.64	2.81	2.88	4.71	8.41	6.52	12.05	6.24	16.26

注：根据拉尔（Lall，2000）分类方法，基于 SITC 与 HS 产品分类对应表整理计算，原始数据来自 UN COMTRADE。

3. 中国进口在全球贸易网络中的地位变化

社会网络分析（Social Network Analysis，SNA）是一种重要的交叉学科研究方法，在经济、贸易、金融、管理等社会科学中广泛应用。这一部分我们将对网络进行网络中心度分析，以挖掘隐藏在复杂网络背后的中国进口的国际地位变化。社会网络分析法中，测算网络中心度的四个最常用指标分别为：度数中心度、中介中心度、接近中心度和特征向量中心度。值得注意的是，为了获得复杂贸易网络中更有价值的信息，在这一部分我们将欧盟看作整体，并设置了贸易阈值。

（1）度数中心度

度数中心度（Point Centrality①）主要反映世界贸易网络中一国作为节点在网络中可以和其他节点的联络程度，主要强调该国作为单独节点的价值和地位。1995 年中国进口的网络度数中心为 30.1，排名为全球第五位；2001 年，上升到第三位，中心度指数上升到 45.63；到了 2010 年则超过美国，达到全球第二位；2016 年，中国的度数中心度相较 2010 年仍在上涨，达到 72.82，同年美国则有所下降。这表明，中国在进口网络中的国别覆盖和区域覆盖面在不断拓展，中国进口的来源广度在提升（见表 4-8）。

表 4-8　中国进口度数中心度排名变化

| \multicolumn{3}{}{1995 年} | | | 2001 年 | | | 2010 年 | | | 2016 年 | | |
排名	国家	度数	排名	国家	度数	排名	国家	度数	排名	国家	度数
1	欧盟	73.30	1	欧盟	75.24	1	欧盟	79.19	1	欧盟	79.49
2	美国	48.54	2	美国	59.22	2	中国	70.05	2	中国	72.82
3	日本	41.26	3	中国	45.63	3	美国	64.97	3	美国	62.05
4	韩国	30.58	4	日本	40.29	4	日本	51.27	4	印度	54.87
5	中国	30.10	5	韩国	37.38	5	印度	48.73	5	韩国	48.72
6	巴西	24.27	6	俄罗斯	31.55	6	韩国	47.72	6	日本	47.69
7	新加坡	22.82	7	瑞士	28.64	7	巴西	43.65	7	阿联酋	44.62
8	瑞士	22.33	8	巴西	25.73	8	俄罗斯	40.61	8	巴西	40.51
9	土耳其	21.36	9	印度	25.73	9	瑞士	39.59	9	土耳其	40.51
10	印度	20.39	10	新加坡	24.76	10	土耳其	39.59	10	瑞士	39.49
11	加拿大	19.90	11	加拿大	23.79	11	加拿大	37.56	11	俄罗斯	38.97
12	泰国	19.90	12	泰国	22.82	12	泰国	37.56	12	泰国	38.46
13	印度尼西亚	17.96	13	墨西哥	21.36	13	马来西亚	36.04	13	马来西亚	32.82

---

① 度数中心度的算法是 $Cd' = Cd / n - 1$，其中，Cd 为与被测度节点直接相连的节点数目，n 为网络中的节点总数。

1995 年			2001 年			2010 年			2016 年		
排名	国家	度数	排名	国家	度数	排名	国家	度数	排名	国家	度数
14	俄罗斯	17.96	14	土耳其	21.36	14	新加坡	33.50	14	印度尼西亚	30.77
15	马来西亚	16.99	15	乌克兰	20.87	15	印度尼西亚	30.46	15	加拿大	30.26
16	澳大利亚	16.50	16	印度尼西亚	20.39	16	阿联酋	28.93	16	新加坡	30.26
17	沙特	16.50	17	澳大利亚	19.90	17	沙特	28.43	17	墨西哥	29.74
18	墨西哥	14.56	18	沙特	19.90	18	澳大利亚	27.92	18	沙特	27.69
19	阿根廷	13.59	19	马来西亚	18.93	19	埃及	27.92	19	澳大利亚	27.18
20	波兰	13.59	20	波兰	17.96	20	墨西哥	26.90	20	阿根廷	25.64

资料来源：UN COMTRADE 数据库，使用 Ucinet 软件计算。

（2）中介中心度

中介中心度（Betweenness Centrality①）主要反映世界贸易网络中某国在多大程度上位于网络中其他节点的"中间"，该值强调点在其他点之间的调节能力，反映的是作为网络中介调节角色的地位。1995 年到 2016 年中国进口在世界贸易网络中的中介中心度也是上升的，1995 年中国的中介中心度排名第四，在 2016 年达到了 12.64，排名第二，这一指标体现了中国在其他各国双边贸易中拥有了更强的调节能力，也在整个世界贸易网络中有较强的影响力（见表 4-9）。

表 4-9　中国进口中介中心度的排名变化

1995 年			2001 年			2010 年			2016 年		
排名	国家	中介	排名	国家	中介	排名	国家	中介	排名	国家	中介
1	欧盟	33.90	1	欧盟	28.87	1	欧盟	20.47	1	欧盟	20.29
2	美国	7.33	2	美国	11.52	2	中国	9.59	2	中国	12.64
3	日本	3.79	3	中国	3.76	3	美国	8.73	3	美国	7.87
4	中国	1.54	4	俄罗斯	2.42	4	印度	4.24	4	印度	4.49
5	新加坡	1.44	5	日本	2.25	5	日本	2.69	5	阿联酋	2.86
6	韩国	1.19	6	韩国	2.19	6	韩国	2.33	6	日本	2.64
7	土耳其	1.05	7	新加坡	1.41	7	巴西	1.70	7	韩国	2.25
8	委内瑞拉	0.86	8	瑞士	0.92	8	尼日利亚	1.41	8	土耳其	1.40
9	俄罗斯	0.65	9	巴西	0.78	9	俄罗斯	1.37	9	瑞士	1.31
10	泰国	0.65	10	印度	0.51	10	土耳其	1.26	10	巴西	1.27
11	巴西	0.56	11	乌克兰	0.46	11	瑞士	1.02	11	俄罗斯	1.17

---

① 中介中心度的算法是 $Cm' = Cm/ [(n-2)(n-1)/2]$，n 为网络中的节点总数。

1995 年			2001 年			2010 年			2016 年		
排名	国家	中介	排名	国家	中介	排名	国家	中介	排名	国家	中介
12	瑞士	0.39	12	澳大利亚	0.44	12	加拿大	0.96	12	哥伦比亚	1.04
13	印度	0.32	13	加拿大	0.36	13	新加坡	0.94	13	坦桑尼亚	0.88
14	加拿大	0.30	14	泰国	0.36	14	泰国	0.91	14	毛里塔尼亚	0.88
15	沙特	0.26	15	墨西哥	0.35	15	沙特	0.67	15	泰国	0.87
16	约旦	0.25	16	土耳其	0.32	16	马来西亚	0.64	16	新加坡	0.75
17	墨西哥	0.23	17	沙特	0.21	17	印度尼西亚	0.62	17	印度尼西亚	0.60
18	澳大利亚	0.20	18	波兰	0.20	18	阿联酋	0.51	18	马来西亚	0.54
19	波兰	0.19	19	委内瑞拉	0.19	19	乌克兰	0.37	19	加拿大	0.42
20	哈萨克斯坦	0.11	20	阿联酋	0.18	20	澳大利亚	0.32	20	墨西哥	0.41

资料来源：UN COMTRADE 数据库，使用 Ucinet 软件计算。

（3）接近中心度

接近中心度（Closeness Centrality[①]）主要反映世界贸易网络中一国作为节点和其他节点距离关系的总体衡量，强调该点在网络中的价值，数值越大表示越处于中心地位。1995 年，中国进口贸易在全球贸易网络中的接近中心度为 1.98，排行全球第五位，之后持续增长到 2016 年的 3.43，位列全球第二（见表 4-10）。这说明，中国在接近全球各大市场以及快速获取信息的能力在逐步提升，并且已经达到了较高的水平。

表 4-10　中国进口接近中心度的排名变化

1995 年			2001 年			2010 年			2016 年		
排名	国家	接近	排名	国家	接近	排名	国家	接近	排名	国家	接近
1	欧盟	2.00	1	欧盟	2.32	1	欧盟	3.22	1	欧盟	3.44
2	美国	1.99	2	美国	2.31	2	中国	3.21	2	中国	3.43
3	日本	1.99	3	中国	2.31	3	美国	3.21	3	美国	3.42
4	韩国	1.98	4	日本	2.30	4	日本	3.19	4	印度	3.41
5	中国	1.98	5	韩国	2.30	5	印度	3.19	5	韩国	3.40
6	巴西	1.98	6	俄罗斯	2.30	6	韩国	3.19	6	日本	3.40
7	新加坡	1.98	7	瑞士	2.30	7	巴西	3.18	7	阿联酋	3.40
8	瑞士	1.98	8	巴西	2.30	8	俄罗斯	3.18	8	巴西	3.39
9	土耳其	1.98	9	印度	2.30	9	瑞士	3.18	9	土耳其	3.39
10	印度	1.98	10	新加坡	2.30	10	土耳其	3.18	10	瑞士	3.39

① 接近中心度的算法是 $Cc' = Cc(g-1)$，Cc 为该节点与其他节点距离之和的倒数。

续表

	1995 年			2001 年			2010 年			2016 年	
排名	国家	接近	排名	国家	接近	排名	国家	接近	排名	国家	接近
11	加拿大	1.98	11	加拿大	2.30	11	加拿大	3.18	11	俄罗斯	3.39
12	泰国	1.98	12	泰国	2.30	12	泰国	3.18	12	泰国	3.39
13	印度尼西亚	1.98	13	墨西哥	2.29	13	马来西亚	3.18	13	马来西亚	3.39
14	俄罗斯	1.98	14	土耳其	2.29	14	新加坡	3.17	14	印度尼西亚	3.38
15	马来西亚	1.98	15	乌克兰	2.29	15	印度尼西亚	3.17	15	加拿大	3.38
16	澳大利亚	1.98	16	印度尼西亚	2.29	16	阿联酋	3.17	16	新加坡	3.38
17	沙特	1.98	17	澳大利亚	2.29	17	沙特阿拉伯	3.17	17	墨西哥	3.38
18	墨西哥	1.98	18	沙特	2.29	18	澳大利亚	3.17	18	沙特	3.38
19	阿根廷	1.98	19	马来西亚	2.29	19	埃及	3.17	19	澳大利亚	3.38
20	波兰	1.98	20	波兰	2.29	20	墨西哥	3.17	20	越南	3.38

资料来源：UN COMTRADE 数据库，使用 Ucinet 软件计算。

（4）特征向量中心度

特征向量中心度（Eigenvector Centrality①）不仅考察国家自身的重要性还根据该国网络中的相邻国的重要性来衡量该国在网络中的价值和网络地位。中国的特征向量中心度同样呈增长趋势，从 1995 年的第五位增长到 2016 年的第二位。2016 年，中国的特征向量中心度达到 29.30，仅次于欧盟。这说明，中国在整个世界贸易网络中，从与全球重要伙伴国家联系方面所反映的网络中心度上，中国也已处于较为核心的地位（见表 4-11）。

表 4-11 中国进口特征向量中心度排名变化

	1995 年			2001 年			2010 年			2016 年	
排名	国家	特征向量	排名	国家	特征向量	排名	国家	特征向量	排名	国家	特征向量
1	欧盟	37.69	1	欧盟	35.32	1	欧盟	29.35	1	欧盟	29.69
2	美国	34.38	2	美国	33.39	2	中国	28.85	2	中国	29.30
3	日本	32.96	3	中国	31.02	3	美国	27.91	3	美国	27.55
4	韩国	29.89	4	日本	29.85	4	日本	26.22	4	印度	26.76
5	中国	29.32	5	韩国	28.60	5	韩国	25.27	5	韩国	25.73
6	巴西	26.77	6	瑞士	25.03	6	印度	25.18	6	日本	25.34

① 特征向量中心度的算法是 $Ax = \lambda x$，其中，A 为根据网络确定的矩阵，x 为特征向量，λ 为最大特征值，特征向量 x 中的 n 个数字分别为各节点对应的特征向量中心度。

1995 年			2001 年			2010 年			2016 年		
排名	国家	特征向量	排名	国家	特征向量	排名	国家	特征向量	排名	国家	特征向量
7	瑞士	25.89	7	俄罗斯	23.93	7	巴西	24.13	7	巴西	23.79
8	新加坡	25.61	8	印度	23.53	8	瑞士	23.33	8	阿联酋	23.46
9	加拿大	24.34	9	加拿大	23.10	9	俄罗斯	22.81	9	泰国	23.39
10	印度	23.96	10	新加坡	22.98	10	土耳其	22.77	10	瑞士	23.19
11	印度尼西亚	23.57	11	巴西	22.93	11	泰国	22.60	11	土耳其	23.17
12	泰国	23.31	12	泰国	22.53	12	马来西亚	22.38	12	俄罗斯	22.86
13	土耳其	22.69	13	印度尼西亚	21.25	13	加拿大	22.26	13	马来西亚	21.36
14	马来西亚	22.39	14	土耳其	20.55	14	新加坡	20.48	14	印度尼西亚	20.74
15	澳大利亚	21.33	15	马来西亚	20.45	15	印度尼西亚	20.16	15	加拿大	20.46
16	沙特	20.32	16	墨西哥	19.96	16	沙特	19.29	16	新加坡	20.17
17	俄罗斯	19.83	17	沙特	19.84	17	埃及	19.23	17	墨西哥	19.90
18	阿根廷	18.82	18	澳大利亚	19.58	18	澳大利亚	18.88	18	沙特	19.38
19	智利	17.67	19	阿联酋	18.49	19	阿联酋	18.59	19	澳大利亚	18.91
20	墨西哥	17.48	20	阿根廷	18.04	20	墨西哥	18.37	20	越南	18.89

资料来源：UN COMTRADE 数据库，使用 Ucinet 软件计算。

四、中国首届国际进口博览会：成果及国际反响

中国首届国际进口博览会的召开，在政策开放、经贸合作和外交合作等领域均取得一系列重大成果。同时，首届国际进口博览会的隆重召开，也得到国际社会的广泛关注，深得国际社会的好评。此外，中国政府通过进口博览会传递的扩大开放的信号以及由此践行的一系列扩大开放的实质性举措，将对中国和世界经济发展产生积极深远的影响。

1. 国际进口博览会取得系列重大成果

2018 年 11 月 5 日至 10 日，以"新时代，共享未来"为主题，首届中国国际进口博览会（以下简称"进口博览会"）盛大召开。首届进口博览会包括展会和论坛，展会由国家贸易投资综合展和企业商业展组成；国家贸易投资综合展主要展示各国形象和发展成就，只展示不成交；企业商业展分为七大展区，既有货物贸易，也有服务贸易；虹桥国际经贸论坛由主论坛、3 场平行论坛及国际财经媒体和智库论坛组成。首届进口博览会在深化开放、经贸往来、外交等领域取得了丰硕的成果。

（1）通过进口博览会提出国家深化开放的重要举措

习近平主席在首届中国国际进口博览会开幕式上发表题为《共建创新包容的开放型世界经济》的主旨演讲，其中提出五大深化对外开放的重要措施。

第一，激发进口潜力。强调中国主动扩大进口是面向世界、面向未来、促进共同发展的长远考量；中国将进一步降低关税，提升通关便利化水平，削减进口环节制度性成本，加快跨境电子商务等新业态新模式发展。第二，持续放宽市场准入。中国正在稳步扩大金融业开放，持续推进服务业开放，深化农业、采矿业、制造业开放，加快电信、教育、医疗、文化等领域开放进程，特别是外国投资者关注、国内市场缺口较大的教育、医疗等领域也将放宽外资股比限制。预计未来 15 年，中国进口商品和服务将分别超过 30 万亿美元和 10 万亿美元。第三，营造国际一流营商环境。中国将加快出台外商投资法规，完善公开、透明的涉外法律体系，全面深入实施准入前国民待遇加负面清单管理制度。中国将尊重国际营商惯例，对在中国境内注册的各类企业一视同仁、平等对待。第四，打造对外开放新高地。中国将支持自由贸易试验区深化改革创新，持续深化差别化探索，加大压力测试，发挥自由贸易试验区改革开放试验田作用。中国将抓紧研究提出海南分步骤、分阶段建设自由贸易港政策和制度体系，带动形成更高层次改革开放新格局。第五，推动多边和双边合作深入发展。中国支持对世界贸易组织进行必要改革，愿推动早日达成区域全面经济伙伴关系协定，加快推进中欧投资协定谈判，加快中日韩自由贸易区谈判进程①。

（2）首届进口博览会达成丰硕的经贸成果

首届进口博览会吸引了全球 82 个国家（含中国）和世贸组织、联合国工发组织、国际贸易中心等国际组织参展，以及来自全球 151 个国家和地区的 3617 家企业参展。据统计，首届进口博览会交易采购成果丰硕，按一年计，累计意向成交 578.3 亿美元。其中，智能及高端装备展区成交 164.6 亿美元，消费电子及家电展区成交 43.3 亿美元，汽车展区成交 119.9 亿美元，服装服饰及日用消费品展区成交 33.7 亿美元，食品及农产品展区成交 126.8 亿美元，医疗器械及医药保健展区成交 57.6 亿美元，服务贸易展区成交 32.4 亿美元。此外，与"一带一路"沿线国家累计意向成交 47.2 亿美元②。企业层面活跃的成交量表明，进口博览会为国内外企业提供了重要的平台，有利于国外供应商更好地了解庞大的中国市场需求，同时也有利于国内的采购商和消费者知晓国外供应商的产品供给动态，为下一届进口博览会的持续交易奠定了重要的基础。

（3）进口博览会取得不凡的外交成果

中国国际进口博览会是 2018 年我国组织的涉及国家和地区最广、规模最大的主场

---

① 习近平：《共建创新包容的开放型世界经济——在首届中国国际进口博览会开幕式上的主旨演讲》，人民出版社 2018 年版。

② 《首届中国国际进口博览会圆满闭幕》，中国国际进口博览会官网，https://www.ciie.org/zbh/xwbd/20181110/8018.html。

外交活动。元首外交成为引领多双边关系新方向。习近平主席出席首届中国国际进口博览会开幕式并发表主旨演讲，与相关国家领导人共同巡馆。习近平主席与6位国家元首、5位政府首脑举行了11场双边会谈会见，既有俄罗斯、越南等老朋友，也有多米尼加、萨尔瓦多等新伙伴，双方就双边关系及共同关心的国际和地区问题交换意见，达成广泛共识。首届进口博览会共有来自16个国家的元首首脑、11个国家的王室代表、副元首首脑及13个国际组织的负责人齐聚上海，部级以上外方嘉宾超过400位。此外，进博会期间还组织了370多场各类配套活动，参会各方围绕科技、文化、旅游、教育等领域密集开展经贸合作和民间外交活动，交流踊跃，有力地促进了不同文明互鉴与共同进步。①

2. 进口博览会广获国际好评

国外主要媒体对于在中国举办的第一届进口博览会大多给予了积极评价，认为参展各国可以借此机会推销本国产品，获得更大的国际贸易市场份额，对本国经济情况的改善具有重要意义。

据美联社2018年11月8日报道，来自152个国家和地区的3600多家企业参加了中国的这场盛会，展示了中国不断增长的、竞争激烈的市场前景和所面对的挑战。中国已经成为大多数亚洲邻国的头号市场，但这些进口产品中很大一部分是铁矿石，电脑芯片和其他一些用于制造出口产品的原材料。随着中国将消费者支出作为维持经济增长、减少对贸易和投资依赖的一部分，这种情况正在发生变化，这体现了拥有14亿消费者市场的前景。②

另据美国《华尔街日报》网站2018年11月7日报道，陶氏杜邦公司（DowDuPont）的人造草坪、戴尔（Dell）科技公司的笔记本电脑、玛氏（Mars）公司的糖果和开市客（Costco Wholesale）公司的杏仁在这个世界上最大的贸易博览会上呼唤着买家，为数众多的参加首届中国国际进口博览会的美国企业表现出了对中国市场的信心。③

美通社2018年10月24日报道，上海进博会集中了来自130多个国家和地区的2800家企业。除了200多家行业领军企业参展，还有很多参展企业来自G20成员和与"一带一路"相关的国家，同时还有30多个非洲国家的100多家企业希望此行能够打开庞大的中国消费市场，包括德国、法国和俄罗斯在内的参展商都希望参加上海进口博览会。俄罗斯代表将举办推介出口产品的展览活动，来自不同产业的产品占据了2000平方米的场地；德国将在世博会展览由瓦德里希—科宝（Waldrich-Coburg）提供的200吨铣床；韩国的贸易特使也将寻求扩大传统行业以外的机会，例如使利润丰厚的化妆品

---

① 《首届中国国际进口博览会成果丰硕——访商务部部长钟山》，《人民日报》2018年11月19日。
② 《美媒称进博会凸显中国市场吸引力：充满希望和挑战》，《参考消息》2018年11月9日。
③ 《美媒称进博会凸显中国市场吸引力：充满希望和挑战》，《参考消息》2018年11月9日。

行业向更高价值行业发展。①

据日本共同社 2018 年 11 月 9 日报道，日本贸易振兴机构（JETRO）9 日发布消息称，5 日起在上海举行的"中国国际进口博览会"中，日本中小企业等与中国企业洽谈的成交总额达到约 26.2 亿日元（约合 1.6 亿元人民币）。农产品、医疗及保健领域人气颇高，该机构理事野口直良表示"成果超出预期"。据悉，日本共有 468 家企业参展，数量在各国中居首。②

另外，一些外媒从未来展望的角度，认为中国利用进口博览会向世界展示了扩大开放，推进贸易自由化的坚定决心，展现了中国庞大的市场潜力。

新加坡《联合早报》网站 2018 年 11 月 11 日报道，首届中国国际进口博览会 11 月 10 日落幕，这是中国首次举办以进口为主题的国家级博览会，标志着"中国制造卖全球"到"中国市场买全球"的转型。在经历了 40 年改革开放后，中国消费者俨然已对商品和服务的品质呈现了爆炸式的需求，进博会恰恰满足了多样化和个性化的消费者需求。③

德国之声电台网站 2018 年 11 月 3 日报道，38 个足球场的展会面积，来自全球 130 多个国家和地区的 3000 多家企业，5000 多种产品首次登陆中国市场。如今中国再一次向世界奉上巅峰之作。参与的企业大多是全球重量级玩家，包括：SAP、蒂森克虏伯、通用汽车、福特汽车、微软、特斯拉和沃尔玛。报道称，在首次进博会上，中国决心以开放的形象示人。中国不久前刚刚推出了一系列降低外国企业运营或市场准入的政策。像宝马这样的德国车商如今可以成为中国合资公司的大股东，自己说了算。此外，中国已经取消了许多外国进口药品的关税，尤其是进口的抗癌药物。报道称，在贸易战背景下，中美关系愈加紧张，同时，中国和欧洲却走得越来越近。所以，看到德国公司都积极参加此次中国首次举办的进博会并不奇怪。④

拉美社 2018 年 11 月 5 日报道，11 月 5 日在上海举办的第一届中国国际进口博览会将成为一个巨大的窗口，供世界领先的制造商们展示他们最新的先进技术产品。飞行汽车、巨型铣床、防水迷你摄像机，甚至是手机操作的电动快递机，都是成千上万产品中的一部分，超过 2800 家公司将在上海的纪念展览中心展出。本次进博会是中国促进开放、不受约束和包容性的贸易政策的一部分。⑤

《纽约时报》2018 年 11 月 4 日报道，进博会展览空间是纽约贾维茨会展中心的五倍以上，将吸引 15 万中国买家前来仔细考察来自 130 个国家的企业提供的进口产品。博览会的目的是化解世界对于中国庞大制造业冲击本国产业的担忧，证明中国可以为世

---

① "The First China International Import Expo to Welcome 2800 Exhibitors from over 130 Countries as China Looks to Grow Imports", *PR Newswire Europe Including UK Disclose*, Vol. 24, No. 10, 2018.

② 《展示开放信心 首届进博会成果远超预期》，《参考消息》2018 年 11 月 11 日。

③ 《从"卖全球"到"买全球"外媒：进博会彰显中国经济转型升级》，《参考消息》2018 年 11 月 12 日。

④ 《外媒关注首届进博会上海闪亮登场：彰显中国扩大开放决心》，《参考消息》2018 年 11 月 5 日。

⑤ 《外媒称进博会成展示技术进步橱窗：展品越来越接近科幻水平》，《参考消息》2018 年 11 月 7 日。

界创造更多共同利益。①

据俄罗斯《消息报》网站 2018 年 11 月 3 日报道，3 月底，白宫主人唐纳德·特朗普对中国和其他一些国家发起猛攻，先是加征钢铝关税，随后又对中国出口产品加征关税。全世界陷入了新一轮贸易保护主义的涡流，除了中国。报道称，中国领导人试图让世界各国领导人相信，任何贸易战都不会让北京偏离经济开放和全球化的道路，中国的大门不仅不会关闭，反而将进一步向全世界敞开。这一承诺并非虚言，上海进博会就是最好的证明。②

3. 对中国和世界的影响

中国通过进口博览会传递的扩大开放的信号以及由此带来的一系列扩大开放的举措，将对中国和世界都产生积极而长远的影响。

对中国而言，积极扩大进口和放宽投资市场准入等深化开放的措施，将对中国的产业结构调整和经济转型产生重要的促进作用。首先，通过降低进口关税，积极扩大资本品和中间品的进口，有利于国内高技术产品生产成本的下降，通过产业链上下游的传导，提升整条产品供应链的竞争力，并加快提升中国企业在产业链中的附加值和地位。其次，通过降低进口关税，积极扩大消费品的进口，有利于加剧国内消费品的竞争程度，加快消费品供给企业的优胜劣汰，满足人民群众对高质量消费品日益增加的需求。最后，进一步放宽外商投资市场准入和优化营商环境建设，有利于加快国内制造业特别是服务业的对外开放，通过引进优质的外资服务提供商，推动国内产业的转型升级，通过内外资企业的公平待遇，促使国内企业在国际化的竞争环境中成长壮大。

对世界而言，中国主动深化开放的举措，将为全球各国企业进入和深耕中国市场提供重要的战略机遇。从国外企业角度看，中国国际进口博览会组委会的成立（《国务院办公厅关于成立中国国际进口博览会组委会的通知》［国办函〔2019〕20 号〕）意味着，中国政府从行动上贯彻了习近平主席在首届中国国际进口博览会开幕式上指出的将进口博览会持续高质量地办下去的要求。此外，随着中国在外商投资准入负面清单的不断缩减和改进，对上海自贸试验区新片区的设立，以及探索建设海南自贸试验区和海南自由贸易港等实质性举措，也增强了欲进入中国市场的外资企业信心，且将不断释放中国扩大进口和深化开放带来的政策红利和投资经营机会。

---

① Keith Bradsher, "China Seeks Allies as Trump's Trade War Mounts. It Won't Be Easy", New York Times Nov. 4, 2018.

② 《外媒：进博会成中国展示开放意愿良机》，《参考消息》2018 年 11 月 4 日。

第五章 新成果：
不断改善的营商环境

2018年10月31日，世界银行发布《2019年营商环境报告》。根据该报告，中国2018年度营商环境总分排名第46名，排名获得大幅提升，首次进入世界排名前50的经济体之列，特别在"开办企业""获得电力""跨境贸易"等领域的得分和排名大幅提升，成为2018年度营商环境改善最显著的十大经济体之一。① 本章将根据世界银行营商环境报告，具体分析我国不同领域得分和排名情况，以及近年我国政府改善营商环境的改革举措。

一、我国营商环境的总体表现

根据世界银行《2019年营商环境报告》，2018年我国营商环境便利指数得分为73.64分，全球排名第46位，而2017年度我国营商环境便利指数得分为65分，全球排名第78位，因此2018年度我国得分和名次均获得大幅提升，首次进入前50行列。下文简要阐述我国目前营商环境总体情况和在各领域的表现。

1. 我国营商环境总体表现的纵向变化

（1）我国营商环境总体表现

根据世界银行营商环境便利指数（关于营商环境项目情况参见专栏5-1），一个经济体营商便利分数越高，表示该经济体监管制度越接近全球最佳表现，越有利于企业营商。我国2016年营商环境报告的得分为62.95分（反映2014—2015年度营商环境），2018年营商环境报告得分为65分，2019年营商环境报告得分快速提升至73.64分，提升幅度明显②，表明我国营商环境得以不断改善。从2010年到2019年营商环境报告可以看出，我国营商环境便利指数上升趋势明显。以上海和纽约为对比例子，从图5-1

---

① 根据世界银行营商环境报告，2018年度营商环境改善排名前10的经济体依次为：阿富汗、吉布提、中国、阿塞拜疆、印度、多哥、肯尼亚、科特迪瓦、土耳其和卢旺达。
② 上述分数为世界营商环境2017—2019年报告方法所得出的分数。世界银行营商环境指数计算方法在部分年份进行调整，因此当年的分数需要调整。

可以看出，从 2010 年到 2019 年营商环境报告可以看出，虽然上海营商环境便利指数一直低于纽约，但其不断提升的趋势明显，从 2010 年报告（反映 2009 年度营商环境表现）的 54.89 分上升至 2019 年的 73.68 分，而纽约营商环境便利指数基本上保持不变，维持在 83—86 分之间。

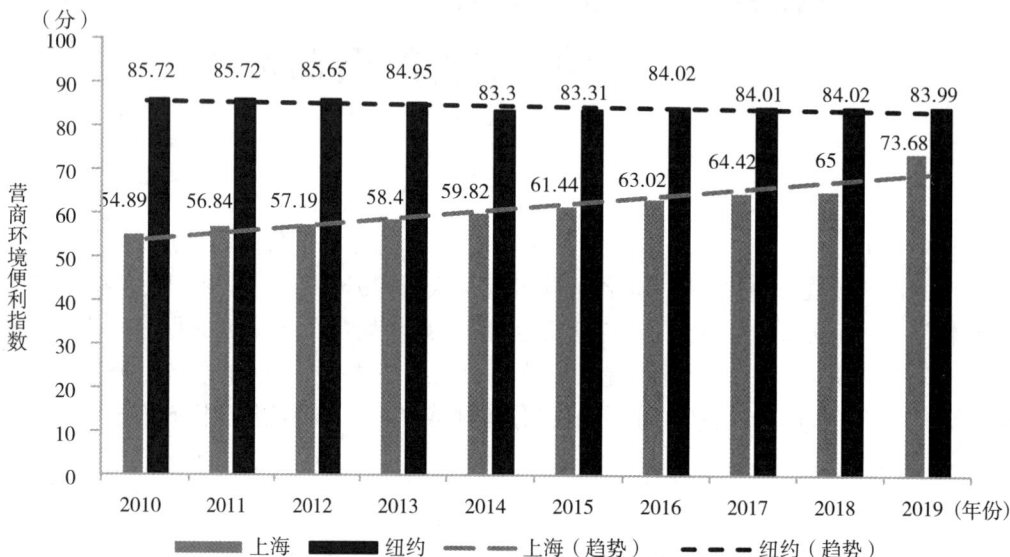

图 5-1　2010—2019 年上海和纽约营商环境便利指数变化趋势①

（2）我国营商环境各领域表现

营商环境便利指数不同监管领域指标得分的平均分，各领域赋值体现相应领域各子指标与最佳实践之间的差距。目前营商环境报告便利指数由十大领域监管表现构成，分别为：开办企业、办理施工许可证、获得电力、登记财产、获得信贷、保护少数投资者、纳税、跨境贸易、执行合同、办理破产，体现一个企业从设立、获得场地、经营到破产清算整个生命周期重要环节的政府管理情况，各领域含义见专栏 5-1，详细方法见世界银行营商环境报告。

从 2019 年报告分领域指标表现看（见表 5-1），在十大商业监管领域，我国在四大商业监管领域进入全球排名前 30，分别为执行合同（第 6 名）、获得电力（第 14 名）、登记财产（第 27 名）和开办企业（第 28 名）；四大商业监管领域的表现处于全球中等略偏上水平，在 190 个经济体中排名在 60—73 之间，分别为办理破产（第 61 名）、保护少数投资者（第 64 名）、跨境贸易（第 65 名）、获得信贷（第 73 名）；另外两大领域排名相对落后，分别为纳税（第 114 名）、办理施工许可证（第 121 名）。

———————————

① 2013 年前，各经济体营商环境样本来自最大商业城市，因此，为比较中国和美国营商环境变化趋势，图中仅采用上海和纽约数据。营商环境便利指数各年方法均有所变化，图中 2010—2013 年分数根据 2010—2014 年报告方法得到，2014—2015 年分数根据 2015 年报告方法得到，2016—2019 年根据 2016—2019 年报告方法得到。

表5-1 2018年和2019年报告营商环境排名和便利分数比较

领域	2019年排名（1）	2018年排名（2）	名次提升（3）	2019年营商分数（4）	2018年营商分数（5）	分数变化（6）	是否改善（7）
总体	46	78	32	73.64	65.00	8.64	
1. 开办企业	28	93	65	93.52	85.47	8.05	√
2. 办理施工许可证	121	172	51	65.16	41.21	23.95	√
3. 获得电力	14	98	84	92.01	65.71	26.30	√
4. 登记财产	27	41	14	80.80	74.99	5.81	√
5. 获得信贷	73	68	−5	60.00	60.00	不变	不变
6. 保护少数投资者	64	119	55.00	60.00	55.00	5.00	√
7. 纳税	114	130	16	67.53	62.9	4.63	√
8. 跨境贸易	65	97	32	82.59	69.91	12.68	√
9. 执行合同	6	5	−1	78.97	78.97	不变	不变
10. 办理破产	61	56	−5	55.82	55.82	不变	不变

注：（1）√表示营商环境表现有所改善；（2）2019年营商环境报告指标表现截至日期为2018年5月1日，2018年报告截至日期为2017年6月；（3）列（2）来自《2018年营商环境报告》，其他数据来自2019报告，列（5）数据已根据2019年方法调整，因此得分与2018年营商环境报告中的分数有所差别。

与2018年各项目得分情况比较（见表5-1），除了在"获得信贷""执行合同""办理破产"这三个领域的得分不变外，其他七大领域的得分都得以提升，表明在这七个方面营商环境改善明显。在七大领域中，提升幅度最为明显的分别为"获得电力""办理施工许可证"以及"跨境贸易"三大领域，分值分别提升26.30分、23.95分和12.68分，在三大领域的名次因此获得大幅度提升，"获得电力"排名从第98名上升到第14名，名次提升84名；"办理施工许可证"从第172名上升至第121名，名次提升51名；"跨境贸易"从第97名上升至第65名，名次提升32名。在部分领域，虽然分数提升不大，但由于这些领域分数相对集中，因此少量分数提升使得名次大幅提升，其中最明显的是"保护少数投资者"和"开办企业"领域，二者分数分别提升5.00分和8.05分，但名次分别提升55名和65名。在"获得信贷""执行合同""办理破产"这三大领域，虽然我国分数不变，但在排名上略有下滑。

专栏5-1 关于世界银行《营商环境报告》

世界银行于2002年启动营商环境报告项目。该项目通过收集数据，对各经济体在不同时期的营商环境进行比较，对各经济体所选城市的营商相关法律法规及执行情况进行客观评估，对商业活动相关监管规则进行考察和量化，使各经济体能就其整体营商环境和各项目情况进行横向和纵向的评估，为各国改革提供可衡量的基准指标，鼓励各国提高监管效率，为学术界、媒体、研究者及其他关注各国营商环境的人士提供参考。

《营商环境报告》首次发布于2003年，当时包括5项指标和133个经济体。2019 年报告包括 11 项指标和 190 个经济体，这 11 个领域的监管法规分别为：开办企业、办理施工许可证、获得电力、登记财产、获得信贷、保护少数投资者、纳税、跨境贸易、执行合同、办理破产和劳动力市场监管。不过2019 年营商便利程度指数没有将劳动力市场监管数据计算在指数内，指数涵盖其他 10 个领域，劳动力市场指数仅反映在报告中。

营商环境便利指数是每个经济体在 10 个指标便利度得分的平均值。各领域所衡量的内容概要见表 5-2。若一个经济体数据涵盖两个城市，总体得分是两个城市的人口加权平均值。大多数指标数据来自经济体中最大商业城市，对于 11 个人口超过 1 亿的经济体（孟加拉国、巴西、中国、印度、印度尼西亚、日本、墨西哥、尼日利亚、巴基斯坦、俄罗斯和美国），2014 年报告将数据采集范围扩大到第二大商业城市。这 11 个经济体营商环境便利指数得分是两个城市得分的人口加权平均值。营商环境项目数据来自政府、学术界、从业者等专家的反馈意见。营商环境便利指数分值从 0 到 100，分数越高表示营商环境越好。

表 5-2　世界银行营商环境报告涵盖的商业监管领域

领域	衡量内容
1. 开办企业	开办有限责任公司的手续、时间、费用和最低资本要求
2. 办理施工许可证	建造一个仓库所需要的所有手续数量、时间、费用，施工许可制度中关于质量控制和安全要求
3. 获得电力	连接电网所需手续、时间和成本，电力供应的可靠性以及电费的透明度
4. 登记财产	办理财产转让所需手续、时间和费用，以及土地管理制度中的质量要求
5. 获得信贷	动产抵押法律和信贷信息系统覆盖情况
6. 保护少数投资者	少数股东在关联交易和公司治理中的权利
7. 纳税	根据税收法规，公司经营过程中所需缴税次数、时间、税费率以及报税后流程情况
8. 跨境贸易	出口相对优势产品和进口汽车零部件所需时间和成本
9. 执行合同	解决商业纠纷的时间和成本，以及司法程序的质量
10. 办理破产	办理破产所需时间、成本、结果、回收率以及破产法律框架
11. 劳动力市场监管	就业监管的灵活性和工作质量等方面

资料来源：世界银行营商环境官方网站，http://www.doingbusiness.org/en/doingbusiness。

（3）与其他经济体的比较

本报告特别关注了典型经济体以及其他金砖国家的营商环境情况，比较我国与这些经济体营商环境的表现（见表 5-3）。在 190 个经济体中，2019 年度营商环境便利程度分数最高的是新西兰，得分为 86.59 分；其次为新加坡，得分为 85.24 分；中国香港地区和韩国分别排名第四和第五；美国和英国分别排名第八和第九。《2019 年营商环境报告》中，排名前 18 位的便利指数得分都在 80 分以上，而排名第 19—61 名的经济体便利指数在 70—80 分之间（不包括 80 分）。我国 2019 年营商环境报告达到 70 分以上。金砖五国中，2019 年俄罗斯排名相对较高，为第 31 名，得分 77.37 分，高于我国的名次；而印度、南非和巴西分别排名为第 77、第 82 和第 109，均低于我国的名次。

2018 年与 2019 年营商环境报告相比，排在前 10 名的经济体不变，部分经济体位次发生些微变化，而排位靠后的经济体序列变动较大。从金砖五国看，2019 年我国名次提升最快，提升了 32 个名次，印度也提升了 23 个名次，从 2018 年的第 100 名提升到 2019 年的第 77 名，巴西提升 16 个名次，从第 125 名提升到第 109 名，南非名次仍维持在第 82 名不变（便利指数得分从 64.89 分提升至 66.03 分）。从区域看，在东亚亚太地区 25 个经济体中①，中国内地营商便利程度分数排名第六，东亚亚太地区排名前五名的经济体分别为新加坡（全球第 2 名）、中国香港地区（全球第 4 名）、中国台湾地区（全球第 13 名）、马来西亚（全球第 15 名）、泰国（全球第 27 名）。

表 5-3 2018 年和 2019 年典型经济体营商环境排名和得分

经济体	2019 年 DB 排名	2019 年 DB 得分	2018 年 DB 排名	2018 年 DB 得分
新西兰	1	86.59	1	86.55
新加坡	2	85.24	2	84.57
丹麦	3	84.64	3	84.06
中国香港	4	84.22	5	83.44
韩国	5	84.14	4	83.92
格鲁吉亚	6	83.28	9	82.04
挪威	7	82.95	8	82.16
美国	8	82.75	6	82.54
英国	9	82.65	7	82.22
德国	24	78.90	20	79.00
俄罗斯	31	77.37	35	75.50
法国	32	77.29	31	76.13
日本	39	75.65	34	75.68

---

① 《2019 年营商环境报告》东亚和亚太地区所包括的经济体共 25 个，分别为：文莱、柬埔寨、中国、斐济、中国香港、印度尼西亚、基里巴斯、老挝、马来西亚、马绍尔群岛、密克罗尼西亚、蒙古国、缅甸、帕劳、巴布亚新几内亚、菲律宾、萨摩亚、新加坡、所罗门群岛、中国台湾、泰国、东帝汶、汤加、瓦努阿图、越南（按英文名称排序）。

经济体	2019 年 DB 排名	2019 年 DB 得分	2018 年 DB 排名	2018 年 DB 得分
中国	46	73.64	78	65.29
印度	77	67.23	100	60.76
南非	82	66.03	82	64.89
巴西	109	60.01	125	56.45

注：表中 2018 年 DB 排名和得分根据 2018 年营商环境报告数值，其数值与 2019 年报告根据 2019 年 DB 方法调整后的数值有所差别，DB 为营商环境报告。

上文已介绍我国十大监管领域表现的排名情况，部分项目表现较好，部分领域表现相对落后，即执行合同、获得电力、登记财产和开办企业这四大监管领域排名已进入前30 名；而办理破产、保护少数投资者、跨境贸易、获得信贷这四个领域表现处于全球中等略偏上水平，在纳税和办理施工许可证方面表现相对落后。图 5-2 反映的是中美两国在不同领域的营商环境表现情况。2019 年营商环境报告中，美国营商便利指数排名第 8 位。我国与美国相比，在"执行合同""获得电力""登记财产""开办企业"这四个领域排名高于美国，其中我国在"获得电力"方面优势明显，美国在"获得电力"方面排名第 54 位，我国在第 14 名。在其他六大领域，美国表现均高于我国，特别是美国在"办理破产""获得信贷"的便利性均排第 3 名，而我国排名分别为第 61 名和第 73 名；在"跨境贸易""办理施工许可证"以及"纳税"领域，美国表现也较高，排在第 30 名左右，我国"跨境贸易"排在第 65 名，而在"纳税"和"办理施工许可证"方面远远落后于美国。

与全球 190 个经济体在各领域的平均得分以及 OECD 高收入经济体得分平均数的比较（见图 5-3），我国 2019 年总得分（73.64 分）高于所有经济体平均值（62.52 分），但低于 OECD 高收入经济体平均值（76.08 分）。从十个领域表现分值看，对于全球而言，平均分值最低的是"办理破产"项目，平均得分为 44.89 分，平均得分最高的是"开办企业"，平均分值达到 83.61 分。因此平均而言，全球经济体在不同领域的表现差异甚大，在"办理破产""获得信贷"（全球平均值 52.32 分）、"保护少数投资者"（全球平均值 53.72 分）和"执行合同"（全球平均值 55.95 分）这四大领域，多数经济体需要予以改善。OECD 高收入经济体在所有领域得分的平均值均高于全球平均值。我国与全球经济体平均值相比，在"纳税"和"办理施工许可证"两大领域低于全球平均值，在其他领域均高于全球平均值。我国与 OECD 高收入经济体相比较，高于OECD 经济体平均值的领域包括"开办企业""获得电力""登记财产""执行合同"这四个领域，在另外六个领域，我国均低于 OECD 高收入经济体平均值，其中"纳税"指标得分的差距最大，我国 2019 年报告"纳税"指标为 67.53 分，而 OECD 平均值为80.27 分，比我国高出 12.74 分。

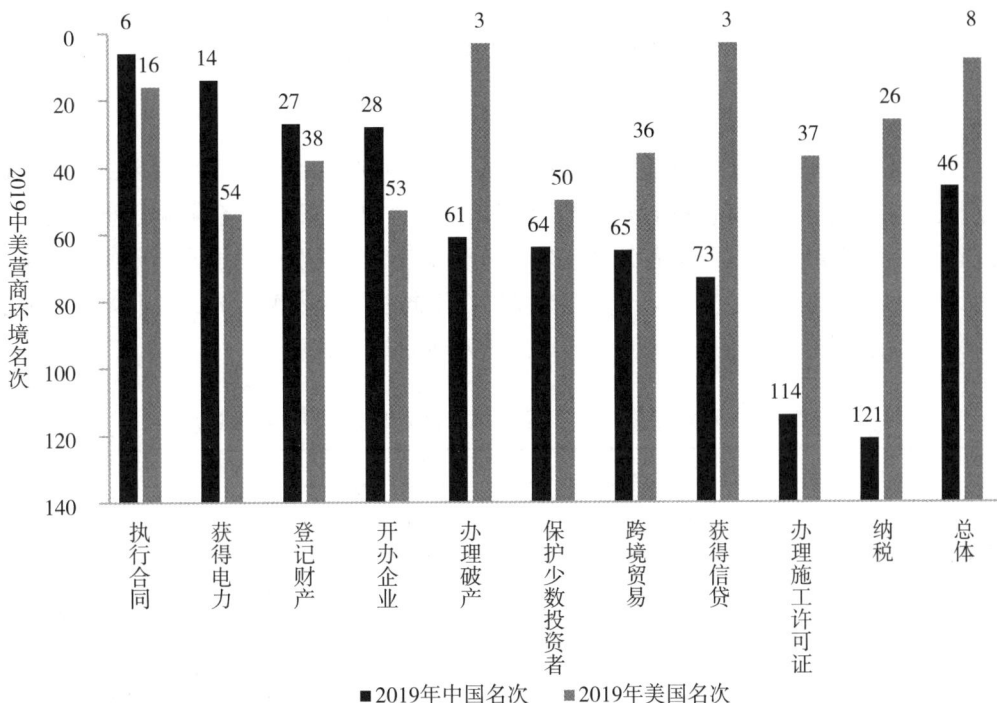

图 5-2　2019 年中美两国营商环境全球排名比较

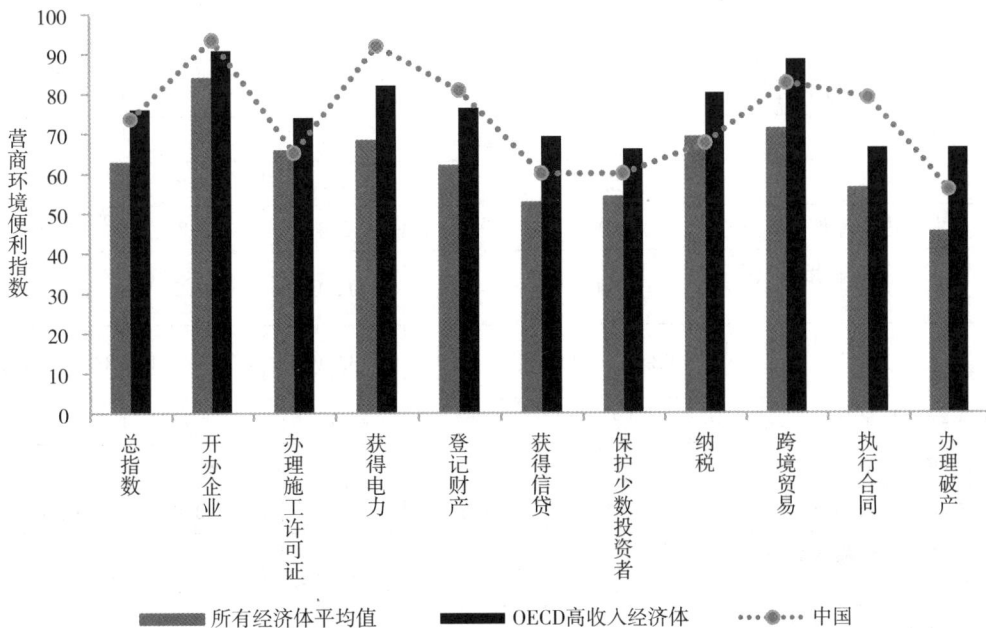

图 5-3　中国与所有经济体、OECD 高收入经济体营商环境分值比较

二、我国营商环境分领域表现

上一节介绍我国在十大商业监管领域的便利指数得分，这十大领域指数由不同指标所构成，只有通过了解具体指标的表现和变化情况才能真正了解各领域得分高低的原因。下面就典型经济体和我国各领域表现的详细比较予以说明，我国及部分典型经济体在各领域的主要指标见表5-4。本节根据我国在不同领域的表现情况，将十大领域分三部分讨论，分别为表现较好、表现中等以及相对落后的领域。

表5-4　典型经济体营商环境分领域指标比较（2019年报告）

指标 ＼ 国家（地区）	中国内地	中国香港	新加坡	美国	新西兰
总排名（总分数）	73.46（46）	84.22（4）	85.24（2）	82.75（8）	86.59（1）
1. 开办企业（0—100分）［总分数（排名）］	93.52（28）	98.15（5）	98.23（3）	91.23（53）	99.98（1）
手续（数量）	4	2	2	6	1
时间（天数）	8.6	1.5	1.5	5.6	0.5
成本（占人均收入%）	0.4	1.1	0.4	1.0	0.2
最低实缴资本（占人均收入%）	0.0	0.0	0.0	0.0	0.0
2. 办理施工许可证（0—100分）［总分数（排名）］	65.16（121）	88.24（1）	84.73（8）	77.88（26）	86.40（6）
手续（数量）	20.4	11	10	15.8	11
时间（天数）	155.1	72	41	80.6	93
成本（占仓库价值%）	2.9	0.6	3.4	0.8	2.2
建筑质量控制指数（0—15分）	11.1	14.0	12.0	11.2	15.0
3. 获得电力（0—100分）［总分数（排名）］	92.01（14）	99.34（3）	91.33（16）	82.15（54）	83.98（45）
手续（数量）	3	3	4	4.8	5
时间（天数）	34	24	30	89.6	58
成本（占人均收入%）	0.0	1.3	23.3	22.9	68.0
供电可靠性和电费透明度指数（0—8分）	6	8	7	7.2	7
4. 登记财产（0—100分）［总分数（排名）］	80.80（27）	73.55（53）	83.14（21）	76.87（38）	94.89（1）
手续（数量）	3.6	5	6	4.4	2

国家（地区） 指标	中国内地	中国香港	新加坡	美国	新西兰
时间（天数）	9	27.5	4.5	15.2	1
成本（占财产价值%）	4.6	7.7	2.9	2.4	0.1
土地管理质量指数（0—30分）	23.7	27.5	28.5	17.6	26.5
5. 获得信贷（0—100分）［总分数（排名）］	60.00（73）	75.00（32）	75.00（32）	95.00（3）	100.00（1）
合法权利力度指数（0—12分）	4	7	7	8	12
信贷信息深度指数（0—8分）	8	8	8	11	8
信贷局覆盖率（占成人数%）	98.1	100	60.9	100.0	100.0
信贷登记机构覆盖率（占成人数%）	0.0	0	0.0	0.0	0.0
6. 保护少数投资者（0—100分）［总分数（排名）］	60.00（64）	78.33（11）	80.00（7）	64.67（50）	81.67（1）
披露程度指数（0—10分）	10	10	10	7.4	10
董事责任程度指数（0—10分）	1	8	9	8.6	9
股东诉讼便利度指数（0—10分）	5	9	9	9	9
股东权利指数（0—10分）	7	7	7	4	7
所有权和管理控制指数（0—10分）	4	5	5	4.4	7
企业透明度指数（0—10分）	9	8	8	5.4	7
7. 纳税（0—100分）［总分数（排名）］	67.53（114）	99.71（1）	91.58（8）	84.14（37）	91.08（10）
纳税次数（每年）	7	3	5	10.6	7
时间（小时数/每年）	142	34.5	64	175	140
总税收和缴费（占利润%）	64.9	22.9	20.6	43.8	34.6
报税后流程指数（0—100分）	50.00	98.85	71.97	94.04	96.90
8. 跨境贸易（0—100分）［总分数（排名）］	82.59（65）	95.04（27）	89.57（45）	92.01（36）	84.63（60）
出口时间（小时）：单证合规	8.6	1	2	1.5	3

国家（地区） 指标	中国内地	中国香港	新加坡	美国	新西兰
出口时间（小时）：边界合规	25.9	1	10	1.5	37
出口成本（美元/箱）：单证合规	73.6	12	37	60	67
出口成本（美元）：边界合规	314	0	355	175	337
进口时间（小时）：单证合规	24	1	3	7.5	1
进口时间（小时）：边界合规	48	19	33	1.5	25
进口成本（美元/箱）：单证合规	122.3	57	40	100	80
进口成本（美元/箱）：边界合规	326	266	220	175	367
9. 执行合同（0—100分）[总分数（排名）]	78.97（6）	69.13（30）	84.53（1）	72.61（16）	71.48（21）
时间（天数）	496.3	385	164	420	216
成本（占索赔额%）	16.2	23.6	25.8	30.5	27.2
司法程序质量指数（0—18分）	15.5	10.0	15.5	13.8	9.5
10. 办理破产（0—100分）[总分数（排名）]	55.82（61）	65.69（44）	74.33（27）	90.91（3）	71.81（31）
时间（年数）	1.7	0.8	0.8	1.0	1.3
成本（占不动产价值%）	22.0	5.0	4.0	10.0	3.5
回收率（%）	36.9	87.2	88.8	81.8	84.1
破产框架力度指数（0—16分）	11.5	6.0	8.5	15.0	8.5

资料来源：世界银行《2019年营商环境报告》。

1. 排名进入前30名的领域

我国2018年排名进入前30名的领域包括：开办企业（第28名）、获得电力（第14名）、登记财产（第27名）、执行合同（第6名），是我国表现最佳的四个领域。下文分别阐述我国在相应领域的表现。

（1）开办企业

"开办企业"指标衡量创办企业所需要的程序、时间、成本以及最低实缴资本要求，"开办企业"根据这四个因素得分简单平均获得。营商环境报告所假设的情景是五个企业家创办设立一家当地的有限责任公司。根据 2019 年报告，我国在"开办企业"方面表现较好，排名第 28 位，得分为 93.52 分（见表 5-4 和表 5-5），基本与 OECD 高收入经济体持平。在各项分指标方面，我国开办企业平均需要 4 个手续，平均 8.6 天，所需成本占人均收入约 0.4%，其中上海所需时间比北京要多 1 天，上海需要 9 天，而北京为 8 天，上海所需平均成本也略高于北京，北京成本接近 0，而上海所需成本占人均收入约 0.7%（见表 5-5）。

与其他经济体相比，新西兰在"开办企业"领域的表现最佳，得分为 99.98 分。在新西兰，开办相应企业所需要的时间仅半天，手续数量 1 个，成本占人均收入约 0.2%，最低实缴资本接近 0。虽然我国在"开办企业"的总得分与新西兰差距不大，但各项指标仍有改善空间，特别是在所需要的时间方面仍有较大改善空间。与该领域排名相对靠后的美国（第 53 名）相比，我国在手续数量和成本方面的表现优于美国，但在所需时间天数方面，美国平均所需天数为 5.6 天，比我国要低（见表 5-4）。金砖五国中（见表 5-5），我国在"开办企业"方面排名最高，其次为俄罗斯（全球排名第 32 位），南非、印度、巴西排名较为落后，均在第 100 名以外。

表 5-5 2019 年典型经济体"开办企业"主要指标比较

经济体	2019 开办企业排名	2019 开办企业得分	手续（数量）	时间（天数）	成本（占人均收入%）	最低实缴资本（占人均收入%）
新西兰	1	99.98	1	0.5	0.2	0
俄罗斯	32	93.04	4	10.1	1.1	0
中国	28	93.52	4	8.6	0.4	0
中国北京	—	93.7	4	8	0	0
中国上海	—	93.37	4	9	0.7	0
印度	137	80.96	10	16.5	14.4	0
南非	134	81.22	7	40	0.2	0
巴西	140	80.23	10.6	20.5	5	0

注：数据来源于世界银行《2019 年营商环境报告》，另原报告中手续数量、时间和成本分为男性和女性，表中各经济体或城市的相应指标表现不受性别影响。

（2）获得电力

"获得电力"反映企业获取电力的便利性程度，根据企业获取电力所需手续数量、时间、成本以及供电可靠性和电费透明度指数这四方面分数计算得到[1]，其中供电可靠性和电费透明度指数得分在 0—8 分之间，根据停电持续时间和频率、停电处理方式、电费透明度和可获得性等六方面进行赋值。2018 年，我国在"获得电力"方面的表现较好，与法国并列第 14 名，得分为 92.01 分，上海和北京在四个指标方面的得分相同

---

[1] 2010—2015 营商环境报告中"获取电力"指标计算不包括供电可靠性和电费透明度指数。

（见表5-6）。在"获取电力"方面，2018年表现最佳的经济体为阿联酋，得分为100分，排名第二为韩国。与阿联酋相比，我国办理各类手续所需时间较长，为34天，而阿联酋仅需要10天，韩国仅需要13天。在供电稳定度和电费透明度方面，我国得分为6分，而排名靠前的经济体多为8分。

一些整体营商环境排名靠前的发达经济体在"获得电力"上表现一般，其主要原因是电力成本较高，如新西兰"获得电力"所需平均成本约占人均收入达68.0%，因此排名仅第45名，美国在"获得电力"所需手续数量、所费时间和成本也较高，其获取电力所需成本占人均收入的22.9%，因此美国在"获得电力"方面仅排在第54名（见表5-4）。韩国、德国、英国等经济体在"获取电力"方面所需成本虽然也较高，但其所需天数、供电可靠性和电费透明度指数方面表现较好，使得总得分提高。在金砖国家中，仅南非在"获取电力"方面比较靠后，排在第109名，主要原因是企业连接电力所需要的时间和成本均偏高，而俄罗斯排名第12名，印度和巴西分别排在第24名和第40名。相对于其总体营商环境排名，金砖国家在"获得电力"方面的排名相对靠前。

表5-6　2019年典型经济体（城市）"获得电力"主要指标比较

经济体（城市）	获得电力排名	获得电力得分	手续（数量）	时间（天数）	成本（占人均收入%）	供电可靠性和电费透明度
阿联酋	1	100	2	10	0	8
韩国	2	99.89	3	13	35.2	8
俄罗斯	12	94	2	73	5.7	8
中国	14	92.01	3	34	0	6
印度	24	89.15	3.5	55	29.5	6.5
南非	109	68.79	5	109	156.7	4
巴西	40	84.37	4	64.4	52.5	6

资料来源：世界银行《2019年营商环境报告》。

（3）登记财产

"登记财产"得分是财产登记所需手续数量、时间、成本以及土地管理质量指数这四方面指标得分的简单平均，一方面反映企业转移财产使用权所需要的各类手续、时间和费用，以及转移财产的便利程度；另一方面构建土地管理质量指数，以反映各经济体土地行政管理情况。土地管理质量指数反映各经济体土地管理的运作效率和透明度情况，由五个指数组成，分别为基础设施可靠性指数、信息透明度指数、地理覆盖指数、土地争议解决指数以及平等获得产权指数，主要衡量内容见表5-7。

表5-7　土地管理质量指数分指标主要衡量内容

分指标	分指标主要衡量内容
1. 基础设施可靠性指数（0—8）	评估土地登记处和土地清册是否有足够基础设施，以保证高标准操作和减少错误风险
2. 信息透明度指数（0—6）	评估土地管理系统是否公开土地相关信息
3. 地理覆盖指数（0—8）	评估土地登记和土地清册提供私人地块的地理覆盖范围程度
4. 土地争议解决指数（0—8）	衡量冲突解决机制的可及性以及记录土地交易的实体机构或代理人的责任范围
5. 平等获得产权指数（-2—0）	评估已婚或未婚妇女是否有平等的财产获取权

资料来源：世界银行《2019年营商环境报告》。

　　我国在"登记财产"方面表现不错，2018年排名第27位，得分为80.80分，高于美国、德国、法国。2018年"登记财产"得分最高的是新西兰，新西兰登记财产所需手续仅2个，平均时间为1天，成本仅占财产价值的0.1%（见表5-4）。我国平均需要3.6个手续，其中北京为3个，上海为4个；在时间方面我国需要9天，比新西兰、新加坡所需时间长，但比中国香港地区、美国等经济体要少。在"登记财产"方面，传统发达国家的得分和排名并不高，2019年报告中，在"登记财产"方面排名前10的国家依次为新西兰、卢旺达、立陶宛、格鲁吉亚、白俄罗斯、爱沙尼亚、阿联酋、吉尔吉斯斯坦、斯洛伐克、瑞典和丹麦。

　　从土地管理质量指数看（见表5-8），我国得分为23.7分，其中上海23.5分，北京24分，虽低于新西兰、新加坡和中国香港等经济体，但高于美国、德国，表现较好。与新西兰、新加坡相比，我国土地管理质量指数中的信息透明度指数和地理覆盖指数偏低，特别是地理覆盖指数，我国得分为4分，新西兰和新加坡得分为满分，即8分。在金砖五国中，俄罗斯在这方面表现较佳，2018年度排名第12位，但印度、南非和巴西的表现则较为滞后，印度在"登记财产"方面排名全球第166位，得分仅为43.55分。

表5-8　2018年典型经济体（城市）"登记财产"土地管理质量指数比较（2019年报告）

经济体（城市）	登记财产排名	登记财产得分	土地管理质量指数	基础设施可靠性指数	信息透明度指数	地理覆盖指数	土地争议解决指数	平等获得产权指数
新西兰	1	94.89	26.5	8	4.5	8	6	0
新加坡	21	83.14	28.5	8	5.5	8	7	0
中国香港	53	73.55	27.5	8	6	8	5.5	0
美国	38	76.87	17.6	7	3.2	4	3.4	0
德国	78	65.70	22	7	2	8	5	0
俄罗斯	12	88.74	26	8	6	4	8	0
法国	96	63.33	24	7	3	8	6	0
中国	27	80.80	23.7	8	4	4	7.8	0

经济体（城市）	登记财产排名	登记财产得分	土地管理质量指数	基础设施可靠性指数	信息透明度指数	地理覆盖指数	土地争议解决指数	平等获得产权指数
中国北京	—	82.18	24	8	4.5	4	7.5	0
中国上海	—	79.68	23.5	8	3.5	4	8	0
印度	166	43.55	8.7	2	3.2	0	3.5	0
南非	106	59.32	15	5	3.5	2	4.5	0
巴西	137	51.94	13.8	4.6	3.7	2	3.5	0

资料来源：世界银行《2019年营商环境报告》。

（4）执行合同

"执行合同"根据经济体"执行合同"所需时间、成本以及司法程序质量指数（quality of judicial processes index）得分计算得到，其中"执行合同时间"为原告决定在法庭上诉、审判到判决执行获得赔偿这三个阶段的平均时间，"执行合同成本"包括律师费、法庭费用以及执行费用。司法程序质量指数反映法院系统的做法和实践，包括四个方面：法院结构和诉讼管理程序、案件管理、法院自动化和电子方式管理方法，以及替代性争议决绝方案，每个方面根据3类到6类不同因素进行赋值。

2018年度，我国在执行合同领域排名第6位，得分为78.97分，是我国十大商业监管领域表现最好的领域。2018年度，该领域表现最好的经济体是新加坡，得分84.53分（见表5-4）。与其他经济体相比，我国在"执行合同"方面表现较好的指标是较低的执行合同成本和较高的司法程序质量指数。2018年执行合同平均成本为索赔额的16.2%，其中北京为17.5%，上海为14.1%，相比之下，新加坡和中国香港地区执行合同平均成本分别达到索赔额的25.8%和23.6%，美国则高达30.5%，OECD高收入经济体平均需要21%的索赔额。在司法程序质量指数方面，我国得分为15.5分（满分为18分），其中上海15分，北京16分，我国司法程序质量指数平均得分与新加坡相同。相比之下，我国在"执行合同"领域总体排名虽然靠前，但所需要花费的时间比较长，主要集中于审判判决时间和判决执行时间，平均耗费时间为496.3天，其中上海略低，所需时间为485天，而北京为510天。相比之下，新加坡所费时间仅为164天，"执行合同"排名第30位的中国香港所需时间为385天，也低于我国大陆地区。

2. 处于中等排名的领域

十大领域中，我国2018年度四个方面表现的排名处于中等水平，其中"获得信贷"第73名、"保护少数投资者"第64名、"跨境贸易"第65名、"办理破产"第61名。

（1）获得信贷

"获得信贷"衡量两方面制度环境，一是担保交易中借方和贷方的合法权利，使用合法权利力度指数来衡量；另一方面是信贷信息收集情况，使用信贷信息深度指数来衡量。这两大指数经过转换成分数后，再加权得到总分，其中合法权利力度指数权重为60%，信贷信息深度指数权重为40%。合法权利力度指数根据12个方面衡量，得分为0—12分，其中10个方面与担保法中法律权利有关，两个方面与破产法的法律权利有关，主要衡量不动产担保权、担保抵押登记制度以及担保债权人的各类权利等方面。信贷信息深度指数根据8个方面衡量，得分为0—8分，考虑信贷信息覆盖主体情况、数据存储年限、对负面和正面信息的处理方式等。另外，营商环境还报告信贷局（credit bureau）或征信登记机构（credit registry）数据覆盖率（占成人数比重）①。

2018年，我国"获得信贷"方面的表现排名第73位，得分为60分（见表5-9）。2018年，"获得信贷"方面得分最高的是新西兰，得分为100分，在合法权利力度指数和信贷信息深度指数方面均获得满分。我国在信贷信息深度指数方面获得满分，表明我国信贷信息收集制度运作良好；但在合法权利力度指数方面仅获得4分，远低于12分满分的情况，表明在担保抵押融资制度方面仍存较大改善空间。美国和俄罗斯合法权利力度指数分别达到8分和9分。与其他金砖国家相比，我国合法权利力度指数低于印度（9分）、南非（5分）和俄罗斯（9分），仅高于巴西（2分）。在信贷局或信贷登记机构覆盖率方面，我国征信机构由公共部门即中央银行征信中心运行，因此私人部门运行的信贷局覆盖率为0，而信贷登记机构覆盖率已达到98.1%，虽未达到100%的成人覆盖率，不过比例已较高，进一步表明我国信贷信息收集方面表现较好。

表5-9 2018年典型经济体（城市）"获得信贷"主要指标比较（2019年报告）

经济体（城市）	获得信贷排名	获得信贷得分	合法权利力度指数（0—12分）	信贷信息深度指数（0—8分）	信贷登记机构覆盖率（占成人数%）	信贷局覆盖率（占成人数%）
新西兰	1	100	12	8	0	100
俄罗斯	22	80	9	7	0	88
法国	99	50	4	6	47.1	0
中国	73	60	4	8	98.1	0
中国北京	—	60	4	8	98.1	0
中国上海	—	60	4	8	98.1	0
印度	22	80	9	7	0	55.9
南非	73	60	5	7	0	67.3
巴西	99	50	2	8	78.7	80.5

资料来源：世界银行《2019年营商环境报告》。

---

① 根据营商环境报告定义，信贷局是管理金融体系和信贷便利化机构中贷款人信息的私人企业或非营利组织，不包括那些不直接促进银行和其他金融机构信息交换的信用调查局。信贷登记处与信贷局不同的是，信贷登记处数据库由中央银行或银行监管部门等公共部门管理。

（2）保护少数投资者

"保护少数投资者"体现的是一个经济体对企业少数股东的保护制度。"保护少数投资者"指标分数是利益冲突指数和股东治理程度指数的简单平均①，其中利益冲突指数是三大指数的简单平均，包括披露程度指数、董事责任程度指数、股东诉讼便利度指数，是假设在特定情境下对关联交易的管理规定；股东治理程度指数也是三大子指数的简单平均，包括股东权利指数、所有权和管理控制指数以及企业透明度指数。换言之，"保护少数投资者"得分根据六大子指数得分的简单平均计算获得，六大子指数所衡量的内容见表5-10。

表5-10 "保护少数投资者"子指数及主要衡量内容

子指标	子指数及主要衡量内容
1. 利益冲突指数（0—10）	（1）披露程度指数（0—10分）：包括五个组成部分，衡量关联方交易的批准要求和信息披露要求
	（2）董事责任程度指数（0—10分）：包括七个组成部分，衡量董事会成员何时对关联方交易造成的损害承担责任以及可以对董事会成员采取何种惩罚手段
	（3）股东诉讼便利度指数（0—10分）：包括六个组成部分，衡量原告获取公司内部证据和收回法律费用的可能性
2. 股东治理程度指数（0—10）	（1）股东权利指数（0—10分）：包括十个组成部分，衡量股东在公司重要决策中的作用
	（2）所有权和管理控制指数（0—10分）：包括十个组成部分，反映股东对公司组织架构控制权的相关规则
	（3）企业透明度指数（0—10分）：包括十个组成部分，衡量企业必须披露的信息范围情况

资料来源：世界银行《2019年营商环境报告》。

表5-11 2018年典型经济体（城市）"保护少数投资者"主要指标比较（2019年报告）

经济体（城市）	保护少数投资者排名	保护少数投资者得分	披露程度指数	董事责任程度指数	股东诉讼便利度指数	股东权利指数	所有权和管理控制指数	企业透明度指数
新西兰	2	81.67	10	9	9	7	7	7
中国	64	60	10	1	5	7	4	9
中国北京	—	60	10	1	5	7	4	9
中国上海	—	60	10	1	5	7	4	9
印度	7	80	8	7	7	10	8	8
南非	23	73.33	8	8	8	8	7	5

① 这是2016—2019年营商环境的计算方法，与2004—2014年"保护少数投资者"分数计算方法有所不同。

续表

经济体 （城市）	保护少数 投资者 排名	保护少数 投资者 得分	披露 程度 指数	董事责任 程度指数	股东诉讼 便利度指数	股东权利 指数	所有权和 管理控制 指数	企业 透明度 指数
巴西	48	65	5	8	4	7	6	9
哈萨克斯坦	1	85	9	6	9	10	8	9
格鲁吉亚	2	81.67	9	6	9	7	9	9
阿塞拜疆	2	81.67	10	5	8	9	7	10
马来西亚	2	81.67	10	9	8	8	6	8
吉布提	2	81.67	8	8	10	7	9	7

资料来源：世界银行《2019 年营商环境报告》。

2018 年度，我国在"保护少数投资者"方面排名第 64 位，处于中等水平，得分为 60 分（见表 5-11）。2018 年，该领域表现最佳的经济体是哈萨克斯坦，得分并非满分，而是仅为 85 分，而并列第 2 名的经济体包括新西兰、格鲁吉亚、阿塞拜疆、马来西亚和吉布提。在六大子指数中，我国在披露程度指数方面获得满分，在企业透明度指数方面获得 9 分，表现较好，但在董事责任程度指数方面表现较差，仅获得 1 分。在"保护少数投资者"方面，美国表现也一般，排名在第 50 名（美国数据见表 5-4），而印度、南非、巴西在这方面排名相对靠前，分别为第 7、第 23 和第 48 名。

（3）跨境贸易

"跨境贸易"反映经济体在进出口贸易监管方面的表现，包括进口和出口的边界合规所需时间和成本、单证合规所需时间和成本共八个指标。边界合规指货物越过边境、港口检查所需的时间和成本；单证合规指在假设情景下，遵从政府进出口规定所需要准备文件、处理文件以及提交文件所需要花费的时间和费用。2018 年，我国跨境贸易指标排名第 65 位，得分为 82.59 分。虽然排名仍处于中等略偏下水平，但该指标得分比之前年份有了较大幅度提升，提升了 32 个名次（见表 5-4 和表 5-12）。2014—2017 年间，我国该指标名次在 97—99 名之间。北京和上海相比（见表 5-12），由于上海海关改革措施和上海自贸区国际贸易单一窗口改革，上海"跨境贸易"分数高于北京，前者 82.01 分，后者 83.06 分。实际上，我国自建立国际贸易单一窗口以来，贸易便利化水平已有了较大幅度提升，但可能是政府部门与世界银行营商环境项目组沟通不足，或受调查专家对部分指标的理解存在偏差等原因，许多改革措施没有及时反映在指标中。

2018 年，"跨境贸易"表现最佳的经济体均为欧盟成员方，共有 17 个国家并列排名第一，得分为 100 分，各指标与表 5-12 中法国一样①。我国与跨境贸易表现最佳经济体相比，单证合规和边境合规的时间和成本费用均存在相当大的差距，进出口单证合

---

① 与法国并列第一的其他经济体包括丹麦、荷兰、卢森堡、西班牙、葡萄牙、奥地利、斯洛文尼亚、捷克、斯洛伐克、罗马尼亚、比利时、波兰、匈牙利、克罗地亚和意大利，均为欧盟成员方。

规和边界合规成本尚未实现零费用。与中国香港地区、美国相比，各类指标也存在差距。与新加坡相比，我国仅在出口边界合规成本上低于新加坡。与其他金砖国家相比，我国在"跨境贸易"方面表现已相对较高。2018年，俄罗斯跨境贸易排名第99名，印度第80名，而南非和巴西分别为第143名和第106名。

表5-12 2018年典型经济体（城市）"跨境贸易"主要指标比较（2019年报告）

经济体（城市）	跨境贸易排名	跨境贸易分数	出口时间：单证合规	进口时间：单证合规	出口时间：边界合规	进口时间：边界合规	出口成本：单证合规	进口成本：单证合规	出口成本：边界合规	进口成本：边界合规
法国	1	100	1	1	0	0	0	0	0	0
中国	65	82.59	8.6	24	25.9	48	73.6	122.3	314	326
中国北京	—	82.01	10	24	29	48	78	125	325	315
中国上海	—	83.06	8	24	23	48	70	120	305	335
印度	80	77.46	14.5	29.7	66.2	96.7	77.7	100	251.6	331
俄罗斯	99	71.06	25.4	42.5	66	30	92	152.5	580	587.5
南非	143	59.64	68	36	92	87	55	73	1257	676
巴西	106	69.85	12	24	49	30	226.4	106.9	862	375

注：表中时间单位为小时数，成本单位为美元，数据来源于世界银行《2019年营商环境报告》。

（4）办理破产

"办理破产"衡量一个经济体在破产办理程序时间和成本方面的监管情况。根据营商环境报告，"办理破产"分数根据回收率和破产框架力度指数分值的平均值获得，其中破产框架力度指数根据破产办理程序中债权人和债务人的权利等因素，根据四类指数计算获得，分别为破产程序启动指数、债务人资产管理指数、破产重组程序指数、债权人参与指数（见表5-13）。一般而言，在破产办理程序中，债务人和利益相关主体维护其权利的方式和渠道越多，权利越大，破产框架力度指数越高。

表5-13 破产框架力度指数的主要构成

子指数	组成因子
1. 破产程序启动指数	指数值从0至3，数值越高，更容易启动破产程序
2. 债务人资产管理指数	指数值从0到6，数值越高，公司利益相关者在处理债务人资产方面处于更有利的地位
3. 破产重组程序指数	指数值从0到3，数值越高，表示更符合国际公认的做法
4. 债权人参与指数	指数值从0到4，数值越高，表明债权人参与度越高

资料来源：世界银行《2019年营商环境报告》。

2018 年度，我国在"办理破产"指标排名第 61 位，分数为 55.82 分，处于中等偏上名次（见表 5-14）。我国典型企业办理破产所需时间为 1.7 年，所需成本为企业资产价值的 22%，回收率仅 36.9%，而破产框架力度指数为 11.5 分。2018 年度，"办理破产"表现最好的是日本，得分为 93.45 分，第 2 名至第 4 名分别为芬兰、美国和德国（美国数据见表 5-4）。日本典型企业办理破产所需时间仅 0.6 年，远低于我国的 1.7 年，所需成本为企业资产价值的 4.2%，回收率高达 92.4%，而破产框架力度指数为 14 分。从"办理破产"排名靠前的经济体看，发达经济体得分较高，而发展中经济体得分相对较低。金砖五国中，俄罗斯排名相对靠前，为第 55 名，而印度相对落后，排在第 108 名。

表 5-14　典型经济体（城市）"办理破产"主要指标比较（2019 年报告）

经济体 （城市）	办理破产 排名	办理破产 分数	时间 （年数）	成本（占 不动产价值%）	回收率 （%）	破产框架力度指数 （0—16 分）
德国	4	90.12	1.2	8	80.4	15
俄罗斯	55	58.61	2	9	42.1	11.5
中国	61	55.82	1.7	22	36.9	11.5
中国北京	—	55.82	1.7	22	36.9	11.5
中国上海	—	55.82	1.7	22	36.9	11.5
印度	108	40.84	4.3	9	26.5	8.5
南非	66	54.49	2	18	34.5	11.5
巴西	77	48.48	4	12	14.6	13
日本	1	93.45	0.6	4.2	92.4	14
芬兰	2	92.81	0.9	3.5	88.3	14.5

资料来源：世界银行《2019 年营商环境报告》。

3. 排名相对落后的领域

2018 年，虽然我国营商环境总体排名有了较大提升，但在"纳税"和"办理施工许可证"这两大领域的排名仍在第 100 名之后，分别为第 114 名和第 121 名。

（1）纳税

该指标反映经济体在一个纳税年度内，中等规模企业必须缴纳的税收和政府强制性费用负担以及企业缴纳税费的行政负担和报税后遵从成本，具体指标包括每年纳税次数、纳税所需时间、总税收和缴费占利润比重以及报税后流程指数。报税后便利指数根据增值税退税遵从时间、获得退税时间、企业所得税遵从时间以及企业所得税汇算清缴花费时间计算获得。我国税收指标反映的是 2017 年 1 月 1 日到 2017 年12 月 31 日这一纳税年度情况。根据 2019 年报告，我国纳税指标排名较为靠后，190个经济体中排名第 114 位。纵向看，2012—2017 年，我国每年缴纳税收的时间花费上大幅减少，从 2012 年①的 318 个小时下降至 2017 年的 142 个小时；缴纳税收每年次数从 9 次下降为 7 次，而在税费比例上仅略有下降，总税收和缴费占利润百分比从 2012 年的 68.8%下降为 2018 年的 64.9%。2018 年企业所得税比率、劳动相关税费比率和其他税比率（均为占利润的比例）分别为 11.5%、45.4%和 8%，而 2012 年企业所得税比率、劳动相关税费比率和其他税比率分别为 10.6%、49.8%和 8.5%，因此税费负担上，我国企业所得相关税率有所上升，劳动相关税费有所下降。

2018 年，"纳税"表现最佳的经济体是中国香港地区，卡塔尔和阿联酋并列第 2 位，而爱尔兰排名第 4 位（见表 5-15），因此以避税港为特点的经济体在"纳税"方面的排名较高。美国 2018 年"纳税"排名第 37 位，虽然美国企业所需年纳税次数和时间分别为 10.6 次和 175 个小时，高于我国 7 次和 142 个小时，但美国税费总额占利润比例仅为 43.8%，我国则高达 64.9%。②

表 5-15　2018 年典型经济体（城市）"纳税"主要指标比较（2019 年报告）

经济体 （城市）	纳税 排名	纳税 得分	纳税 （每年次数）	时间 （每年小时数）	总税收和 缴费（占利润%）	报税后流程指数 （0—100 分）
中国香港	1	99.71	3	34.5	22.9	98.85
俄罗斯	53	79.77	7	168	46.3	73.14
中国	114	67.53	7	142	64.9	50
中国北京	—	69.02	7	142	61.4	50
中国上海	—	66.3	7	142	67.7	50
印度	121	65.36	11.9	275.4	52.1	49.31
南非	46	81.13	7	210	29.1	60.28
巴西	184	34.4	9.6	1958	65.1	7.8
卡塔尔	2	99.44	4	41	11.3	
阿联酋	2	99.44	4	12	15.9	
爱尔兰	4	94.46	9	82	26	92.93

资料来源：世界银行《2019 年营商环境报告》。

（2）办理施工许可证

"办理施工许可证"假设情形是企业建造一个库存仓库所需要的所有程序、时间、成本以及质量控制要求，其中质量控制要求反映对库存仓库的质量控制要求、质量控制严格程度、安全机制、责任和保险要求、专业认证等，通过建筑质量控制指数（building quality control index，分值范围为 0—15 分）反映。建筑质量控制指数分数越高，表明对建筑质量的要求越高。建筑质量控制指数分指标由监管质量控制

① 税收数据所反映的情况为前一个纳税年度。我国纳税年度为公历年份，2014 年《营商环境报告》反映的是 2013—2014 年的营商环境，而税收反映的是我国 2013 纳税年度情况。

② 关于纳税指标更详细的分析，可参见国家税务总局湖北省税务局课题组（2019）。

指数，施工前、施工中和施工后建筑质量指数，责任保险机制指数以及专业认证指数构成。

　　我国在"办理施工许可证"方面表现相对落后，2018年度排名第121位，得分65.16分。在"办理施工许可证"方面，我国所需耗费手续数量多，时间较长。2018年度平均手续为20.4个，其中上海19个、北京22个，平均所需时间155.1天，其中上海169.5天，北京所需时间较少一些，共137.5天（见表5-16）。相比之下，这方面排名第一的中国香港地区所需手续数量和时间上远远低于我国内地，例如手续数共11个，是北京的一半；香港所需时间也低于上海的一半，香港平均所需时间为72天，上海接近170天。在金砖五国中，我国在"办理施工许可证"方面的表现仅高于巴西（巴西排名第175位），俄罗斯、印度、南非分别排名第48、第52和第96位，均高于我国。在建筑质量控制方面，我国建筑质量控制指数与表现较好的经济体差距不大，如我国指数得分基本和美国相同，为11分左右，但与表现较好的经济体仍有差距，如新西兰达到15分，中国香港地区、俄罗斯、法国等经济体达到14分。从分指标看，我国主要在专业认证指数方面得分低于其他经济体，如我国在专业认证指数方面得分仅为1.1分，而新加坡、新西兰等表现经济体专业认证指数为4分，印度和南非也分别达到3.5分和4分。

109

表5-16　典型经济体"办理施工许可证"主要指标比较（2019年报告）

经济体	办理施工许可证排名	办理施工许可证得分	手续（数量）	时间（天数）	成本（占仓库价值%）	建筑质量控制指数	监管质量控制指数	施工前建筑质量指数	施工中建筑质量指数	施工后建筑质量指数	责任保险机制指数	专业认证指数
新西兰	6	86.4	11	93	2.2	15	2	1	3	3	2	4
新加坡	8	84.73	10	41	3.4	12	2	1	2	3	0	4
中国香港	1	88.24	11	72	0.6	14	2	1	2	3	2	4
美国	26	77.88	15.8	80.6	0.8	11.2	2	1	0.8	3	0.4	4
德国	24	78.16	9	126	1.2	9.5	1	2	2	2	0.5	3
俄罗斯	48	74.61	15.1	193.8	1.2	14	2	1	3	3	1	4
法国	19	79.3	9	183	3	14	2	1	3	3	2	3
中国	121	65.16	20.4	155.1	2.9	11.1	2	1	2	3	2	1.1
中国北京	—	62.05	22	137.5	3.7	10	2	1	2	3	2	0
中国上海	—	67.71	19	169.5	2.4	12	2	1	2	3	2	2
印度	52	73.81	17.9	94.8	5.4	14	2	1	2.5	3	2	3.5
南非	96	68.25	20	155	2	12	2	1	2	3	0	4
巴西	175	49.86	19.2	434	0.7	9	2	1	0	3	1	2

资料来源：世界银行《2019年营商环境报告》。

三、我国改善营商环境的主要改革举措

我国营商环境的改善是多年制度创新改革所累积的结果。世行全球指标局高级经理丽塔·拉马霍也指出，中国取得的改革成就是多年累积的结果①。根据世界银行《2019年营商环境报告》，我国2019年营商环境得以改善的主要相关措施以改进政府流程和手续为主，从国内改革看，我国各级政府正在积极推动的各项简政放权和"放管服"改革将继续推动改善我国的营商环境。

1. 改善营商环境的主要措施

根据《2019年营商环境报告》，我国在2017—2018年采取了提高各类政府业务流程效率的改革措施，使得营商环境得分大幅提升，成为东亚及太平洋地区唯一进入《2019年营商环境报告》的十大最佳改革者名单。《2019年营商环境报告》特别指出我国在电力连接、建筑许可流程改进以及国际贸易单一窗口建设等方面的改革所产生的影响。表5-17为世界银行所列举的相关领域改革项目，这些改革项目直接对营商环境便利指数提升产生了正向影响。从表5-17中可看出，我国2017—2018年间所采取的主要改革措施集中于政府手续和流程的改善，从而降低企业遵从监管规定所需时间和成本。

表5-17　2019年我国改善营商环境指数的相关改革项目

序号	监管领域	改革项目
1	开办企业	改进网上办理程序
2	办理施工许可证	缩短处理许可证申请的时间；简化程序；采用新建筑条例，提高透明度（北京）；减少费用；改进"一站式"服务；改进电子平台；网上服务
3	获得电力	简化审批程序；减少连接成本
4	登记财产	减少登记财产的时间；提高行政效率
5	保护少数投资者	扩大股东在公司管理中的作用；提高股东获取信息的权利
6	纳税	加强电子系统；减少劳动税和强制性费用征收（北京）；简化税务合规程序或减少缴纳税收手续；合并和免除部分税收项目
7	跨境贸易	引进出口和进口文件的电子提单和处理；改善进出口边境基础设施建设；改善海关管理和检查

资料来源：世界银行《2019年营商环境报告》。

---

① 《全球营商环境改革数量创出新纪录，世行大幅提升中国营商环境排名》，《经济参考报》2018年11月1日，http://www.xinhuanet.com/fortune/2018-11/01/c_1123643790.htm。

2. 我国推进营商环境国际化和法治化的主要改革

党的十八大以来，我国不断推动营商环境的法治化和国际化建设，对全面深化改革、加快转变政府职能作出了部署。中央和地方政府部门积极推进各项简政放权改革，特别推动以"放管服"改革和"营商环境"改善为重点的政府职能转变，许多改革以世界银行营商环境为标准，同时结合我国目前政府管理现状和特点以拓展。

（1）中央政府高度重视营商环境优化

党的十八大以来，2013年9月，我国设立首个国内自由贸易试验区——中国（上海）自由贸易试验区，在其《国务院关于印发中国（上海）自由贸易试验区总体方案的通知》（国发〔2013〕38号）中就明确要"着力培育国际化和法治化的营商环境"，其中许多内容的改革与营商环境特别是世界银行营商环境内容相近，例如要求政府监管要从"事前审批"为主转为备案制和"事中事后监管"，推动贸易和投资便利化，建立国际贸易单一窗口、商事登记制度改革等等。许多制度创新措施已逐步在自贸区外复制推广实施。2013年党的第十八届中央委员会第三次全体会议通过的《中共中央关于全面深化改革若干重大问题的决定》，在"加快完善现代市场体系"部分明确提出"建设法治化营商环境"的目标。2013年以来，中央政府各部门积极推动简政放权改革，深化"放管服"改革，以激发市场活力，推动创业创新。各类改革取得了相当大的成效。2013—2018年五年间，"放管服"改革取得了较好成绩，例如国务院部门行政审批事项削减44%，非行政许可审批彻底终结，中央政府层面核准的企业投资项目减少90%，行政审批中介服务事项压减74%，职业资格许可和认定大幅减少；中央政府定价项目缩减80%，地方政府定价项目缩减50%以上；全面改革工商登记、注册资本等商事制度，企业开办时间缩短三分之一以上。[①]

党的十九大以来，国务院继续深化"放管服"改革，多次部署推进简政放权改革，将优化营商环境作为重要改革内容，并提出借鉴国际经验，建立营商环境评价机制。[②]2018年7月，为全面推动政府职能转变和放管服改革，国务院成立了推进政府职能转变和"放管服"改革协调小组，其推动的许多改革事项与营商环境密切相关。政府职能转变和"放管服"改革协调小组下设优化营商环境组，该组负责牵头优化营商环境，具体职责包括：一是放权方面，推行全国统一的市场准入负面清单制度，扩大外资市场准入，促进民间投资，提升贸易便利化水平。二是监管方面，清理规范审批中介服务，推行依清单收费，清理规范涉企收费。三是服务方面，健全知识产权保护体系，加快公用事业改革，建立健全营商环境评价机制等。[③]

① 《不断将"放管服"改革推深做实》，《经济日报》2018年3月31日，http://www.gov.cn/guowuyuan/2018-03/31/content_5278755.htm。

② 《国务院部署进一步优化营商环境》，《经济日报》2018年1月7日，http://www.xinhuanet.com/politics/2018-01/07/c_1122220789.htm。

③ 《国务院办公厅关于成立国务院推进政府职能转变和"放管服"改革协调小组的通知》（国办发〔2018〕65号），http://www.gov.cn/zhengce/content/2018-07/25/content_5309035.htm。

（2）各地方政府积极对标营商环境标准，推动各项改革

营商环境改善需要中央和地方政府的上下联动。地方政府近年积极推动简政放权、"放管服"以及与营商环境改善相关的各项改革。2018年以来，各地方政府纷纷发布其营商环境改善计划或路线图，围绕营商环境各类指标推进相关改革。2018年10月，我国世行营商环境排名上升后，各级政府更是积极推动对标国际营商环境建设，山东、陕西、湖南等地陆续公布新一轮推动营商环境政策、规划优化营商环境"路线图"①。许多地方政府营商环境行动计划在对标世界银行指标体系的基础上，根据我国监管现状和特点，拓展改革范围和指标要求。以海南省发布的《海南省优化营商环境行动计划（2018—2019年)》为例，海南省营商环境行动计划在"开办企业"中纳入行业审批改革承诺、负面清单管理制度落实承诺以及重点产业领域开放等改革要求，在"获得信贷"指标方面将金融改革目标如中小企业融资支持纳入其中。虽然指标拓展合理性和可操作性尚可商榷，但地方政府积极以营商环境为标准推进各项改革的做法已成为转变政府职能的重要改革实践。

3. 世界银行营商环境衡量方法的局限性

世界银行营商环境采用特定衡量方法，这些方法既有其优势，但同时也存在局限性。政府部门推进营商环境改革时需要以更高的视角去看待指标和分值排名。世界银行营商环境报告也指出其衡量方法的优势和局限（见表5-18），例如为了实现经济体之间数据和结果指标的可比性，各类指标需要假设特定情景，这使得数据范围过小，许多指标不能反映整体情况；另外，营商环境指标反映的是国内企业情况，而在多数经济体，外国投资者往往面临不同的市场准入和监管限制。基于数据可比性和数据收集的成本效率等原因，各类指标体系都需要进行一定取舍。

表5-18 世界银行营商环境衡量方法的优势和局限

特征	优势	局限
标准化情景	各经济体各项数据具有可比性，方法更加透明	数据范围过小，仅能系统跟踪所衡量领域内的监管改革
专注于最大商业城市	数据易于收集和更具可比性	如经济体存在相当大的地区差异，则会降低指标的代表性
专注于国内企业和正规私营部门	对这类正规企业而言，法规的遵从是重要的，这类企业往往是效率较高的企业	无法反映非正规部门（当非正规部门在一些经济体中比重大且很重要），以及不能反映外国企业所面临的特别限制措施
依赖受访专家	数据反映特定领域内的专业人士认知	不能反映企业家的获得感和体验
专注于法律	指标具有可操作性，政策制定者可以通过改变法律来改进指标	若对法律缺乏遵守，监管变革将无法实现目标

资料来源：世界银行《2019年营商环境报告》。

---

① 《多地公布优化营商环境"路线图"》，《经济参考报》2018年12月10日。

　　营商环境是一个宽泛的概念，任何一个数据化的衡量指标体系都必须有所取舍，世界银行营商环境便利指数也是如此，其指标未能反映与投资环境和投资吸引力密切相关的重要因素：一是世界银行营商环境未涵盖经济体社会经济特征因素。世界银行营商环境指标主要关注商业监管法律法规和执行情况，未包括与企业发展密切相关的经济社会特征因素，例如宏观经济稳定性、市场规模、经济社会安全稳定情况、金融体系发展程度、政府行政能力等，而实际上这类因素是影响企业投资和发展十分重要的因素。二是《2019 年营商环境报告》现有指标往往只能反映相应领域的某些侧面，例如跨境贸易指标仅记录进出口货物所需时间和成本，未将关税和国际运输成本考虑在内；营商环境也未将交通基础设施状况考虑在内，而基础设施是许多发展中国家经济发展的重要瓶颈，世界银行以最大商业城市为样本的数据采集方法，使其无法采用交通基础设施指标。三是现有指标考虑的是对单个企业个体的影响和负担，未从更广义的范围来考虑营商环境，例如纳税指标仅将税费视为企业负担，但从更宏观层次看，税费所带来的公共支出项目增加可能产生更长远的正面影响，特别是人力资源改善、交通基础设施改善等。世界银行建议要综合其他指数来衡量一国经济环境和政策制度质量，同时建议在大型经济体进行地方城市研究，其主要目的不在于排名，而在于通过对标最佳表现，促使各经济体持续推进商业改革，不断改善企业生存发展的商业监管环境。

第六章　勇于担当：
世界贸易组织改革与中国角色

本章聚焦于世界贸易组织改革与中国的相关问题进行分析。

首先，本章就促使世贸组织改革提上议程的内外动因及必要性进行分析。本报告认为价值链贸易和数字贸易的蓬勃发展创新并拓展了国际贸易的模式和内涵，呼唤国际贸易和投资新规则的出现，特别是随着世界经济的全球化从贸易时代进入了投资时代，投资已经超越贸易成为全球化深化的最终表现。发展中国家的群体性崛起，特别是新兴经济体的迅速壮大打破了原有的国际经济格局，然而，发展中国家在传统的全球经济治理平台中的制度性话语权并未随着国际经济结构与力量对比的变化而得到根本性提升，因此新兴经济体和发展中国家群体呼吁对现有国际经贸体制进行改革。从世贸组织内部结构来看，世贸组织深陷"多哈困局"，现有谈判议程和谈判模式均已无法有效回应成员方的实际诉求。美国的单边主义和贸易保护行为破坏了世贸组织的基本准则，成为倒逼世贸组织进行改革的现实外在压力。

其次，本章对现有世贸组织改革方案进行解读。本报告首先对美日欧《联合声明》、欧盟《世界贸易组织改革初步建议》、渥太华部长级会议"三点共识"、《中国关于世贸组织改革的建议文件》进行全面分析与对比，梳理发达国家之间已具有普遍共识的议题，以及发达国家与中国之间存在的主要利益分歧。随后，本报告围绕世贸组织内对相关议题的规定和发达国家的最新诉求对世贸组织改革方案中的重点议题进行解读，主要包括美欧等发达国家提案中与中国利益特别相关的"发展中国家"议题，"非市场经济"议题，国有企业和工业补贴，强制性技术转移议题，以及目前世贸组织最紧迫的争端解决机制议题分别进行解读。

最后，本章聚焦于世贸组织与中国角色。本报告首先厘清了1992年至今中国在不同历史背景和发展阶段在世贸组织体制内义务的履行和责任的承担，明确了中国在此期间所承担的角色的转变。此外，在世界经济深刻调整、单边主义和保护主义抬头的背景下，本报告综述了《中国关于世贸组织改革的立场文件》中所提出的中国关于世贸组织改革的"三个基本原则和五点主张"，以及《中国关于世贸组织改革的建议文件》中的四大行动领域。

一、国际经贸环境的变化

1. 国际贸易模式的变革呼唤国际贸易和投资新规则

（1）价值链贸易的蓬勃呼唤国际贸易新规则的出现

随着信息通信技术的变革，运输成本的降低和跨国公司组织方式的变化，生产制造与服务的不同工序与任务被不断细分，并在全球范围内根据要素禀赋和价格差异进行最优配置，生产、服务、贸易与投资的"一体化综合体"①逐渐形成，发达国家和发展中成员在劳工、技术、资本等生产要素上的禀赋差异与互补性使得"南—北生产分割与共享"格局逐渐形成。以货物、投资、服务、专有知识、人员的双向跨境流动为显著标志的价值链贸易（Global Value Chain Trade）占国际贸易的比例逐渐提高，投资、服务对国际贸易的重要性日益增强。据世贸组织统计，自 2000 年起，东亚地区的中间品进出口占进出口总值的比例已分别高达 60% 和 50%。2001—2014 年，中间品贸易对货物贸易出口总值的增长贡献率显著大于最终品贸易占货物贸易出口总值的贡献率，与之类似，2008 年全球金融危机期间，中间品贸易对国际贸易的负面影响也显著大于最终品贸易。②

随着价值链贸易的发展和全球生产网络的形成，知识产权、标准、投资、竞争政策、劳工、环境等以规制融合为导向的边界内措施对国际贸易和跨境资本流动的制约效应日益凸显。在这种背景下，发达国家和领先型跨国公司倡导与呼唤新的全球贸易治理改革——构建基于价值链贸易的 21 世纪商业规则，以实现全球价值链中各工序和生产环节的"无缝对接"。然而，边界后措施触及各国法律主权管辖下的国内政策领域，参与国需放弃为实现公共政策而采取的管辖裁量权来换取"深层"贸易自由化的收益。巨大的执行成本以及在规制改革过程中存在的复杂性和不确定性大大降低了发展中国家群体在多边贸易体制中进行新规则谈判的动机和热情。它们担忧对新规则的设定与执行极有可能会削弱它们现有的竞争优势，同时也为发达经济体对其实行替代性的贸易壁垒（如苛刻的劳工与环境标准）提供新的口实。由于发展中国家对新规则谈判的抗拒与怀疑心理，世贸组织始终未能找到全面启动新规则谈判的破局良药。

目前世贸组织内并没有针对国际投资的多边协定，然而投资已超越贸易成为全球化的最新趋势。投资超越贸易并非是就二者的增长率或绝对值进行数值比较，而是指投资

---

① Baldwin R. , "Trade and Industrialization After Globalization's 2nd Unbundling：How Building a Supply Chain Are Different and Why It Matters?", *NBER Working Paper*, No. 17716, 2011.

② Elms D. K. and Low P. , *Global Value Chains in a Changing World*, Geneva：WTO, 2013.

与贸易的因果与逻辑关系。具体来看：第一，投资替代贸易。跨国公司对东道国的绿地投资常常是为了跨越贸易障碍、节约运输成本、贴近当地市场等，投资替代了进口。贸易自由化并没有消除这一投资需求。第二，投资创造贸易。跨国公司为了利用东道国的劳动力或自然资源而对东道国进行投资，其结果是直接提高了该国的生产出口能力。近几十年来，发展中国家的贸易发展广泛来自这一过程。第三，投资改变贸易。跨国公司将整个产品的部分生产阶段转移至东道国内，东道国承担该产品全球价值链中的一个生产环节。因此，东道国从跨国公司母国进口中间品或零部件，出口中间品或最终品，国际贸易的形式由传统的最终品贸易转变为中间品贸易，国际分工的形式由过去的产业间分工或产业内分工转变为产品内分工。[①]

（2）数字经济的兴起创新国际贸易的内涵

随着信息和通信技术的发展，互联网的普及度与数字贸易呈现出爆炸式增长态势。截至 2018 年 6 月 30 日，全球互联网用户数已达到 42.08 亿人，互联网渗透率达 55.1%。2000—2018 年，互联网用户增长了 1066%，预计到 2030 年，全球 75% 的人口将会拥有移动网络连接，60% 的人口将拥有高速有线网络连接。[②] 据《2020 全球跨境电商趋势报告》估计，2020 年全球跨境 B2C 电商市场规模将从 2014 年的 2300 亿美元增至 9940 亿美元，达到全球 B2C 电子商务市场总额的 29.3%、全球消费品贸易总额的 13.9%。[③]

与传统贸易相比，全球数字链和数字贸易在贸易主体、贸易方式、贸易形态、贸易流程上均有一定拓展和不同。数字贸易的最显著特点为货物和服务贸易的全方位"数字化"，并由此衍生出以互联网和信息技术为基础、贯穿于从签订数字合同到售后服务的"全球数字链"（见图 6-1）。实现了贸易主体由跨国公司向中小企业和个人网商的扩大，贸易方式由物联网向互联网的创新，贸易形态由集装箱式运输向小包裹式快递的转变，贸易流程由单线条、多环节向并联式、信息化的简化，贸易产品由大批量、标准化向碎片化、个性化的扩充。货物和服务交付的数字化在一定程度上缓解了距离、基础设施建设、物流等传统贸易壁垒对贸易的制约程度，但与此同时，数字产品的市场准入、数据的自由流动、网络安全等数字贸易所特有的新型贸易壁垒对贸易的制约程度不断凸显。[④]

2. 发展中国家与新兴经济体的群体性崛起打破了原有国际经贸格局

20 世纪 90 年代以前，西方七国集团（G7）[⑥] 主宰着全球贸易，但随着发展中国

---

① 张幼文：《开放型发展新时代：双向投资布局中的战略协同》，《探索与争鸣》2017 年第 7 期。

② 沈玉良等：《全球数字贸易促进指数报告 2018 概述》，待出版。

③ 阿里跨境电商研究中心和埃森哲战略公司：《全球跨境 B2C 电商市场展望：数字化消费重塑商业全球化》，2015 年。

④ 高疆：《全球数字链与数字贸易新规则》，《信息系统工程》2018 年第 5 期。

⑤ ITC, *Bringing SMEs onto the E-commerce Highway*, Geneva：ITC, 2016.

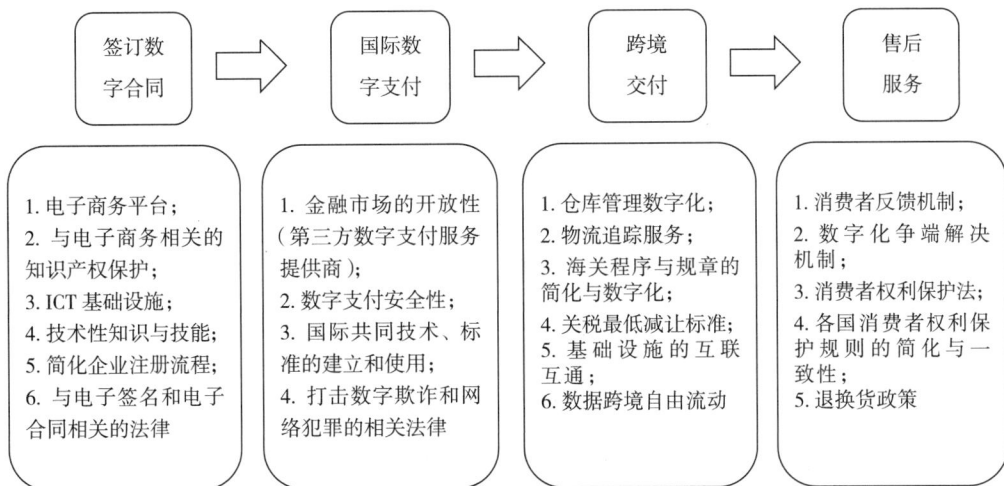

图 6-1 全球数字链及主要影响因素示意图

资料来源：笔者根据 ITC（2016）① 等资料整理得到。

家的迅速腾飞，发达国家不再具备主导国际贸易格局的条件与能力。如图 6-2 所示，G7 国家货物贸易、GDP 总值、出口占世界货物贸易、世界 GDP 总值、世界出口的比例分别由 1990 年的 51.57%、65.53%、52.06% 骤降到 2017 年的 31.6%、45.96%、35.2% 左右。② 相反，新兴市场国家和发展中国家通过承接离岸生产工序和任务吸引外国直接投资，对外贸易发展迅猛，对世界经济格局的影响日益增强。如图 6-3 所示，R7 国家③货物贸易、GDP 总值、出口占世界货物贸易、世界 GDP 总值、世界出口的比例分别由 1990 年的 6.32%、6.47%、5.94% 激增到 2017 年的 22.19%、23.56%、20.18%。

自 1978 年以来，对内改革和对外开放作为中国的两大基本国策贯穿中国经济发展的始终。经过 40 年的发展，中国货物贸易规模稳居世界第一，服务贸易跃居世界第二，对外投资规模连续 25 年居发展中国家首位。如图 6-4 所示，1978—2016 年，中国经济总量占世界经济总量的比重从 2.26% 攀升至 14.94%。特别是面对 2008 年全球金融危机的巨大冲击，2009—2016 年，中国平均经济增长速度仍然高达 8.1%，远超 2.5% 的世界平均水平。中国不仅成长为新兴经济体的核心力量，更对整个世界经济体系产生了举足轻重的作用和影响力。

---

① G7 国家包括美国、日本、德国、法国、意大利、英国、加拿大。

② 根据 UNCTAD 数据库计算所得。

③ R7 国家指 1948 年以来占世界货物贸易比重显著提升的 7 个国家，包括中国、印度、韩国、土耳其、印度尼西亚、泰国、波兰。R7 国家的界定源于 Baldwin R.，"WTO 2.0：Global Governance of Supply-Chain Trade"，CEPR Policy Insight，No. 64，2012。

（单位：%）

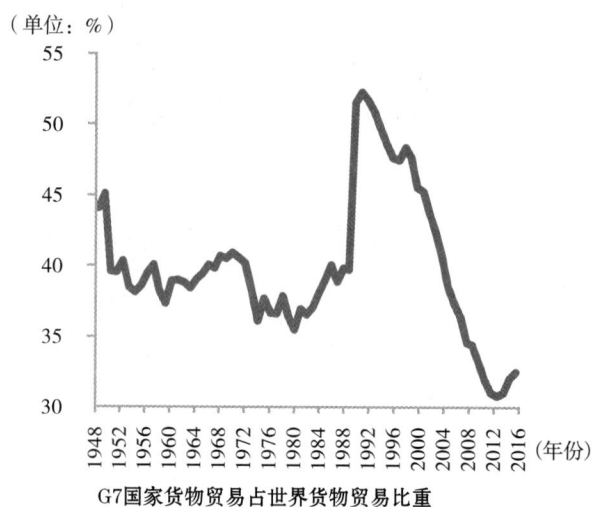

G7国家货物贸易占世界货物贸易比重

（单位：%）

G7国家GDP总值占世界GDP总值的比重

（单位：%）

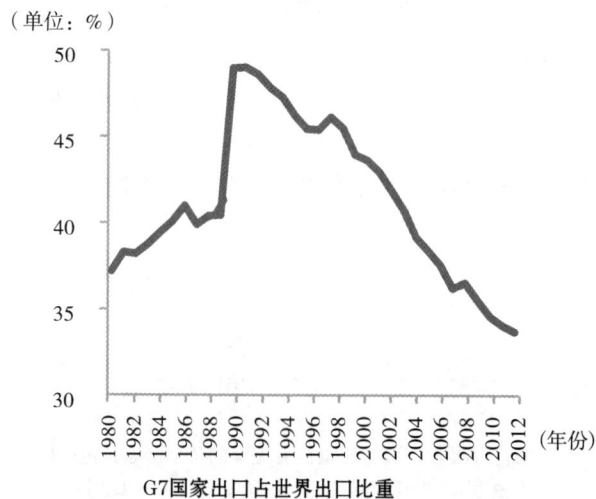

G7国家出口占世界出口比重

图6-2　G7国家占世界货物贸易、出口、GDP总值的比重

（单位：%）

R7国家货物贸易占世界货物贸易比重

（单位：%）

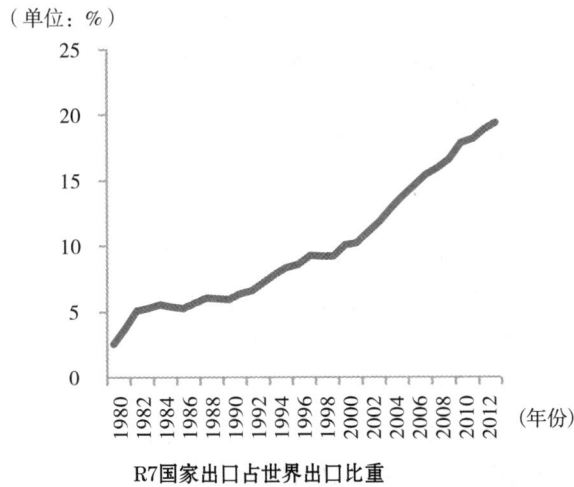

R7国家出口占世界出口比重

（单位：%）

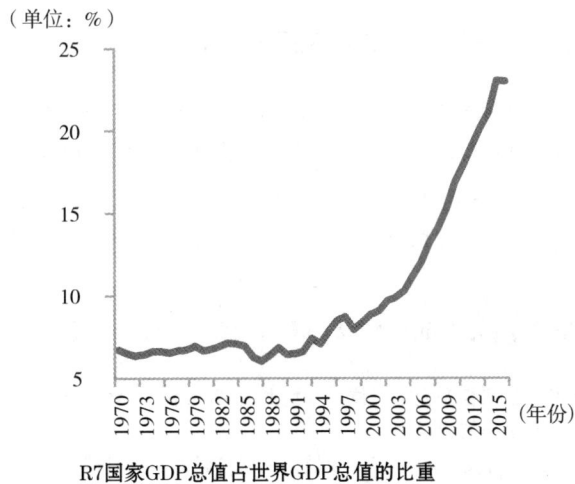

R7国家GDP总值占世界GDP总值的比重

图 6-3　R7 国家占世界货物贸易、出口、GDP 总值的比重

（单位：%）

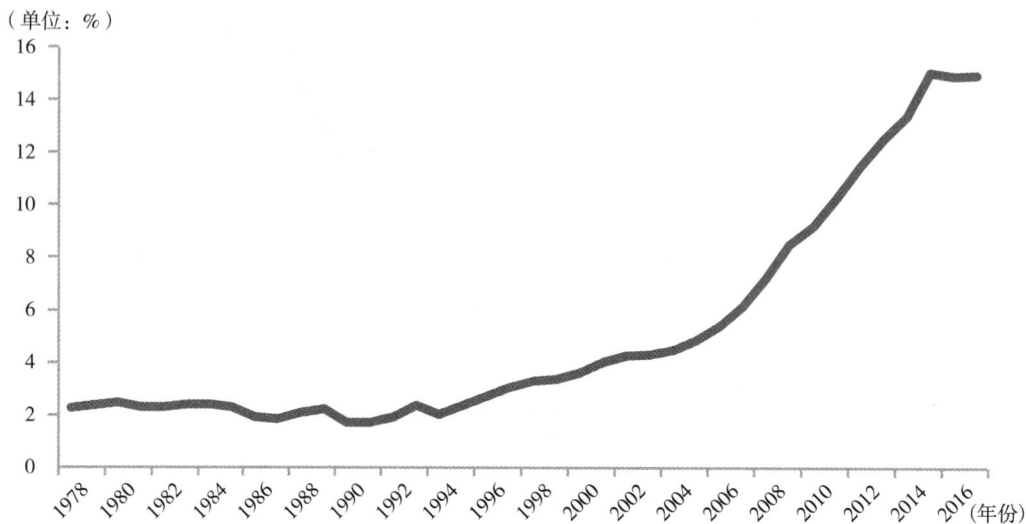

图 6-4　1978—2016 年中国经济总量占世界经济总量的比重

资料来源：笔者根据 UNCTAD 数据库计算得到。

然而，发展中国家在传统的全球经济治理平台中的制度性话语权并未随着国际经济结构与力量对比的变化而得到根本性提升，发达国家反而利用一切机会千方百计阻挠改革进程。① 2006 年国际货币基金组织（IMF）相继推出了份额与投票权治理改革，但是由于美国国会的阻挠致使该项改革一再被搁置，最终，美国国会于 2015 年 12 月才通过 2016 年拨款法案，使停滞五年之久的改革方案终于获批。虽然中国、巴西、印度、俄罗斯四国的份额投票权显著提升②，但是美国的份额（17.66%）和投票权（16.76%）依然最高，仍保留了一票否决权。③ 在世贸组织框架内，"多哈发展回合"曾一度接近达成最终协定，最终却三次因美国的反对而折戟。④

3. 世贸组织深陷"多哈困局"已无法有效回应成员方的实际诉求

（1）谈判议题：关税减让和多哈议程已不足以推进"多哈回合"谈判

关税削减承诺是乌拉圭回合取得成功的重要推手。在《关税与贸易总协定》（General Agreement on Tariffs and Trade，GATT）达成以前，各国的关税水平根据国内"政治最优关税"水平决定，本国出口商与进口品的关税水平并无直接关系。GATT 互

---

① 盛斌、高疆：《中国与全球经济治理：从规则接受者到规则参与者》，《南开学报（哲学社会科学版）》2018 年第 5 期。

② 其中，中国的份额和投票权升至第三位，分别由 3.996% 和 3.65% 升至 6.394% 和 6.07%。

③ IMF 重大议题都需要 85% 的通过率。

④ 2003 年 9 月，美国和欧盟之间就农产品议题上的分歧以及美国对棉花补贴，是造成坎昆会议失败的重要原因；2006 年 7 月，美国在农产品出口补贴上的坚持，使多哈回合陷入"无限期暂停"；2008 年 7 月，美国和印度在特殊保障机制议题上的巨大分歧，使得谈判再次破裂。

惠原则要求各国进行"平衡的关税削减"，外国进口关税水平与本国进口关税水平直接挂钩，关税削减和市场准入成为推动成员方进行谈判和磋商的主要驱动力，将发达成员之间的关税水平由非合作模式固定在合作模式中的最优水平。受"滚雪球"效应的刺激，一旦成员方开启互惠的关税削减，成员方国内出口获益集团具有强烈的政治经济动机诱发下一回合关税水平的进一步削减，直至关税的进一步削减所带来的边际收益为0。[①] GATT各回合平均约束关税削减幅度如表6-1所示。据世贸组织统计，GATT前八个回合的贸易谈判使得制成品平均税率从高于40%降至低于4%，极大地降低了各国关税壁垒，促进了20世纪传统贸易的蓬勃发展。

表6-1　GATT各回合平均约束关税削减幅度

	谈判日期（年）	关税削减幅度（%）	缔约方数量
日内瓦回合Ⅰ	1947	26	23
安纳西回合	1949	3	29
托奎回合	1950—1951	4	32
日内瓦回合Ⅱ	1955—1956	3	33
狄龙回合	1960—1961	4	39
肯尼迪回合	1963—1967	37	74
东京回合	1973—1979	33	99
乌拉圭回合	1986—1994	38	128
多哈回合	2001年至今	—	164

资料来源：笔者根据鲍德温（Baldwin，2015）[②] 整理得到。

进入多哈发展回合，关税减让已不足以成为推进"多哈回合"的动力。多哈议程继承于乌拉圭回合的未尽事宜，谈判议题（如表6-2所示）由关税、配额等边境上议题拓展为非关税壁垒、投资、知识产权等正向一体化导向的规制融合类议题。与《关税与贸易总协定》和《乌拉圭回合协定》相比，谈判议题从广度和深度上均有所超越，进一步增大了议题之间、成员方之间的利益分歧和谈判复杂度。此外，为融入全球价值链，降低贸易成本，提升出口竞争力，发展中成员均通过单边、双边、区域等形式不间断进行关税削减，目前各国实际的实施税率远低于约束税率，助推乌拉圭回合成功的关税谈判已无法在多哈回合中发挥同等作用。

---

① Baldwin R. ，"Understanding the GATT's Wins and the WTO's woes"，*CEPR Policy Insight*，No. 49，2010.

② Baldwin R. A.，"World without the WTO：What's at Stake?"，*CEPR Policy Insight*，No. 84，July 2015.

表6-2 多边贸易体制内谈判议题列表

议题	哈瓦那宪章（1947年）	GATT（1947年）	乌拉圭回合协定（1994年）	多哈回合
贸易与发展	√	√	√√	√√
地理标识	√	√	√√	√√
WTO规则	√	√	√√	√√
区域贸易协定	√	√	√	√√
农业	×	×	√	√√
服务	×	×	√	√√
知识产权	×	×	TRIPS	√√
投资	√	×	TRIMs；GATS	√
政府采购透明度	√	×	GPA	√
非农产品市场准入	×	×	×	√
竞争政策	×	×	×	√
环境	×	×	×	√
贸易便利化	×	×	×	√
电子商务	×	×	×	√

资料来源：笔者根据范·克拉斯特（VanGrasstek，2013）[1] 及其他相关资料整理所得。

（2）谈判模式："一揽子协定"和"协商一致"原则加剧世贸组织谈判难度

乌拉圭回合将谈判议题拓展至除关税和边境措施以外的《服务贸易总协定》《与贸易有关的知识产权》等议题，各个议题和新规则的谈判均为"一揽子协定"的构成要素，当且仅当成员方接受所有谈判议题，谈判方能结束并生效。当成员方追逐本国的"攻势利益"时，通过适度放弃本国守势利益平衡不同国家间的利益分歧，在一定程度上降低了议题的谈判难度，可在国际制度体系内实现就单独议题进行谈判时无法达成的谈判目标。[2] 例如，乌拉圭回合利用"回合"式谈判有效平衡了发达成员和发展中成员在知识产权和纺织品议题上的利益分歧，不仅满足了发达成员要求发展中成员在10年内逐步提高对知识产权的保护，同时符合发展中成员利益在10年内逐步增强对纺织品和服装的保护。"回合+一揽子协定"式的谈判模式助力乌拉圭回合谈判收获"三赢"局面：加快各成员方自由化进程，提高协定执行的公平性，改善协定透明度。

然而，"一揽子协定"决策模式使得议题复杂、利益交叉的多边谈判难以取得实质性进展。截至目前，世贸组织成员方数量已由128个扩大为164个，谈判议题由关税、配额等边境上议题逐步拓展为非关税壁垒、投资、知识产权等正向一体化导向的规制融合类议题，多边贸易体系中发展程度不同的成员方间的利益分歧与利益冲

---

[1] VanGrasstek C. , *The History and Future of the World Trade Organization*，Geneva：WTO，2013.

[2] Siebert H. ,"What Does Globalization Mean for the World Trading System?"，*Kiel Working Paper*，No. 856，1998.

突被进一步放大。成员方进行谈判的出发点由攻势利益转变为守势利益，各方对本国敏感性议题持谨慎态度，由此形成的守势联盟（即阻止其他成员方更好地进入本国市场的集团组织）数量远超攻势联盟（致力于促进更好地进入外国市场的利益联盟）。在这一背景之下，"一揽子协定"谈判模式不仅无法助力多边贸易协定的快速达成，还将拖累谈判整体进度，并使世贸组织多边贸易谈判陷入持续无解的困局之中。此外，"一揽子协定"谈判模式允许将本谈判回合的谈判难题通过"内置议题"（Build-in Agenda）的方式留待下一回合乃至未来若干回合进行谈判解决，这一模式将直接加剧下一回合谈判的难度。

"协商一致"原则是 GATT 的主要决策之一，但是为了避免成员方之间利益分歧致使谈判陷入僵局，GATT 同时赋予了对国际市场无实际影响力的小型经济体"搭便车"的权利。在乌拉圭回合中，对世界市场无实质影响的发展中成员方无须遵守与发达成员对等的关税削减、准入承诺，即可依照最惠国待遇条款享有发达成员关税削减带来的经济收益。以美国、欧盟、日本、加拿大为核心的"四方国"集团实际上充当推进乌拉圭回合谈判顺利进行的重要非正式平台，"四方国"集团分别通过双边谈判设置最终谈判议程，并以"绿屋会议"模式进行表决，这一模式保障了乌拉圭回合谈判进程不受某一成员方的束缚。

然而，"协商一致"决策机制在多极化世界贸易体系中难以达成决议。1994 年签订的《建立世界贸易组织的马拉喀什协议》第 9 条第 1 款明确规定"世界贸易组织应沿袭《1947 年关贸总协定》所遵循的协商一致原则。除非另有规定，否则若无法以协商一致方式作出决定，则应通过投票决定争议事项"。然而，随着发展中成员的崛起，特别是新兴经济体的产生与壮大，发达成员要求发展中成员承担与发达成员对等的责任和义务。此外，发展中成员自身产生参与、引导谈判并反映政治诉求的动机与愿景。由此可知，世贸组织已发展为"四方国"和非"四方国"之间进行利益博弈的平台，"四方国"内部就谈判议题达成的共识退化为世贸组织达成最终协定的必要非充分条件。这从根本上摧毁了在 164 个成员方内达成"一致"的可能性，相反，"协商一致"原则成为发展中成员阻碍协定达成的有力武器。

4. 美国贸易保护主义和单边主义行为破坏世贸组织的基本准则

特朗普总统自上任以来开启了一系列"退群"行动，具有明确的单边主义色彩。2017 年 1 月 23 日，美国总统特朗普上任仅 4 天即宣布退出《跨太平洋伙伴关系协定》（以下简称"TPP 协定"），随后《跨大西洋贸易与投资伙伴协定》（以下简称"TTIP 协定"）和《服务贸易总协定》（以下简称"TISA 协定"）谈判相继停摆，特朗普还在公开场合表示美国将会考虑退出世贸组织。此外，2017 年 6 月 1 日，特朗普政府表示《巴黎协定》置美国于不利地位，随即宣布退出《巴黎协定》，并要求美国着手谈判有利于美国的新协定。2017 年 10 月 12 日，美国连续 6 年拖欠联合国教科文组织 5 亿美元会费后宣布退出该组织。同年 12 月 2 日，美国贸易谈判代表宣布美国退出联合国尚未签署的《移民问题全球契约》制定进程。2018 年 5 月 8 日，美国政府单方面宣布退出《伊朗核问题全面协议》。同年 6 月 19 日，美国退出联合国人权理事会，以抗议该组织对以色列存在的偏见。同年 10 月 17 日，美国启动退出"万国邮政联盟"的程序。

在世贸组织内，美国单方面阻挠推选新的上诉机构法官，世贸组织争端解决机制及上诉机构随时面临彻底瘫痪的风险，进而引发世贸组织的系统性风险。根据世贸组织的规定，世贸组织上诉机构为世贸组织的最高审判机构，由 7 名法官构成，每届任期 4 年，可连任一次，上诉案件需由 3 名法官共同审理。然而，由于美国拒绝对世贸组织法官第二个任期的任命，并反对依照现有世贸组织"上诉机构法官候选人甄选程序"推选新的法官填补现有职位空缺，自 2018 年 9 月 30 日起，世贸组织上诉机构的法官数量仅剩 3 名成员，刚刚达到审议上诉案件所需法官数量的最低要求，预计于 2019 年 12 月 10 日，世贸组织上诉机构的法官数目将降至 1 人，世贸组织争端解决机制将无法继续运作，届时争端案件中的任何一方可试图阻止专家组的裁决生效，多边贸易体制将因此面临系统性风险。

在中美双边关系上，2017 年 8 月 14 日，美国总统特朗普签署备忘录重启休眠多年的"301 条款"对中国展开"301 调查"，授权贸易代表审查中国在技术转移、知识产权和创新方面的法令、政策和实践是否损害美国的科技发展、知识产权和创新，并对美国企业造成不合理的负担或限制。[①] 2018 年 3 月 22 日，美国贸易代表办公室发布"301 调查"报告认定：第一，中国利用不透明的行政审批程序、合资要求、外国股权限制、采购及其他监管措施迫使美国企业将技术和知识产权转让给中国公司；第二，中国歧视性的许可证及其他技术转让限制迫使美国企业对中国技术转让；第三，中国政府介入中国企业对美国的投资及并购活动中以获取尖端技术和知识产权；第四，中国存在非法侵入美国企业计算机网络窃取知识产权、商业秘密的行为。[②] 随后美国政府单边决定根据"301 调查"报告对从中国进口的涉及航空航天、机械、通信、电器、医药等领域的约 1300 种中国商品加征 25% 从量税，涉及的商品规模约为 500 亿美元[③]，同时美国将诉至世贸组织争端解决机制。[④]

---

① USTR, "Initiation of Section 301 Investigation; Hearing; and Request for Public Comments: China's Acts, Policies, and Practices Related to Technology Transfer, Intellectual Property and Innovation", *Federal Register*, Vol. 82, No. 163, 24 August, 2017.

② USTR, "Findings of the Investigation into China's Acts, Policies, and Practices Related to Technology Transfer, Intellectual Property, and Innovation under Section 301 of the Trade Act of 1974", 22 March, 2018.

③ USTR, "Notice of Determinations; Additional Culturally Significant Objects Imported for Exhibition Determinations: 'Heavenly Bodies: Fashion and the Catholic Imagination' Exhibition", *Federal Register*, Vol. 83, No. 67, 6 April, 2018.

④ USTR, "Notice of Determinations; Additional Culturally Significant Objects Imported for Exhibition Determinations: 'Heavenly Bodies: Fashion and the Catholic Imagination' Exhibition", *Federal Register*, Vol. 83, No. 67, 6 April, 2018.

特朗普政府根据美国"301调查"报告对中国实施制裁，违反了世贸组织的相关规定。一方面，美国政府单方面对中国征收高于对其他国家的征收水平，高于美国在世贸组织中的约束关税税率的高额关税，违反《1994年关贸总协定》第1条"最惠国待遇"原则和第2条"约束关税"义务；另一方面，美国政府根据"301调查"结果单边认定中国违反世贸组织规则，并直接对中国施行贸易制裁违背世贸组织《争端解决谅解》第23条第2款（a）的规定：当成员方之间发生贸易争端时，不得根据成员方自己的调查判断是否发生违反行为、利益是否受损、协定所涵盖的目标的实现是否受到阻碍，而应诉至世贸组织争端解决机制进行调查并作出结论。世贸组织成员方应根据《争端解决谅解》的规定和程序，通过专家组或上诉机构报告判定违规行为的发生及损害。① 在确认调查结论前，成员方不得对其他成员方作出单方面的制裁。

二、对现有世贸组织改革方案的解读

1. 概述世贸组织改革方案

2017年12月12日世贸组织第十一届部长级会议期间，美国、日本、欧盟三方首次发表《联合声明》正式提出世贸组织改革议程②，声明指出"三方将加强在世贸组织体制内的合作力度，以消除各类市场扭曲行为和保护主义做法对全球技术创新和可持续增长的制约作用"。截至2019年5月，美日欧三方已进行六次会面并发布《联合声明》。此外，2018年9月欧盟发布《世贸组织改革初步建议》；同年10月，加拿大与其他12个世贸组织成员方召开世贸组织改革的部长级会议并就世贸组织改革达成"三点共识"；同年11月23日，中国发布《中国关于世贸组织改革的立场文件》，随后于2019年5月14日向世贸组织正式提交《中国关于世贸组织改革的建议文件》。由此看出，对世贸组织进行改革已在各国之间形成广泛共识。

美日欧、欧盟、加拿大、中国就世贸组织进行改革的议题清单如表6-3所示。其中，美国、日本、欧盟《联合声明》确认将在"非市场经济"问题、强制性技术转移、发展中国家问题、工业补贴和国有企业、投资安全审查、数字贸易和电子商务、世贸组织机制改革等领域深化合作；欧盟《世贸组织改革初步建议》详细刻画了世贸组织可从规则制定、常规性工作和透明度、争端解决机制三个方面进行改革；加拿大渥太华部

---

① WTO，"Understanding on Rules and Procedures Governing the Settlement of Disputes"，https：//www.wto.org/english/docs_ e/legal_ e/28-dsu_ e.htm.

② USTR，"Joint Statement by the United States，European Union and Japan at MC11"，https：//ustr.gov/about-us/policy-offices/press-office/press-releases/2017/december/joint-statement-united-states.htm，12 December，2017.

长级会议建议从争端解决机制、重振世贸组织谈判职能、加强贸易政策透明度三方面开启新一轮世贸组织改革；中国建议世贸组织改革的行动领域应包括四大领域，一是解决危及世贸组织生存的关键和紧迫性问题，二是增加世贸组织在全球经济治理中的相关性，三是提高世贸组织运行效率，四是增强多边贸易体制的包容性。对比四份改革方案，可以发现各国在对通报义务的履行、提升世贸组织工作效率、电子商务、渔业补贴等议题上具备初步共识；在特殊和差别待遇、国有企业和补贴、投资安全审查、争端解决等议题内部存在一定分歧；在"非市场经济"问题、发展中国家地位，强制性技术转让等议题上存在明显的分歧和对立之处。本书将对中国和发达国家之间的核心利益分歧点进行分析。

表6-3 世贸组织改革方案及改革议题清单

		中国	美日欧	加拿大	欧盟
解决危及 WTO 生存的关键和紧迫性问题	争端解决机制	√		√	√
	加严对滥用国家安全例外的措施的纪律	√			
	加严对不符合世贸组织规则单边措施的纪律	√			
增加 WTO 在全球经济治理中的相关性	农业领域纪律的不公平问题	√			
	完善贸易救济领域的相关规则	√			
	市场准入议题跨理事会中的协调解决				√
	更新对 WTO 现有规则的解释				√
	渔业补贴	√		√	√
	电子商务议题	√	√	√	√
	新议题 投资便利化	√			
	新议题 中小微企业	√			
提高 WTO 运行效率	加强成员通报义务的履行 加强 WTO 监督和审查职能		√	√	√
	提高透明度和通知义务		√	√	
	对故意和多次不履行通报义务的惩罚机制				√
	发达成员在履行通报义务上的示范作用	√			
	反向通报	√			√
	最佳实践分享	√	√		√
	更新通报技术手册	√			
	对发展中成员的技术援助	√			√
	改进 WTO 的工作效率 加强常任理事会和秘书处的职能	√			√
	加强与其他国际组织的合作	√	√		
	WTO 的机构"瘦身"	√			√
	复边谈判模式				√

续表

		中国	美日欧	加拿大	欧盟
增强多边贸易体制的包容性	特殊和差别待遇	√	√		√
	贸易和投资的公平竞争　补贴和国有企业	√	√		√
	投资安全审查	√	√		
其他	发展中国家地位		√		√
	强制性技术转让		√		√
	"非市场经济"议题		√		

资料来源：笔者根据美日欧《联合声明》、欧盟《世贸组织改革初步建议》、加拿大渥太华部长级会议"三点共识"、《中国关于世贸组织改革的建议文件》整理得到。

2. 对世贸组织改革方案中重点议题的解读

本节将对美欧等发达国家提案中与中国利益特别相关的"发展中国家"议题、"非市场经济"议题、国有企业和工业补贴、强制性技术转移议题，以及目前世贸组织最紧迫的争端解决机制议题进行分别解读。

（1）对"发展中国家"的界定

除将联合国定义的 47 个最不发达国家单独明确列为"最不发达国家"以外，世贸组织并未设定统一标准对"发达成员"和"发展中成员"进行界定和区分，各成员方通过自我认定的方式明确是否为发展中成员，并享有过渡期等特殊和差别待遇。世贸组织对特殊和差别待遇采用"一刀切"模式，即所有的发展中成员所获得的过渡期和灵活度完全相同。[①] 在实际操作层面，世贸组织不同文本草案就"发展中成员"给出相关区分标准，并包括不同类型的特殊和差别待遇，但是此类区分标准尚未在世贸组织成员方内达成普遍共识。如世贸组织《补贴与反补贴措施协定》第 27 条规定，基于人均国内生产总值和出口竞争力来划分发展中成员；世贸组织《贸易便利化协定》规定，发展中成员和最不发达成员应对协定的执行能力进行"自我评估"，并根据评估结果提供定制式、差异化的特殊和差别待遇。随着中国、印度等发展中国家的群体性崛起，经济发展水平高、贸易影响力大的"新兴经济体"成为多边贸易体制中区别于发达成员和其他发展中成员的新型中坚力量。

美日欧《联合声明》、欧盟《世贸组织改革初步建议》、加拿大渥太华部长级会议"三点共识"均要求明确对"发展中国家"的界定，改变传统的开放性、集体豁免式特殊和差别待遇，转为以实际需求为导向、客观事实为基础的特殊和差别待遇提供模式，保障发展中国家获得实现其发展目标所需的援助和灵活性；当条件成熟时，鼓励先进的

---

① Neufeld N. ,"Trade Facilitation Provisions in Regional Trade Agreements, Traits and Trends", WTO Staff Working Paper, ERSD-2014-01, 2014.

发展中国家"毕业"，并选择退出特殊和差别待遇，完全执行世贸组织协定中的各项承诺。

（2）"非市场经济"议题

世贸组织体系并未界定"非市场经济"，仅提及在反倾销案件中，当一国是"非市场经济体"，政府具有垄断定价权时，进口国可采用市场经济"替代国"的价格确定被诉产品的正常价值。① 2019年3月1日，美国贸易代表办公室发布《2019年贸易政策议程及2018年度报告》，表示世贸组织的规则框架没有充分预料到经济主要由国家主导的成员对全球贸易造成的破坏性影响。现行规则加上世贸组织上诉机构规制的严重缺陷，使成员没有足够的工具来应对此类问题的侵蚀性蔓延。② 美日欧《联合声明》约定将共同磋商并讨论界定"非市场经济政策和实践"的要素和条件；加强对第三国非市场经济政策和实践的信息共享；深化相关规则的制定和执行，以解决非市场经济行为和政策。除此以外，2018年11月30日，美国、加拿大、墨西哥三国签署的《美墨加三国协议》纳入"毒丸条款"，规定任何一个缔约方决定和"非市场经济国家"谈判签署自由贸易协定，须提前三个月通知其他缔约方，其他缔约方可选择在六个月内退出协定，组建双边贸易协定。"毒丸条款"可能成为美国在双边协议中的策略，迫使各国在"非市场经济"国家问题上和美国保持统一立场。

2017年10月26日，美国基于资本账户不可完全自由交易、工会和户籍制度限制劳动力的自由流动与议价权、外商投资限制、国有企业在经济中的比重过大、政府控制生产资料并拥有定价权、法律法规服务于经济和产业政策六要素③判定中国为"非市场经济"国家，"非市场经济"要素根植于中国的制度和治理体系内，中国仍广泛使用自由裁量权分配生产资源，以实现具体的经济和产业目标，并以法律授权的形式确保国有企业的主导地位。美国认定由于中国仍是"非市场经济"国家，因此，不得采用中国国内价格和成本用于反倾销分析。

（3）国有企业与工业补贴

世贸组织《关税与贸易总协定》和《服务贸易总协定》分别对"国营贸易企业"和"垄断性和排他性服务提供商"进行约束。其中，《关税与贸易总协定》要求各成员方提供各国"国营贸易企业"名单，基于商业因素从事进出口贸易。此外，世贸组织《补贴与反补贴措施协定》（以下简称"SCM协定"）规定不得为国有企业提供出口补贴，并要求成员方通报为"公共机构"提供的补贴类型、规模等具体信息。总体来看，现有世贸组织规则对国有企业和工业补贴的规定存在以下特点：第一，世贸组织体系内并无对"国有企业"的准确定义，"国营贸易企业""垄断性和排他性服务提供商"

---

① WTO, "Technical Information on Anti-Dumping", https：//www.wto.org/english/tratop_ e/adp_ e/adp_ info_ e.htm.

② USTR, "2019 Trade Policy Agenda and 2018 Annual Report", Washington：USTR, 1st Jan, 2019, https：//ustr.gov/sites/default/files/2019_ Trade_ Policy_ Agenda_ and_ 2018_ Annual_ Report.pdf.

③ US Department of Commerce, *China's Status as a Non-Market Economy*, 26 October, 2017.

"公共机构"等概念具有内涵上的不一致性；第二，世贸组织现有规则仅针对国有企业的国际贸易行为加以有限约束，对其投资行为并无明确约束及监管条例；第三，SCM协议对公共机构的包含范围有限，大量国有企业并未严格执行对其所获得的补贴进行通报的义务。

基于此，欧盟发布《世贸组织改革倡议》建议参照世贸组织《贸易便利化协定》的"订制式"特殊和差别待遇赋予模式，采用"逐例分析"的模式确定各成员方公共机构名录，并逐个分析相关国有企业是否履行了政府职能，或出于战略考虑（而非经济考虑）执行相关产业政策。此外，欧盟倡议世贸组织对国有企业市场扭曲行为及政策加强监管力度，进而提高国有企业的政策透明度。除此以外，美日欧三方《联合声明》达成共识，将设置有效的规则应对有害的补贴行为（包括政府担保、政府投资基金股权投资、非商业债转股等），提高与补贴相关的信息的可获得性，提高不履行透明度和通报义务的成本，并呼吁关键的贸易国参与相关谈判。

（4）强制性技术转让

在世贸组织体系中，与技术转让相关的条款与规则散见于《服务贸易总协定》《与贸易有关的知识产权协议》《与贸易有关的投资措施协议》《实施动植物卫生检疫措施的协议》《技术性贸易壁垒协议》（如表6-4所示）。然而，此类条款具有适用范围窄、法律约束力弱、承诺程度浅的局限性，更未涉及解决强制技术转让问题的核心分歧，如对合资企业的要求及外国股权限制等。在对外直接投资领域，目前世贸组织体系内尚无系统的投资规则协定，仅有《服务贸易总协定》以"正面清单"模式要求成员方对服务领域的跨境投资（模式3）进行有限开放；《与贸易有关的投资措施协议》禁止成员方实行与货物贸易投资有关的歧视性措施及数量限制。美日欧三方《联合声明》将对现有各类技术转让政策和实践进行深入调查，采取有效措施深化相关条款的执行。同时，制定并引入新规则对现有规则进行补充，以明确行政审查和许可程序、技术许可限制标准等，并进一步加强对商业秘密的保护和执法力度。除此以外，美欧等国要求改善外商直接投资的市场准入条件，解决法律规制约束、业绩要求等造成市场扭曲的歧视性做法。

表6-4　世贸组织体系中与技术转让相关的协定和条款

协定	简称	条款	内容
《服务贸易总协定》	GATS	第4条	促进发展中成员通过商业途径获得技术，加强其国内服务业生产能力、效率和竞争力；发达成员应自WTO协定生效起两年内建立联络点，帮助发展中成员获取与商务服务和技术相关的信息
		第6条	确保与资格要求和程序、技术标准、许可要求相关的措施不会对服务贸易造成不必要的障碍

协定	简称	条款	内容
《与贸易有关的知识产权协议》	TRIPS	第7条	知识产权的保护和执行应有助于技术的创新、转让和传播，使生产者和使用者共同获益，实现权利和义务的平衡
		第8条	成员方可采取适当措施保障公共安全和卫生，维护对其社会经济和技术发展至关重要的行业的公共利益。成员方可采取相关措施禁止知识产权的滥用，或对国际技术转让的不合理限制
		第31条	强制许可
		第40条	控制合同许可中的反竞争做法
		第66条	促进并鼓励发达成员向最不发达成员进行技术转让
		第67条	发达成员应根据发展中成员和最不发达成员的请求为其提供技术和资金支持
《与贸易有关的投资措施协议》	TRIMS	附件第1条	虽违反 GATT 第3条（国民待遇原则），但是受国内法或行政裁决约束，或为获得竞争优势所必须采取的措施：如对本地成分进行限制或对进口品的比重进行限制
		附件第2条	虽违反 GATT 第11条（取消数量限制），但是受国内法或行政裁决约束，或为获得竞争优势所必须采取的措施：如进口用于在本地生产中使用或相关的产品，可与其出口的本地产品的数量或价值相关，或与其出口所获得的外汇流量相关
《实施动植物卫生检疫措施的协议》	SPS	第9条	发达成员将向发展中成员提供包括加工技术、研究和基础设施（如帮助建立国家监管机构）在内的技术援助，也可采取咨询、信贷、捐赠的形式帮助其获取技术专长、培训和设备，使其满足出口市场的动植物检验检疫标准
《技术性贸易壁垒协议》	TBT	第11条	世贸组织成员方收到请求后应根据双方磋商的条款和条件向其他成员，特别是发展中成员提供所需的技术援助

资料来源：笔者根据世贸组织相关文本整理得到。

（5）争端解决机制

争端解决机制是目前美欧之间分歧最为巨大的议题之一。欧洲希望对世贸组织争端解决机制进行改革，化解目前的争端解决机制和世贸组织上诉机构危机，目前，欧盟和日本、加拿大之间就世贸组织争端解决机制进行改革的议题已达成共识。然而，美国是阻碍世贸组织进行争端解决机制和上诉机构改革的最大障碍。具体来看，美国认为世贸组织争端解决机制未充分执行"90 天内作出裁决"的承诺、世贸组织上诉机构法官在任期满后仍继续服务于未结束案件、专家组咨询意见冗余、世贸组织上诉机构的事实审查范围过宽（包括成员方国内法）且审查标准不一、专家组报告的法律地位模糊五大关切点是美国拒绝对世贸组织法官进行任命的主要原因。

欧盟发布的《世贸组织改革倡议》建议对世贸组织争端解决机制和上诉机构展开两阶段的改革：第一阶段，全面修订世贸组织争端解决机制中的上诉机构职能，化解上诉机构的路径和模式问题；第二阶段，解决世贸组织上诉机构的"长臂管辖"等实质性问题。可以看出，《欧盟世贸组织改革倡议》中两个阶段的改革针对美国的五大关切点分别提出针对性改革意见，《欧盟世贸组织改革倡议》是对美国五大关切点量身定制的解决方案。美国表示世贸组织的争端解决应遵从原始谅解，保障现行制度的政策可连续性，必须充分尊重成员方的主权政策选择。①

三、世贸组织与中国角色

1. 中国在世贸组织体制内义务的履行和责任的承担

（1）第一阶段（1992—2001 年）：加快市场化改革，提高市场准入

随着中国改革开放政策取得的显著成就，中国经济与世界经济联系日益紧密，为适应全球化进程与加速融入国际经贸体制，1986 年 7 月 10 日，中国正式提出申请要求恢复中国在《关税与贸易总协定》（GATT）中的缔约方地位。1992 年 10 月，党的十四大明确提出中国经济体制改革的目标是建立"有中国特色的社会主义市场经济体制"，这为中国未来的经济改革确立了总基调与明确蓝图，自此也自上而下地开启了一系列涉及贸易、金融、外汇、投资、财政、税收、国有企业、行政管理领域在内的改革。与此同时，中国与主要贸易伙伴（尤其是美国）在 20 世纪 90 年代展开了"复关"与"加入世界贸易组织"②的艰苦谈判，在确保国家核心利益的前提下，中国勇敢地接受了开放国内市场的挑战，并有效地通过大幅度提高市场准入水平加快市场化改革进程。最终，中国于 2001 年 12 月 11 日正式加入世贸组织，成为中国改革开放进程中最重要的里程碑事件。

在贸易领域，1994 年中国颁布《对外贸易法》，为中国贸易政策的制定奠定了法律基石，该法确保了中国的贸易法律法规的透明度，遵循国际通行的非歧视原则，并直接促使中国的贸易政策取向由贸易保护向"贸易中性"转变。③此外，2000 年 7 月，中国修订了《海关法》，规范了海关执法和海关监管、征税、缉私和统计的合规性、透明度和法制化。在关税方面，中国采用世界海关组织（WCO）制定的《商品名称及编码协调制度》（简称"HS"编码），对关税减让表中所有税号下的商品实行约束关税，并逐步在各行业和部门展开实质性关税削减。根据世界银行和世贸组织的统计，中国的平均实施关税水平由 1992 年的 43%降至 2001 年的 15.6%。④在非关税壁垒方面，中国逐

① USTR，"2019 Trade Policy Agenda and 2018 Annual Report"，Washington：USTR，1st Jan，2019，https：//ustr. gov/sites/default/files/2019_ Trade_ Policy_ Agenda_ and_ 2018_ Annual_ Report. pdf.

② 随着 1995 年 1 月 1 日世界贸易组织的成立，中国的"复关"之路转变为"入世"之路。

③ WTO，*Report of The Working Party on The Accession of China*，WT/ACC/CHN/49，1 October，2001.

④ World Bank，*China Foreign Trade Reform：Meeting the Challenge of the 1980s*，Washington：World Bank，1993；World Trade Organization（WTO），*Trade Policy Review Report 2006：China*，Geneva：WTO，2006.

步取消了进口调节税、出口补贴以及进口替代措施，降低了进口强制计划、配额和许可证的使用比例，禁止/限制进出口类目、指定经营企业、进出口许可证的透明度均有显著提升。

在金融领域，1994年1月1日，人民币官方汇率和市场汇率正式并轨，开始实行以市场供求为基础的、单一的、有管理的浮动汇率制度。同时，银行间外汇交易系统投入使用，全国范围内统一的银行间外汇市场由此建成，人民币经常账户实现有条件的自由兑换。自1996年7月1日起，中国许可外商投资企业的在华外汇交易自行通过银行间交易系统进行结算，给予外商投资企业国民待遇，取消经常账户的兑换限制，从而鼓励外商直接投资。同年12月1日，中国正式接受《国际货币基金组织协定》第八条，即"取消对经常账户交易的各种限制"，这标志着人民币实现了经常账户的完全可自由兑换。

在吸引外资领域，中国逐步由计划经济体制下高度集中的投资管理体系转化为市场经济体制下投资主体多元化、资金来源多渠道、投资形式多样化、投资范围和领域扩大化的新模式。1994年中国拉开了以市场为导向的财税改革，统一了国营企业、集体企业和私营企业所得税，给予外商投资企业优惠税率，在鼓励外商投资的同时促使中国的税收制度与国有企业改革相互兼容，提高了国有企业的市场化程度。

在市场竞争领域，1993年9月2日，中国颁布《反不正当竞争法》，该法作为维持市场公平竞争的基本法，鼓励和保护公平竞争，禁止不正当竞争行为，有效保护经营者和消费者的合法权利。1997年颁布的《价格法》《刑法》以及1999年颁布的《招标投标法》等相关法律也对反垄断和不正当竞争进行了相关规定。由此，中国的竞争政策制度体系初步建立，为市场主体的公平竞争确立了法律保障。

（2）第二阶段（2001—2007年）：履行加入世界贸易组织承诺，深化法制化改革

中国对本国国内立法及法规、地方法规、条例、管理措施的透明度、一致性、非歧视性进行全面评估和审查，随后废除或停止了现存法律、地方法规、政府条例和其他规章中与世贸组织国民待遇原则不一致的规定，为所有世贸组织成员方提供非歧视的国民待遇（协定中有明确描述的"例外"除外）。根据世贸组织统计，1999—2003年，中国共计修订17项法律，签发、修订、废除63项中央行政法规，废止34项国务院法令；2001年9月—2003年7月，共计修订或废除196453项省、自治区、直辖市的地方法规、条例及政策。①

2001年10月，中国分别对《著作权法》和《商标法》进行了修订，以期实现知识产权保护和促进商业竞争之间的平衡。2002年6月29日，中国通过了《政府采购法》，该法律通过区分政府采购和普通商业采购，规范了国家机关、公共和社会组织（不包括国有企业）的政府采购行为，提高了政府采购基金使用效率，改善了政府采购项目、标准、实施的透明度，并在一定程度上保障了国家及公众利益。此外，中国承诺

---

① World Trade Organization (WTO), *Trade Policy Review Report 2006*：*China*，Geneva：WTO，2006.

将遵照加入世界贸易组织议定书的规定尽快提供初始报价清单，展开加入世贸组织《政府采购协定》的谈判。2004 年 4 月 6 日，中国通过了修订后的《对外贸易法》，此次修订增加了"与贸易有关的知识产权保护""对外贸易调查""对外贸易救济"三章；放开了自然人从事对外贸易经营活动的限制；取消了对货物和技术进出口经营权的审批制度，改为备案登记制；加强协会和商会等中介机构的职能；加大了对违法行为及侵犯知识产权行为的处罚力度。2005 年 10 月 27 日，全国人民代表大会修订了《公司法》，简化了民营企业（特别是中小企业）的设立流程，为中小企业提供所需的各类援助。2005 年国务院还签署指导意见，放松在电力及设施、铁路、民航、原油等领域的投资限制，允许私人投资进入相关领域。上述中央及地方法律法规的颁布与修订提高了中国新时期对外开放的法制化、规范化、市场化、透明化，并确保中国在对外开放的同时有序、稳步推进符合发展阶段和发展诉求的国内改革。

在关税领域，根据《中华人民共和国加入世贸组织议定书》的规定，中国按照承诺的时间表降低进口产品关税，放宽服务贸易领域市场准入。根据世贸组织的统计，中国平均最惠国关税税率由 2001 年的 15.88% 降至 2005 年的 9.87%。如图 6-5 所示，其中，农产品和非农产品的平均最惠国关税税率在同期分别由 24.16% 和 14.9% 降至 15.97% 和 9.11%，尤其值得关注的是，汽车及零部件的最惠国关税税率在同期由高于 32.56% 降至 17%。[①]

133

（单位：%）

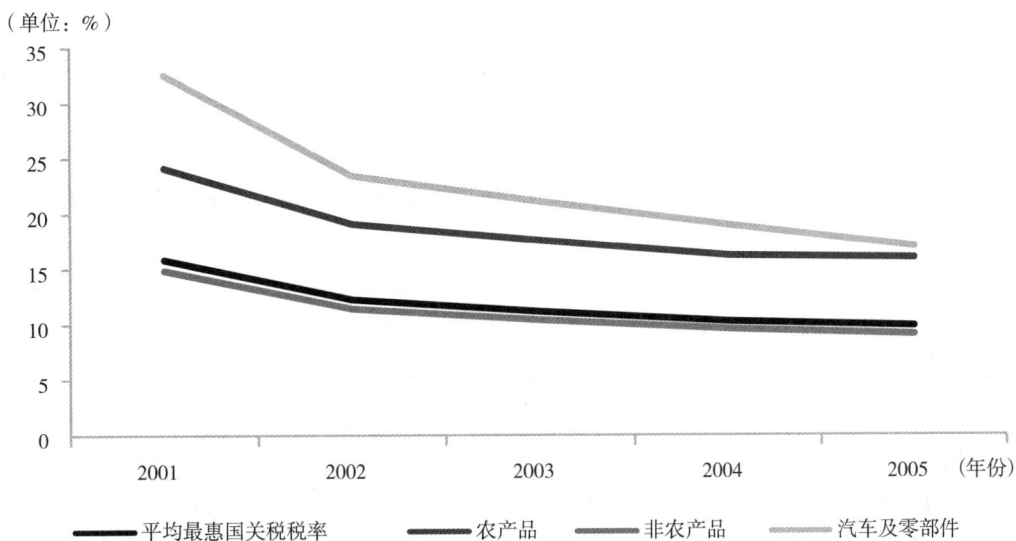

图 6-5　2001—2005 年中国进口产品关税变动情况

资料来源：笔者根据世贸组织关税数据计算得到。

---

① World Trade Organization（WTO），*Trade Policy Review Report 2006*：*China*，Geneva：WTO，2006.

在服务贸易领域，截至 2007 年，中国服务贸易领域开放承诺已全部履行完毕。[①]在非关税壁垒领域，中国遵照加入世界贸易组织议定书的承诺逐步放宽外贸经营权的可获得性和使用范围。在进出口配额上，2004 年年底中国取消了进口配额的使用，并简化了进口许可证的管理流程及手续。在技术标准、检验检疫措施、应急措施等边境管理措施上，2005 年中国实现 32% 的国内标准基于国际标准制定，44% 的标准依照国际标准进行修订，同时废除 11.6% 与国际标准不符的国内标准。[②]此外，在与贸易有关的投资领域，中国还取消了对外汇平衡要求、本地含量要求和出口绩效要求等的限制。

（3）第三阶段（2008 年至今）：承担大国义务、推动国际化进程

在经历了 1992—2001 年努力对标国际经贸规则和 2001—2007 年充分享受加入世界贸易组织红利之后，在 2008 年全球金融危机之后迎来了主动引导谈判、积极承担大国义务的重要转折。

2015 年，中国成为接受《贸易便利化协定》议定书的第 16 个世贸组织成员。2016 年，中国担任二十国集团主席国期间，推动多国完成《贸易便利化协定》的国内批准程序，为协定的早日生效作出了积极的贡献。在履行该协定方面，中国的 A 类措施（协定生效后立即实施）所占比重达到 94.5%，目前仅保留 4 项 B 类措施（协定生效后经过一定过渡期后实施）。在诸边渠道中，中国深入参与《信息技术协定》的扩围谈判，推动各方就取消 201 项信息技术产品的关税达成协议。同时，中国积极推动世贸组织回应投资便利化、中小微企业、电子商务等世贸组织成员普遍关注的新议题并展开相关讨论。此外，中国积极响应世贸组织"促贸援助"倡议，利用多双边援助资源帮助其他发展中成员，特别是最不发达成员加强基础设施建设、提高生产能力、发展贸易投资。2011 年，中国设立"最不发达国家及加入世界贸易组织中国项目"，已帮助 6 个最不发达国家加入世贸组织。2017 年起，中国在南南合作援助基金项下与世贸组织等国际组织加强合作，通过"促贸援助"合作项目，帮助其他发展中成员提高从全球价值链中获益的能力。

中国的发展得益于国际社会，中国也愿为国际社会提供更多公共产品。2015 年 5 月，《中共中央　国务院关于构建开放型经济新体制的若干意见》指出"全面参与国际经济体系变革和规则制定，在全球性议题上，主动提出新主张、新倡议和新行动方案，增强我国在国际经贸规则和标准制定中的话语权"。中国已充分认识到制定与把握国际经贸规则是一国在国际社会中"软实力"与"巧实力"的体现，获取制度性话语权是中国成为经贸强国的重要标志之一。在过去 5 年中，中国在参与和引领全球经贸规则制定方面进行了多方面的尝试与开拓。例如：第一，中国利用 G20 峰会创新全球经济治理的优先领域和运行机制；第二，中国将"互联互通"元素注入 APEC 合作框架，倡导以 APEC 为基础推进亚太自贸区（FTAAP）建设，实现亚太区域经贸规则的整合；

[①]　中华人民共和国国务院新闻办公室：《中国与世界贸易组织》，人民出版社 2018 年版。

[②]　World Trade Organization（WTO），*Trade Policy Review Report 2006：China*，Geneva：WTO，2006.

第三，中国支持东盟十国发起的《区域全面经济伙伴关系协定》（RCEP）谈判，推动中国国内制度创新与改革和区域贸易投资规则的统一，并借助国际协定的"法律约束力"倒逼中国改革；第四，中国发起并主导的"一带一路"倡议、金砖开发银行、亚洲基础设施投资银行和上合组织银行，为国际社会提供了新型制度性公共产品；① 第五，中国国际进口博览会是中国发起的、多个国际组织和100多个国家参与的国际博览会，是推动全球包容互惠发展的国际公共产品。中国国际进口博览会将为各国出口提供新机遇，为各国共享中国发展红利搭建新平台，为世界经济增长注入新动力。

2. 中国就世贸组织改革的基本原则与主张②

当今世界正在经历新一轮大发展、大改革、大调整，人类面临的不稳定不确定因素众多。以世贸组织为核心、以规则为基础的多边贸易体制是经济全球化和自由贸易的基石，这一多边贸易体制为推动全球贸易发展、促进经济增长和可持续发展作出了非常重要的贡献。在世界经济深刻调整、单边主义和保护主义抬头的情况下，多边贸易体制遭受了严重的冲击。2018年11月23日，中国发布《中国关于世贸组织改革的立场文件》，提出中国关于世贸组织改革的"三个基本原则和五点主张"，这表明中方支持对世贸组织进行必要的改革，以增强世贸组织的有效性和权威性。具体来看，中国提出的"三个基本原则和五点主张"如下。

（1）中国就世贸组织改革的三个基本原则

基本原则一：世贸组织的改革应维护多边贸易体制的核心价值

中国认为，非歧视和开放是世贸组织最重要的核心价值，也是世贸组织成员在多边框架下处理与其他成员经贸关系的遵循。其中，非歧视涉及最惠国待遇和国民待遇，核心是确保任何成员不得在进出口方面针对某一成员采取歧视性做法。开放涉及关税约束和禁止数量限制，核心是确保任何成员不得随意将进口关税提高到超过其约束水平，不得随意对某一成员产品采取数量限制。改革应维护多边贸易体制的规则基础，为国际贸易创造稳定和可预见的竞争环境。

基本原则二：世贸组织的改革应保障发展中成员的发展利益

发展是世贸组织工作的核心。世贸组织明确规定发展中成员可以享受特殊与差别待遇，具体包括比发达成员更小的市场开放程度、更长的开放过渡期、保留政策空间的灵活性，以及接受技术援助等。中国认为，改革应解决发展中成员在融入经济全球化方面的困难，赋予发展中成员实现其经济发展所需的灵活性和政策空间，帮助达成联合国2030年可持续发展目标，缩小南北差距。

基本原则三：世贸组织的改革应遵循协商一致的决策机制

① 盛斌、高疆：《中国与全球经济治理：从规则接受者到规则参与者》，《南开学报（哲学社会科学版）》2018年第5期。
② 商务部世界贸易组织司：《中国关于世贸组织改革的立场文件》，http://sms.mofcom.gov.cn/article/cbw/201812/20181202817611.shtml，2018年12月17日。

135

规则应该由国际社会共同制定。改革关系到多边贸易体制的未来发展方向，改革的议题选择、工作时间表和最终结果都应由世贸组织广大成员在相互尊重、平等对话的基础上，通过协商一致的方式作出。磋商进程应保证所有成员特别是发展中成员的共同参与，不能由少数成员说了算，也不能搞小圈子。

（2）中国就世贸组织改革的五点主张

主张一：维护多边贸易体制的主渠道地位。中国反对个别成员以新概念和新表述"偷换概念""另起炉灶"，混淆并否定多边贸易体制的权威性。改革应维护多边贸易体制在全球贸易自由化便利化进程中的主渠道地位。

主张二：优先处理危及世贸组织生存的关键问题。个别成员阻挠启动上诉机构成员遴选程序，滥用国家安全例外条款采取征税措施，并以国内法为由采取单边主义措施，冲击多边贸易体制的规则基础。中国认为，改革应尽快解决上诉机构成员遴选问题，并将违反世贸组织规则的单边主义和保护主义做法关进制度的笼子，确保世贸组织各项功能的正常运转。

主张三：解决规则的公平问题，回应时代的需要。中国反对有些成员滥用现有规则漏洞行贸易保护主义之实。改革应解决发达成员过度农业补贴对国际农产品贸易造成的长期严重扭曲，纠正贸易救济措施滥用特别是反倾销调查中的"替代国"做法对正常国际贸易秩序的严重干扰。同时，改革应推动世贸组织规则与时俱进，涵盖反映21世纪经济现实的议题，例如投资便利化、中小微企业等议题。

主张四：保证发展中成员的特殊和差别待遇。发展中成员在经济社会发展阶段、产业结构和竞争力、区域发展层次、教育文化水平、社会保障体系、参与国际治理能力等方面与发达成员存在全方位差距，不能简单地用经济总量来衡量。中国反对有些成员借世贸组织改革质疑甚至剥夺一些发展中成员享受特殊与差别待遇的权利。中国是世界上最大的发展中国家，愿意在世贸组织中承担与自身发展水平和能力相适应的义务，但绝不允许任何成员剥夺中国理应享受的发展中成员的特殊与差别待遇。

主张五：尊重成员的各自发展模式。目前，有些成员否认发展模式的多样性，一方面指责其他成员的国有企业、产业补贴等正常的发展模式和政策措施；另一方面限制正常的科技创新成果交流，实际上就是希望维护自身的垄断地位，限制其他成员的发展空间，中国对此坚决反对。改革应取消一些成员在投资安全审查和反垄断审查中对特定国家企业的歧视，纠正发达成员滥用出口管制措施、阻挠正常技术合作的做法。中国反对借世贸组织改革对国有企业设立特殊的、歧视性纪律，也不同意将没有事实依据的指责列为世贸组织改革议题。

（3）中国就世贸组织改革的四大行动领域

一是解决危及世贸组织生存的关键和紧迫性问题。主要包括：第一，打破上诉机构成员遴选僵局；第二，加严对滥用国家安全例外的措施的纪律；第三，加严对不符合世贸组织规则的单边措施的纪律。

二是增加世贸组织在全球经济治理中的相关性。主要包括：第一，解决农业领域纪律的不公平问题；第二，完善贸易救济领域的相关规则；第三，完成渔业补贴议题的谈判；第四，推进电子商务议题谈判开放、包容开展；第五，推动新议题的多边讨论。

三是提高世贸组织的运行效率。主要包括：第一，加强成员通报义务的履行；第二，改进世贸组织机构的工作。

四是增强多边贸易体制的包容性。主要包括：第一，尊重发展中成员享受特殊与差别待遇的权利；第二，坚持贸易和投资的公平竞争原则。

第七章 金融开放 40 年：
进程、成就与前路

改革开放以来，中国的金融业取得了飞速发展。近年来，金融业对外开放的步伐不断加大，尤其是 2018 年以来，我国金融开放呈现多点突破、加快推进的良好局面，人民币国际化成绩斐然，银行、证券和保险等金融服务业对外开放取得新的重大进展。上海从建设国际金融中心到自贸区扩区再到建立科创板，金融的国际竞争力也在不断增强。

一、中国金融开放 40 年历程

1978 年，中国在党的领导下开始实施改革开放政策，至今已逾 40 年。在这个过程中我国逐渐开辟出一条具有本国特色的开放道路。而中国金融业在此期间采取渐进式的策略，对外逐步开放本国市场。这体现在从设立代表处过渡到建立营业分支机构，从业务合作升级到股权合作，先从试点取得经验再推广到全国各地，先成立沿海城市经济特区再向内陆延伸。回溯中国金融业的 40 年对外开放历史，可以发现其大抵走过了下几个阶段。

1. 起步与探索阶段（1978—1993 年）

1978—1993 年，是中国金融业对外开放起步与探索的十五年。国内经济发展缓慢，生活与生产资料供应不足，资本与外汇严重短缺。这一阶段，金融开放的重点是金融服务业的开放，例如允许海外金融机构在国内成立代表处，以此引入外汇资金，创造就业机会，实现国内经济的恢复与发展。同时，人民币汇率制度改革开始了过渡性的尝试。

1979 年 12 月 5 日，日本输出入银行于北京成立在华代表处。此举向世界宣告了中国金融业对外开放之路的启程。代表处是一种非营利性的政府金融机构，为输出入业务提供周转资金的同时促进了中国金融业的发展。1981 年，五大经济特区开启新一轮改革，宣布对外资营业性金融机构开放试点。1982 年，香港南洋商业银行获得批准，在深圳经济特区开设分行。这也是国内首家海外注册、在华经营的银行分行。从此，国内引进外资营业性金融机构的地域不再局限于经济特区，而是逐步朝着沿海城市与中心城市延伸。

1983 年，《中国人民银行关于侨资外资金融机构在中国设立常驻代表机构的管理办法》颁布。两年后的 1985 年，我国又出台了《中华人民共和国经济特区外资银行、中外合资银行管理条例》。两份文件对外资金融机构如何申请进入中国，以及在国内的业务经营范围作出规定。这也表现出了中国金融业贯彻对外开放法制化管理的决心。

1990 年 4 月 18 日，国务院宣布将上海浦东作为改革开放的新窗口，大力开发开放。上海因而获批引进外资营业性金融机构。至此，上海成为除经济特区之外首个获此许可的沿海城市，并于一年后成功吸引了包括美国花旗银行、英国渣打银行在内的 8 家外资银行陆续在这里设立分行。变化也同样出现在中国证券市场。1990 年上海证券交易所正式挂牌宣布成立，5 天后深圳证券交易所也随之成立。1991 年年末我国开通 B 股试点吸引国际资本，此举也是中国证券业开始与世界接轨的标志性事件。1992 年，中国人民银行发布了《上海外资保险机构暂行管理办法》，美国友邦保险公司于当年在上海新设分公司，中国保险业也由此迈出了走向世界的步伐。

在金融开放的初步探索阶段，中国更多地扮演"引进来"的角色，并取得了显著的成果。截至 1993 年年底，在以北上广为代表的 19 个城市内，外资金融机构在国内的代表处数量已达到 302 家。同时，30 多个金融机构在国内 13 个城市成立了 93 家营业性金融机构，这些金融机构遍布全球 15 个国家和地区；外资银行营业性金融机构的数量也达到 76 家，投资总额 89 亿美元，主营对外国居民和外资企业的外汇业务。[①]

这一时期，中国为避免汇率剧烈波动而长期实行双重汇率制度。1979 年，国务院公布《关于大力发展对外贸易增加外汇收入若干问题的规定》。该规定决定，自 1981 年起引入贸易内部结算价格，与官方汇率双轨运行。这一制度对中国出口贸易产生了积极的促进作用，但同时也遭致国际社会的舆论与政策压力。[②] 1985 年，人民币官方汇率加速贬值，甚至接近贸易内部结算价，外汇调剂市场的出现形成了官方汇率与外汇调剂价格并存的复汇率制。

2. 扩大开放阶段（1994—2000 年）

1994—2000 年，是中国金融业加速完善扩大开放的阶段。中国以更加开放而积极的心态接纳来自全球的外资金融机构，同时不断地进行试点，渐进式地取消了许多对外资金融机构的地域范围与业务范围的限制，持续地吸引外资入华。这一阶段，人民币汇率制度改革加入了更多的市场化因素。

1994 年，《中华人民共和国外资金融机构管理条例》颁布，旨在促使中国金融业对外开放的进程更加规范化。该条例主要针对来华开展业务的外资金融机构，规定了其准

---

① 郭田勇：《中国金融开放的进程与展望》,《农村金融研究》2018 年第 10 期。

② 于凤芹、王智明：《中国汇率制度改革 40 年：变迁与发展》,《经济与管理研究》2018 年第 12 期。

入条件和经营范围。随后，为了更好地满足内陆城市进行经济建设的资金需要，以北京为首的 11 个内陆城市也获得了国务院的批准，允许外资金融机构在这些城市中成立自己的海外分行，但这些机构的业务范围主要限定为开展外汇业务。1995 年 8 月，中国国际金融有限公司正式成立，作为第一家中外合资背景的投资银行，其对我国国有企业融资和证券业的发展产生深远影响。同年，中国证监会加入国际证监会组织（IOSCO），并于 1998 年成为该组织的执委会委员，在一定程度上促进了我国证券业的发展。

1996 年 12 月，《上海浦东外资金融机构经营人民币业务试点暂行管理办法》颁布并实施。该办法标志着中国银行业正式开始放开本币业务。截至 1997 年 3 月，美国花旗银行、日本东京三菱银行、中国香港汇丰银行、日本兴业银行这四家海外银行机构已成功获批经营人民币业务。1998 年 8 月，人民币试点业务的地域范围从上海浦东延伸至深圳经济特区。至 1998 年年末，国家陆续批准 22 家外资营业性金融机构在深圳和上海浦东经营人民币业务。1999 年 9 月，国内正式获批经营人民币业务的外资银行数量已达 25 家，人民币资产总计 64.93 亿元，贷款合计 32.28 亿元，存款总计为 38.22 亿元。

同一时期，中国保险业的对外开放改革也是硕果累累。1994 年，在一年多的准备与谈判后，中国平安保险终于与美国两大财团——高盛集团和摩根士丹利达成协议，吸收了共计 7000 万美元的投资，同时两大财团共计入股 13.7%。作为当时国内第一家成功吸引外资入股的中国保险公司，平安吸收到的不仅是一笔巨额资本注入，同时还有两大财团带来的先进管理经验和国际化发展的经验。1995 年起，北京、广州等城市也相继成为中国保险业对外开放试点的"先锋"。试点地域进一步扩大的同时，原本的外商独资的投资方式也逐渐向中外合资转变。① 1996 年 11 月，由加拿大宏利人寿保险与外经贸信托合资设立的中宏人寿保险公司在上海开业，成为中国第一家中外合资的人寿保险公司。

中国保险业在这一时期"走出去"的成绩同样斐然。1996 年，中国人民保险公司已与全球各地逾 1000 家的保险公司达成业务合作，业务范围囊括了 100 多个国家和地区，国外分支机构发展到 80 多家，海外从业人员达 1000 余人，与国际保险界建立起了广泛的联系。随后，中国太平洋保险公司和中国平安保险公司也在其他国家和地区设立了营业性金融机构，扩大经营范围。2000 年，中国保监会宣布加入国际保险监督官协会，此举意味着我国与国际保险界之间的联系与合作更加紧密。

1998 年之后，亚洲各主要经济体迎来大规模的金融危机。外资营业性金融机构受此影响，普遍放缓了自己在华发展业务的脚步，少数外资营业性金融机构则直接退出中国市场。但中国金融业在此期间仍然坚持对外开放，持续不断地吸引外资，扩大外汇储备。1999 年 1 月，中国人民银行决定全面放开外资银行在华开设营业性分支机构的地区限制。同年 7 月，中国又决定进一步放开国内银行业市场，拓宽上海与深圳两地的外

---

① 孙祁祥、周新发：《中国保险业四十年嬗变》，《中国金融》2018 年第 10 期。

资银行分行原先经营的人民币业务范围。同时，国内银行间同业拆借市场也对外资银行开放，外资银行筹措人民币资金的渠道得到重要补充。在这一阶段，中国金融业的金融体系改革与对外开放的进程相辅相成，并且更加注重银行业和证券业的规范化与法制化，通过制定相关法律法规不断完善金融秩序、防范金融风险，使金融体系分工更明确、职能更清晰。

与此同时，汇率制度改革取得突破性进展，人民币双重汇率制度取消，实行以市场供求为基础的、单一的、有管理的浮动汇率制。此次改革取消了外汇留成和上缴，所有贸易项目下的外汇流入均归于外汇市场。1994 年 4 月，银行间外汇市场形成，人民币汇率形成机制朝着市场化方向迈进。1996 年，国务院颁布《中华人民共和国外汇管理条例》，预示着人民币经常项目不久将实行完全可兑换。然而，1997 年的东南亚金融危机是人民币市场化进程的一大拐点，为了有效应对人民币汇率贬值的压力和抑制危机扩散，中国政府毅然承诺人民币不贬值，实行盯住美元的汇率政策。

3. 加入世界贸易组织后的高速发展（2001—2006 年）

2001—2006 年，中国金融业进入了全面对外开放的阶段，与此同时，国内金融体制改革和汇率制度改革也明显加快。在这一阶段中，中国以更加积极开放的姿态投身于国际金融行业的竞争与合作之中，自身金融服务的水平和公司治理水平不断得到提高。

2001 年 12 月 21 日，中国加入世界贸易组织，对中国金融开放历程起到了举足轻重的作用。为了在满足经济体制改革整体战略需要的同时兼顾国内金融体系的发展，中国采取"渐进式"开放策略，承诺在五年"过渡期"内逐步放开对外资金融机构在华经营的限制。

（1）银行业

2002 年，依照加入世界贸易组织时作出的相关承诺内容，中国人民银行接连出台一系列新规，力图确保银行业能够如期而有序地对外开放。2002 年 1 月 25 日，中国人民银行颁布《中华人民共和国外资金融机构管理条例实施细则》并于当年 2 月 1 日实施，同年 5 月 15 日又发布并实施《商业银行信息披露暂行办法》，此外另有诸多法规条例相继颁布。这些新规的出台循序渐进地把所有中外资银行纳入了同一监管体系，从而对外资银行来华发展业务产生更大吸引力。2003 年 12 月 1 日，银监会宣布即日起将陆续实施一系列举措，确保继续推动我国银行业的对外开放。这些举措包括进一步放开外资营业金融机构经营人民币业务的区域限制、逐步拓宽外资营业性金融机构经营的人民币业务种类、降低外资银行分行营业资金限制、简化市场准入程序，提升单个外资营业性金融机构入股的比例上限等。截至 2006 年年末，在华注册的外资和合资法人银行机构的总数达 14 家；另有 115 家外资银行获批经营人民币业务，囊括的业务种类达 100 种以上；全球范围内总计 74 家外资银行在中国开设营业性金融机构，开设的营业性金融机构数量达到 283 家。

与此同时，中资银行在国际金融活动中扮演着愈加积极的角色。以中国工商银行为代表的四大国有商业银行，凭借自身雄厚的资本参与海外并购和投资活动。截至 2002 年年末，中资银行以多种海外投资方式在全球共设立了 674 家银行类营业性金融机构。这些金融机构的资产总额为 1662.1 亿美元，负债总额则为 1564.43 亿美元，共实现利润 22.1 亿美元。其中四家国有商业银行开办的银行类营业性金融机构有 610 家，其总资产额为 1474.24 亿美元，总负债额为 1427.14 亿美元，实现利润 21.54 亿美元，占所有中资银行海外营业性金融机构利润总额的 97.47%。① 截至 2006 年年末，中国工商银行在全球范围内共计设立了 3 处代表处，拥有 6 家控股公司，并开设了 8 家分行，其境外经营性金融机构总数为 98 家，海外总资产达 2086.29 亿元人民币。② 中国交通银行、中国农业银行等中资商业银行也纷纷出海东南亚等境外地区，成立自己的分行或子行。

（2）证券业

成为世界贸易组织的成员后，中国证券业通过实施一系列举措，逐步完善了对外开放制度，并有序地放开原有的对外资流入的限制。2002 年，证监会出台了《外资参股证券公司设立规则》。该规则针对外资参股证券公司，详细规定了其之后设立时必须具备的条件，以及设立时应当遵守的程序。规则同时说明了对外资参股证券公司开放的经营业务范围，主要涵盖股票及债券的承销、外资股的经纪和债券经纪与自营等。该规则同时规定，外资参股证券公司的境外股东累计持股比例最多不可超过三分之一。截至 2006 年 11 月，总计已有 8 家外资参股证券公司在我国成立并开展日常业务。

2002 年，我国证券市场经过多年发展已经具有一定规模与吸引力，QFII 的引入水到渠成。这也是中国证券业发展史上一个里程碑式的标志。2003 年 7 月 9 日，瑞士银行向申银万国发出第一单 QFII 指令买入了四只股票，标志着 QFII 终于成功进入中国证券市场。在总结了三年的试点经验之后，我国于 2006 年 8 月 24 日公布了《合格境外机构投资者境内证券投资管理办法》。该办法鼓励长期资金管理机构进入中国证券市场，如吸引养老基金、保险基金、共同基金、慈善基金等。2006 年当年即有 13 家外资机构取得了 QFII 的经营资格，初始投资总额即达到 16.5 亿美元；另有 10 家外资机构获批增加 QFII 投资额度共 17.5 亿美元。截至 2006 年年底，QFII 获批的总额度已高达 90.45 亿美元，其中长期机构投资者获准投资的额度占 27.6%，比 2005 年提高约 10%。

2006 年 4 月 17 日，为了尽早完成加入世界贸易组织时承诺的人民币资本项目可兑换的目标，扩大我国居民在海外的投资渠道，推动实现国际收支平衡，中国人民银行、中国银行业监督管理委员会、国家外汇管理局公布《商业银行开办代客境外理财业务管理暂行办法》。该办法详细规定了商业银行代客境外理财业务的准入条件，设定了其在开展此类业务时的最大额度，并规范了商业银行在代客境外理财业务时的汇兑管理和资金流出入管理体制。截至 2006 年，累计 15 家中外资商业银行获批开展代客境外理财业务，投资购汇额度共达 134 亿美元。这其中中资银行有 10 家，外资银行有 5 家，投

① 资料来源：中国人民银行官网。
② 资料来源：中国工商银行股份有限公司网站。

资购汇额度分别达到了 113 亿美元和 21 亿美元。[①]

（3）保险业

加入世界贸易组织以来，中国保险业积极探索，坚持不懈地迈开对外开放的脚步。至 2004 年 12 月 21 日，中国境内所有的外资保险机构经营的业务种类不再受限，原先的地域限制也全面取消，同时海外资本可以在合资保险经纪公司占股 51%。2005 年之后，外资保险公司与中资保险公司在开展业务方面的待遇已基本一致，仅保留对中外合资寿险公司中的外资股权比例 50% 的上限限制。2005 年年末，国内外资保险公司已取得保费收入共计 341.2 亿元人民币，是加入世界贸易组织前其保费收入的 10 倍。截至 2006 年年底，我国保险企业的资产总额达 19731.32 亿元人民币，同比增长 29.6%，其中外资保险公司总资产达 907.89 亿元人民币，占比 4.6%。[②]

同时，中资保险机构的境外投资拉开序幕，海外经营战略也取得初步成效，在国际金融市场之中也越发活跃。2004 年 12 月，中国平安保险（集团）股份有限公司获批取得了 17.5 亿美元的外汇资金境外运用额度，这也是中国保险业获批的第一笔境外投资额度。此后，中国人寿保险（集团）公司和中国人民财产保险公司相继获得 15 亿美元和 2.38 亿美元的外汇资金境外运用额度。2006 年 7 月 31 日，中国保险监督管理委员会公布《保险公司设立境外保险类机构管理办法》和《非保险公司设立境外保险类机构管理办法》。两部办法明确规定中资保险公司设立境外保险类机构的申请条件及办法，完善了中国保险业海外经营的市场规则。截至 2005 年年末，中资保险公司投资境外的地域已经延伸到港澳、东南亚、北美和欧洲等世界上多个地区，成立的保险营业性金融机构共计 41 家，另设立了 9 个保险代表处。

（4）汇率制度改革

2005 年 7 月，中国人民银行颁布《中国人民银行关于完善人民币汇率形成机制改革的公告》，宣告中国汇率制度在危机之后再次启程。自此，人民币汇率以市场供求为基础，参考一篮子货币进行调节，实行有管理的浮动汇率制度。一篮子货币以对外贸易为权重，美欧日韩等我国重要贸易伙伴国货币是重要组成部分。[③] 同时，人民币对美元的汇率由 8.27 元一次性调整至 8.11 元，作为次日银行间市场的中间价。2006 年 1 月，央行发布公告称，在银行间即期外汇市场引入 OTC 方式和做市商制度，将做市商报价作为确定人民币对美元汇率中间价报价基础。

4. 全面对外开放（2007—2017 年）

2007—2017 年，中国金融业迈向了全面对外开放的深入发展阶段，国际影响力不断增强。银行业、证券业和保险业的开放工作踏上稳步推进的道路，人民币国际化和汇

---

① 资料来源：中国外汇管理局网站。

② 资料来源：国家统计局官网。

③ 金永军、陈柳钦：《人民币汇率制度改革评述》，《国际金融研究》2006 年第 1 期。

率制度改革成效显著。

（1）银行业

第一，银行业不断深入其对外开放程度，法人制改革进展顺利。截至2007年年底，共计21家外资银行顺利实现改制，以外资法人银行的身份继续在我国金融市场开展业务。一时间，原本由分行主导的发展态势急转直下，法人主导登上了银行业发展的历史舞台。截至2010年年末，外资法人机构持有资产合计1.52万亿元，为外资银行在华资产总额的87.40%，这表明我国境内的外资银行已主要以法人银行业营业性金融机构的形式存在。

第二，外资银行业营业性金融机构在中国的业务发展迅速，经营人民币业务进一步放开。2008年，共计7家外资法人银行获批经营人民币零售业务，国债承销和发卡等业务也陆续对部分符合条件的外资银行开放。同年，国内69个城市共有927家外资银行网点，布局日益合理，市场覆盖面逐步扩大。截至2017年，在华外资银行营业性金融机构包括163家代表处、38家外商独资银行、1家合资银行、122家外资银行分行。与此同时，在华外资银行营业性金融机构的资产总额也呈现出高速增长的势头，如图7-1所示。

（单位：亿元）

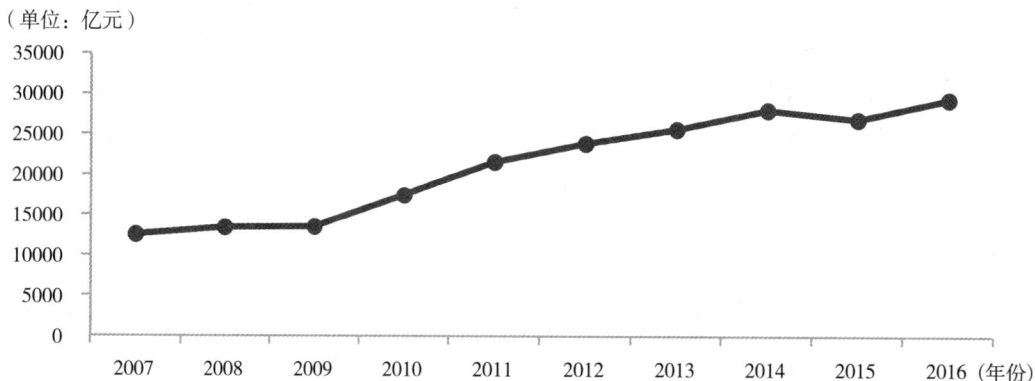

图7-1　在华外资银行营业性金融机构资产情况

第三，中资银行的国际化收获了卓越成效，银行业营业性金融机构走向世界的步伐也越来越快。到2011年年末，政策性银行及大小商业银行设立的海外机构共125家，海外并购或入股投资的境外机构共17家。如表7-1所示，2015年国内银行响应"一带一路"倡议积极开拓亚欧市场，拓展沿线业务。以五大行为例，其在欧亚设立的营业性金融机构在整体海外布局中占比接近四分之三。① 截至2017年年底，有23家中资银行走向海外，其设立的238家一级机构遍布全球65个国家或地区。其中，"一带一路"沿线国家的中资银行营业机构将近70家。

---

① 魏勇强、张文静：《中资商业银行"走出去"：挑战与对策》，《金融理论与实践》2018年第7期。

表 7-1 2015 年五大商业银行海外分支机构 （单位：家）

银行	亚洲	欧洲	北美洲	大洋洲	拉丁美洲	非洲	合计
中国银行	51	31	19	11	2	6	120
中国工商银行	23	14	5	2	3	2	49
中国建设银行	12	10	2	4	1	2	31
中国农业银行	9	5	2	1	0	0	17
交通银行	9	3	3	2	0	0	17
合计	104	63	31	20	6	10	234

资料来源：五大行官网和各年年报。

（2）证券业

2007 年 5 月 20 日，证监会颁布《境外证券交易所驻华代表机构管理办法》，该管理办法对境外证券交易所申请在华设立代表处的条件和流程作出明确规定。同年 6 月，《合格境内机构投资者境外证券投资管理试行办法》正式发布，依照该办法，达到要求的境内证券经营机构投资者可以向证监会申请成为合格境内机构投资者，获批后其筹措到的资金允许用于投资境外金融市场。此举是人民币资本项目暂不可兑换的状况下的制度安排，在推动金融市场开放、支持金融机构开拓海外市场等方面起到了积极的作用。截至 2017 年年末，共有 134 家境内机构投资者获得上述合格境内机构投资者资格，外汇局批准额度总计 993.93 亿美元。2013 年，证监会发布《人民币合格境外机构投资者境内证券投资试点办法》。该办法的推出进一步加快了人民币的国际化，并对人民币合格境外机构投资者的境内投资提供更规范的管理要求。如表 7-2 所示，截至当年年末，共有 10 家 RQFII 机构获得总额 107 亿元人民币的投资额度。

表 7-2 2011 年 RQFII 获批情况 （单位：亿元人民币）

序号	RQFII 机构名称	获批额度
1	南方东英资产管理有限公司	11
2	华夏基金（香港）有限公司	12
3	嘉实国际资产管理有限公司	11
4	大成国际资产管理有限公司	11
5	汇添富资产管理（香港）有限公司	11
6	海富通资产管理（香港）有限公司	11
7	博时基金（国际）有限公司	11
8	华安资产管理（香港）有限公司	11
9	申银万国（香港）集团有限公司	9
10	安信国际金融控股有限公司	9
总计		107

资料来源：国家外汇管理局网站。

2014 年 11 月 10 日，中国内地和香港地区证监会发表共同声明，"沪港通"正式落地，一年之后其累计交易金额总额已超过 2 万亿元人民币。2016 年 12 月 5 日，"深港通"开通，启动首日运行顺畅、交易平稳。"沪港通"和"深港通"的接连开通，为中国内地和香港两地居民相互买卖股票提供了便利，同时推动内地与香港的金融市场更紧密地联合，是世界范围内一个典型的市场互联互通的案例，为其他有意国家和地区提供了宝贵的经验。

（3）保险业

外资保险机构对中国保险市场的参与程度进一步加深。2007—2017 年，共有 14 家外资保险公司获得保监会批准进入中国保险市场。截至 2017 年年底，在华外资保险公司总计 57 家，营业性金融机构总数超过 400 家。当年年末，中国保险公司持有资产总计 169377. 32 亿元，同比增长 10. 15%。其中，外资保险公司资产总额为 10420. 46 亿元，相比年初增长 1032. 39 亿元，增长 14. 28%，占 6. 2%。①

（4）人民币汇率制度改革

人民币汇率形成机制进一步市场化，汇率弹性不断增加。② 人民币汇率制度发展至今，从固定汇率制到有管理的浮动汇率制，从盯住美元到参考一篮子货币，经历的每一次调整都是基于国内经济发展需要作出的战略安排。

2015 年 8 月，人民币汇率制度改革再上新的台阶，央行发表声明完善人民币对美元中间价报价机制，银行间外汇市场收盘汇率作为重要参考，进一步增强了中间价市场化程度和基准性。③ 2017 年 5 月，为了减少市场情绪对汇率的影响，抑制顺周期时市场出现的"羊群效应"，"逆周期因子"被加入人民币对美元汇率中间价报价机制，进一步稳定市场预期。

经历了一系列的改革措施，人民币汇率越来越富有弹性，能更好地适应全球经济的即时变化；汇率形成机制也愈加市场化和透明化，央行逐渐减少对中间价形成过程的干预，更多地承担起宏观经济调控的角色，提高了外汇市场的流动性。但同时，随着央行放松管制，汇率波动造成的金融风险可能波及更加深远，亟待市场化的汇率管理机制。自 2015 年 8 月 11 日汇率制度改革以来，人民币汇率弹性增强，对一篮子货币汇率基本保持稳定，整体呈小幅上升。

（5）人民币国际化

随着中国经济的不断发展以及改革开放进程的持续深入，中国的国际影响力与日俱增，人民币在国际舞台上扮演的角色也愈加重要。尤其是 2016 年人民币正式加入特别提款权（SDR），是人民币国际化进程中的里程碑式事件。

第一，人民币跨境贸易结算发展迅猛，跨境使用规模稳步上升。2009 年，我国开

---

① 资料来源：国家统计局官网。

② 杨雪峰：《开放进程中人民币汇率制度演变解读》，《世界经济研究》2008 年第 9 期。

③ 丁志杰、严灏、丁玥：《人民币汇率市场化改革四十年：进程、经验与展望》，《管理世界》2018 年第 10 期。

始了跨境人民币结算业务的尝试，以沪深等沿海城市作为首批试点，在东盟国家进行境外业务。此后，央行等相关政府部门相继出台了《跨境贸易人民币结算试点管理办法》《关于扩大跨境贸易人民币结算试点有关问题的通知》和《关于扩大跨境贸易人民币结算地区的通知》等文件，不断规范人民币跨境结算业务，逐步扩大跨境贸易人民币结算试点。2012 年 3 月，《关于出口货物贸易人民币结算企业管理有关问题的通知》发布，取消对境内所有企业使用人民币结算的许可限制，人民币跨境贸易业务全面放开。① 2017 年，人民币跨境收付逐月增长，全年人民币跨境收付金额合计 9.19 万亿元。其中，经常项目人民币跨境收付金额合计 4.37 万亿元，同比下降 17%；资本项目人民币跨境收付金额合计 4.83 万亿元，同比上升 4.7%。

第二，央行间国际合作逐步加深，人民币作为国际储备的功能凸显。2008 年以来，为促进双边的贸易发展和金融稳定，中国相继与 30 多个国家和地区的货币当局签订了总额超过 3.3 万亿元人民币的双边本币互换协议。如图 7-2 所示，根据 IMF 官方统计，截至 2017 年年末，官方外汇储备货币构成（COFER）报送国持有的人民币储备规模为 1235 亿美元，相比 2016 年年底增加 318.03 亿美元、增长 35%、占比为 1.22%，较 2016 年年末提升 0.15 个百分点。② 据悉，将人民币纳入外汇储备的货币当局达 60 余家。这一方面加强了中国人民银行与境外央行的交流协作，便于宣传银行间市场的政策和操作；另一方面为境外央行在我国外汇市场投资提供便利。

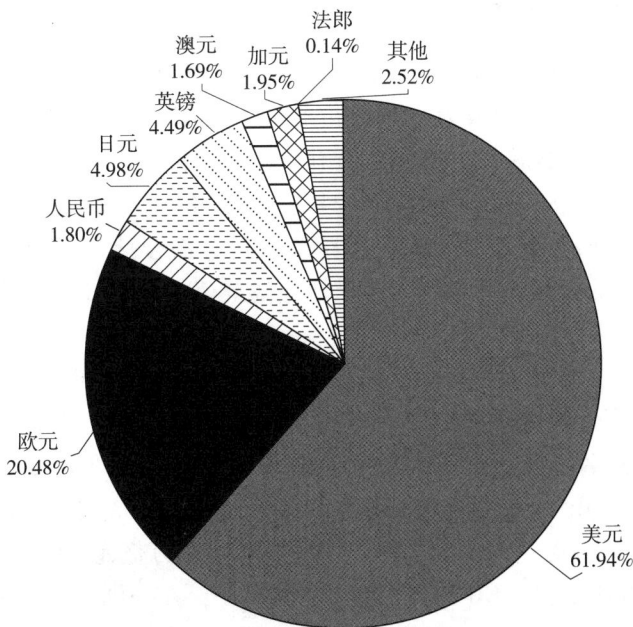

图 7-2　IMF 官方外汇储备币种构成

①　庞岩、卢爱珍：《跨境贸易人民币结算的发展及其影响因素分析》，《国际商务研究》2017 年第 5 期。
②　资料来源：中国人民银行网站。

第三，人民币国际支付份额逐年攀升，跨境支付系统不断完善。近年来，人民币国际支付在全球市场中的份额整体呈上升趋势，据环球同业银行金融电讯协会（SWIFT）统计，截至 2017 年年末，人民币在国际支付中的份额为 1.61%，为全球第六大支付货币。

在人民币跨境支付系统（以下简称"CIPS"）投产之前，"清算行"和"代理行"是完成人民币跨境结算的主要方式。传统模式下，人民币跨境清算层级多、路径长，清算时间受限制，清算效率相对低下，境外客户当日清算服务难以保证。CIPS 的产生是人民币跨境结算需求日益增长的必然结果，降低企业结算成本的同时缓解了我国外汇储备的汇率损失。2015 年 10 月 8 日，CIPS（一期）顺利投产，重点建设符合通行做法和国际标准的整体制度安排，结算客户不断增多，金额不断扩大。2017 年，CIPS 共处理支付业务 773.34 亿笔，涉及金额 5414.25 万亿元，同比分别增长 30.44% 和 5.86%。[1]

二、金融开放再上新台阶

2018 年以来，我国金融开放呈现多点突破、加快推进的良好局面，人民币国际化成绩斐然，银行、证券和保险等金融服务业对外开放取得新的重大进展。

1. 人民币国际化迈出新步伐

在 2018 年 11 月的首届中新金融峰会上，国家外汇管理局副局长张新表示，人民币国际化取得积极成效，目前已成为全球第五大支付货币。2018 年以来，我国人民币跨境使用规模继续增加，国际储备功能继续强化，跨境支付系统继续完善。

2018 年前三季度，人民币跨境收款 5.24 万亿元，付款 5.20 万亿元，合计 10.44 万亿元，同比增长 48.9%。经常项目人民币跨境收付金额合计 3.71 万亿元，同比增长 14.5%。[2] 据环球同业银行金融电讯协会统计，截至 2018 年年末，人民币在国际支付中的份额为 2.07%，较年初增长 28.6%。

IMF 数据显示，人民币在全球外汇储备中占比上升，截至 2018 年第三季度，官方外汇储备货币构成报送国持有的人民币储备规模为 1925 亿美元，相比 2017 年年底增加 690.7 亿美元、增长 55.9%、占比为 1.8%，较 2017 年年末提升 0.58 个百分点。[3]

2015 年 10 月，CIPS（一期）顺利投产，极大地便利了人民币跨境结算。2018 年第三季度，CIPS 处理业务达 38.13 万笔，金额合计 7.01 万亿元，同比分别增长 5.34% 和 75.89%。[4] 2018 年 5 月，CIPS（二期）全面投产，在一期基础上进行了改进：第

---

① 资料来源：中国人民银行官网。

② 资料来源：中国人民银行：《2018 年第三季度中国货币政策执行报告》，第 10 页。

③ 资料来源：IMF 数据库。

④ 资料来源：中国人民银行：《2018 年第三季度支付体系运行总体情况》，第 6 页。

一，结算模式更加多样化，实行实时全额结算模式加上定时净额结算模式的混合结算机制，满足参与者的差异化需求；第二，系统对外服务时间延长，由原来的 5×12 小时延长至 5×24 小时+4 小时，全球各时区的金融市场全覆盖，支持境外客户当日结算；第三，CIPS 备份系统成功上线，CIPS 业务连续运行能力迅速提升。

2. 金融服务业开放突飞猛进

（1）银行业对外开放：速度、深度和广度显著提升

我国银行业开放包括外资银行的引进和中资银行的"出海"两个方面。对于引进外资银行，我国积极出台相关政策，在放宽外资银行入境条件、打破持股比例限制、减少行政干预、加强银行监管法律法规建设方面取得了显著成果。中资银行"出海"方面，我国依托与世界的经济联系，借助"一带一路"倡议的机遇，积极建立海外分支行，扩大业务范围，同样取得了突出成绩。

2018 年 2 月，中国银监会发布《中国银监会关于修改〈中国银监会外资银行行政许可事项实施办法〉的决定》，这是我国银行业对外开放提速的重要文件。从放宽外资银行入境限制、减少行政干预、注重市场公平三个方面，对扩大我国银行业对外开放作出具体规定：一是扩大开放，增加外资银行投资设立、入股境内银行业金融机构的许可条件、程序和申请材料等规定，并为其提供法律保护；二是减少行政许可事项，将外资银行部分业务取消原审批制改为报告制；三是注重市场公平，对中资和外资银行实施统一的市场准入标准。该文件的出台，是我国银行业开放的又一重大举措，有助于进一步开放中国银行市场，扩大外资银行在中国的服务范围，从而吸引更多外资银行进入中国。

2018 年 4 月，中国人民银行行长易纲在博鳌亚洲论坛上公布了 11 项重大金融开放措施及其时间表，其中涉及银行业开放的有 4 项：一是取消外资持股比例限制，内外资一视同仁，允许外国银行在我国境内同时设立分行和子行；二是鼓励外资进入信托、金融租赁、汽车金融、货币经纪、消费金融等银行业金融领域；三是大幅扩大外资银行业务范围；四是对商业银行新发起设立的金融资产投资公司和理财公司的外资持股比例不设上限。金融业的以上开放目标，是我国对世界作出的承诺，表达了我国金融业开放的坚定决心。

2018 年 8 月，银保监会发布了《中国银行保险监督管理委员会关于废止和修改部分规章的决定》，其主要内容：一是对外资入股中资金融机构实行国民待遇，中外资适用统一的市场准入和行政许可办法；二是取消对外资入股中资银行和金融资产管理公司的股比限制；三是明确外资入股的中资银行的监管属性和法律适用问题，中外资同等对待；四是明确境外金融机构投资入股中资银行，除须符合相关的金融审慎监管规定外，还应遵守我国关于外国投资者在中国境内投资的外资基础性法律。该文件的出台，是对易纲行长在博鳌亚洲论坛上讲话内容的落实和补充，减少了外资银行进入的壁垒，明确了有关外资银行的监管政策和法律适用问题，有利于消除银行业市场的不公平竞争，促

进国内银行业健康发展。

除了出台相关政策支持、为外资银行进入中国提供方便以外，我国还积极推动银行业"走出去"，加快了中资银行在"一带一路"沿线国家的布局。2018 年 11 月 8 日，坦桑尼亚央行行长签发了中华大盛银行的经营银行牌照，标志着我国首个由非银行金融机构设立的海外商业银行在"一带一路"沿线国家诞生。截至 2018 年 11 月，共有 21 个"一带一路"沿线国家的 55 家银行在华设立机构，11 家中资银行在海外设立了 71 家一级分支机构，涉及 27 个"一带一路"沿线国家；中资银行参与"一带一路"建设项目 2600 多个，累计发放贷款 2000 多亿美元①，主要投资于交通等基础设施、装备出口等方面。

当前我国改革开放进入攻坚期，金融领域的开放尤其是银行业的开放将增加国内银行业市场参与主体数量，加大内资银行的竞争压力，迫使内资银行加快改革步伐，提高金融市场的效率和活力。同时，外资银行的进入和中资银行的"出海"，增加了国内外金融业的交流，有利于降低信息成本和交易成本，推动我国开放型经济的发展。

（2）证券业对外开放：新政策出台，新渠道开通，新成果丰硕

2018 年以来，中国证券业在加快出台开放政策和拓宽境内外投资者投资渠道方面力度显著加大。继 2018 年前"沪港通""深港通"的顺利实施以及 A 股纳入 MSCI 指数后，我国继续加强国内证券交易所与"一带一路"沿线国家交易所的相互合作，为更多境外投资者进入我国证券市场提供渠道。

2018 年 3 月，我国首个国际化期货品种——人民币原油期货在上海国际能源交易中心正式挂牌交易，"国际平台、净价交易、保税交割、人民币计价"是其突出亮点。人民币原油期货的诞生，为投资者提供了规避市场价格波动风险的新手段，提升了我国商品期货市场参与全球定价的竞争力，对促进我国证券业的开放具有重要意义。同时，人民币原油期货的推出，是继加入特别提款权之后人民币国际化的又一座里程碑，将极大地增强人民币的国际影响力，具有更加重大的历史意义。

2018 年 4 月，中国人民银行行长易纲在博鳌亚洲论坛上公布了我国金融开放时间表，涉及证券业的有四条。一是放宽证券公司、基金管理公司、期货公司、人身险公司外资持股比例上限调至 51%，三年后取消限制；二是不要求合资证券公司境内股东至少有一家为证券公司；三是扩大内地与香港两地股票市场每日额度，完善互联互通机制；四是统一内外资证券公司业务范围。这些举措，一方面，有助于改善我国目前合资券商发展不尽如人意的现象，如营业牌照问题，目前只有几个早期成立的合资券商（中金公司、高盛高华、瑞银证券）拥有较为齐全的营业牌照，而其余合资券商（如中德证券、东方花旗等）只能开展投行业务②；另一方面，有助于吸引更多优质券商来华

---

① 资料来源：《中资银行累计为"一带一路"项目发放贷款 2000 多亿美元》，中国"一带一路"网，2018 年 11 月 4 日。

② 赵中昊、林婷婷：《外资准入逐步放开 证券行业转型提速》，《中国外资》2018 年第 7 期，第 54—55 页。

开展业务，促使中外券商公平竞争，迫使本土券商开拓创新，加快改革步伐，提高自身的市场竞争力和服务水平。

2018 年 4 月，证监会发布《外商投资证券公司管理办法》，对放宽外商投资证券公司提出五项规定：一是允许外资控股合资证券公司，这是该文件的最大亮点，即不再限制单个境外投资者持有上市证券公司已发行的股份比例（原单个境外投资者持有上市券商已发行股份比例禁止超过 30%）；二是逐步放开合资证券公司业务范围；三是对外资持有上市、非上市两类证券公司股权比例不作区分；四是完善境外股东条件，要求其声誉良好、业绩突出；五是阐明由于境内股东实际控制人身份变更导致的内资证券公司性质变更政策。

继 2014 年"沪港通"、2016 年"深港通"正式开通后，"沪伦通"正式提上了议事日程。"沪伦通"是指伦敦及上海股市互联互通，通过这个渠道，内地投资者可以通过上交所购入伦敦证券交易所上市的某些股票，而英国投资者也可以通过伦敦证券交易所购买部分上交所上市的股票。2018 年 10 月 12 日，证监会正式发布《关于上海证券交易所与伦敦证券交易所互联互通存托凭证业务的监管规定（试行）》。国家外汇管理局在 2019 年年初表示，下一步会择机发布存托凭证跨境资金流动管理规定，推动"沪伦通"落地。伦敦是老牌全球金融中心，对世界经济有着重要影响，"沪伦通"的实施，其影响将远远大于"沪港通"和"深港通"，这是我国金融开放的又一重大事件。一方面，将有助于我国上市公司对标国际标准，加大信息公开力度，增强企业管理能力；另一方面，它给我国以及国际投资者提供了多样化的投资选择，有利于分散风险、分享全球经济增长红利。当然，我国资本市场在"沪伦通"初期可能会遇到一些困难，投资者也将会面临跨市场交易的一系列风险，国家需要进一步完善资本市场制度，投资者也应掌握相应的风险应对措施。

2018 年 7 月，"债券通"迎来了一周岁生日。成立一年以来，"债券通"吸引了大量境外投资者投资中国债券市场，成为沟通内地和境外金融市场的重要桥梁。2018 年 11 月 29 日，彭博交易平台成为"债券通"的第二家电子交易平台，"债券通"投资者可通过多个电子交易平台发送报价请求。2018 年 11 月，财政部和国家税务总局进一步明确了税收政策，自 2018 年 11 月 7 日至 2021 年 11 月 6 日，对境外机构投资境内债券市场取得的债券利息收入暂免征收企业所得税和增值税。这对于境外投资者来说是一大利好消息，有助于吸引更多外资进入中国。2019 年 1 月，"债券通"增加了 55 家机构投资者，与 2018 年 12 月相比增量数据增加了 53%，总量达到了 558 家，包括全球顶级的资产管理公司、基金公司、银行、证券公司和其他机构投资者。"债券通"境外机构投资者数量如图 7-3 所示，月度交易额如图 7-4 所示。

2018 年以来，我国证券业开放成果斐然，但也需要关注开放带来的挑战，谨防证券业开放带来的国际短期资本流动风险。当前我国经济增速减缓，美元升值、人民币走弱，存在引发大规模资本外流的因素。而一旦资本大量流出，势必会降低市场的流动性，导致利率上升，从而增加企业融资成本和债务负担，甚至会导致行业危机，加剧宏

（单位：家）

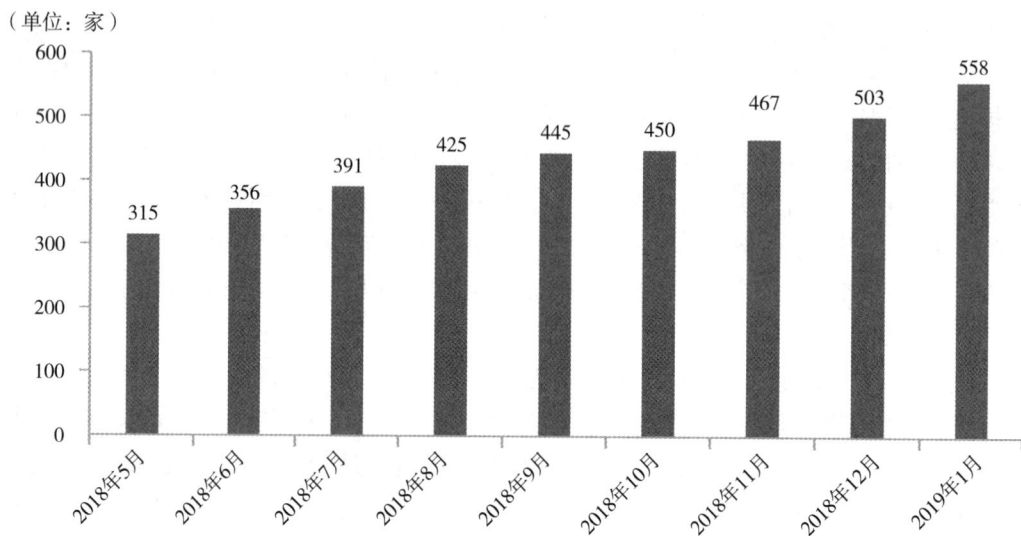

图 7-3 "债券通"境外机构投资者数量

资料来源："债券通"官网。

（单位：亿元人民币）

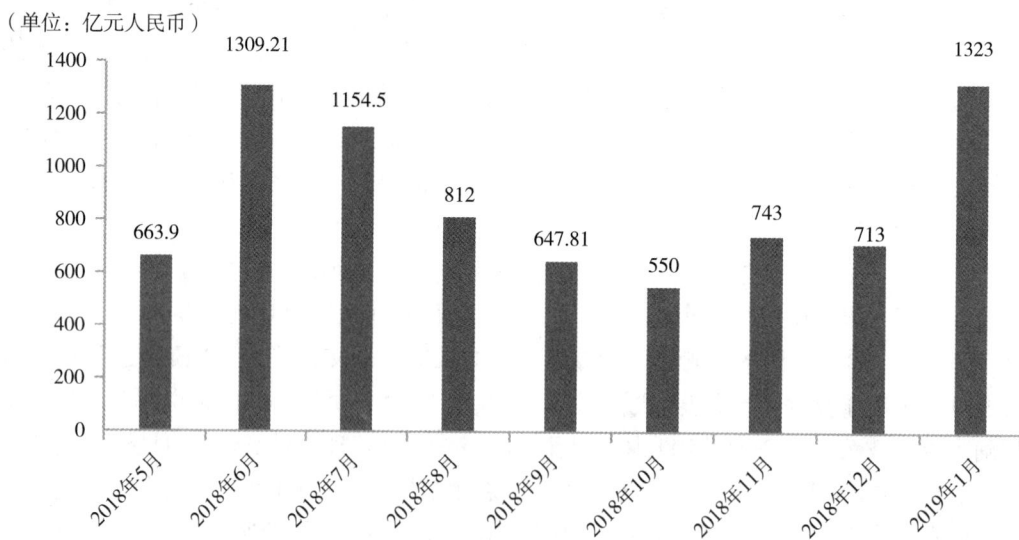

图 7-4 "债券通"月度交易额

资料来源："债券通"官网。

观经济的不稳定性。① 同时，国外资本市场波动的溢出效应同样不容忽视。由于全球资本市场的关联程度加深，一国的波动会影响到其他国家，给其他国家带来危机。虽然存

① 张竞：《我国证券市场开放面临的潜在风险——基于深港通的视角》，《对外经贸实务》2017 年第 3 期。

在着挑战，但目前中国证券市场整体开放对于金融稳定影响为正①，即中国证券市场整体开放有助于维护金融稳定。我国政府应制定债券市场的整体开放方案，坚持有序和渐进式开放，整合采取各项措施，保证金融市场的稳定。

（3）保险业对外开放：进入快车道，向更深层次、更高水平跃升

在金融服务业中，我国保险业开放时间最早、程度最高，曾作为金融业开放初期的"探路者"。多年来，保险业开放成果显著，引进外资保险公司数量大大提升：中国最初只有中国人民保险一家保险公司，而 2017 年年底，共有来自 16 个国家和地区的境外保险公司在我国设立了 57 家外资保险公司，下设各级分支机构 1800 多家，世界 500 强中的所有外国保险公司均进入中国市场。

2018 年 4 月，中国人民银行行长易纲在博鳌亚洲论坛上公布了我国金融开放时间表，其中涉及保险业的有四条。一是上调人身险公司的外资持股比例至 51%，三年后不再设限；二是允许符合条件的外国投资者来华经营保险代理和公估业务；三是统一内外资保险经纪公司可经营范围；四是规定外资保险公司设立前无须开设 2 年代表处。这些举措的实施，一方面，为外资保险公司提供了更好的制度环境，有助于吸引更多优质外资保险公司来华开展业务，进一步促进行业竞争，让中国本土保险公司通过与外资保险公司同台竞技，提升自身的业务能力，促进自身转型与发展，为消费者提供更好的体验；另一方面，有助于我国保险业开放水平的提升，拓展保险市场参与主体，加快形成保险业全面开放的新格局。

博鳌亚洲论坛给我国保险业开放树立了一面新的旗帜，保险业对外开放向更深层次、更高水平跃升。2018 年 5 月，银保监会公布了对筹建工银安盛资产管理有限公司的批复，这是我国保险业开放进程中成立的第一家合资保险资管机构。② 2018 年 11 月，银保监会批准德国安联集团在上海筹建安联（中国）保险控股有限公司，我国首家外资保险控股公司成立。安联保险是欧洲最大的保险集团，设立控股公司有助于提高其在中国市场的战略及财务灵活性，更好地拓展中国市场。此次安联保险的获批，是落实保险业对外开放的重要体现，是我国保险业开放的又一成果，向世界展示了我国金融开放的决心。

保险业开放也是双向开放。目前，我国保险业"引进来"已取得显著成效，截至 2018 年 9 月，国内共有 179 家保险公司，其中外资财险公司 22 家，外资寿险公司 28 家，合计 50 家，占比 28%。③ 但是，国内保险业如何"走出去"仍是重大挑战。与安联、安盛、AIG 等老牌全球著名保险公司相比，我国保险公司还略显稚嫩，无论是全球服务网络、海外服务能力，还是人才储备方面都远远不足。④ 同时，随着外资保险公司

---

① 宁特林、谢朝阳：《中国证券市场开放与金融稳定》，《经济问题》2017 年第 10 期。
② 张末冬：《银保行业进入开放新阶段》，《中国金融家》2018 年第 6 期。
③ 资料来源：中国银保监会官网。
④ 吕岩、赵文青：《2018 保险业：回归、改革、颠覆、底线、开放》，《金融博览（财富）》2019 年第 1 期。

营商环境的优化，内资保险公司过去的垄断经营格局受到严峻挑战，市场份额势必会面临一定程度的冲击。这种情况下，2019 年我国保险业内有转型压力、外有竞争对手，挑战与机遇并存。

三、国际金融话语权不断提升

改革开放 40 年来，我国经济总量已经发生了翻天覆地的变化，综合国力显著提升；金融业对外开放的步子越迈越大、越走越稳，底气越来越足。而由发达国家主导建立的国际金融体系冲突不断，在中国等发展中国家经济力量显著提升的今天，原有的金融体系已无法适应新的国际经济环境。面对西方国家的经济歧视和刁难，我国没有停止布局海外的步伐。在"引进来"取得显著成果的同时，致力于推动金融业"走出去"，积极参与国际经济合作，构建新型国际经济组织，并明确提出"人类命运共同体"的概念，提升我国在国际上的金融话语权，推动国际金融体系向更符合时代要求的方向发展。

1. 成立亚投行：促进亚洲区域互联互通和经济一体化，加强地区合作

2013 年 10 月，习近平主席提出了建立亚洲基础设施投资银行（亚投行）的倡议。2016 年 1 月，亚投行正式成立，是首个由中国倡议设立的多边金融机构，截至 2019 年 2 月共拥有 93 个成员方。① 亚投行的成立有利于加强中国与其他亚洲国家和地区的合作，促进亚洲经济持续稳定发展。

亚投行成立三年来，取得了令人瞩目的成绩，全球主要评级机构纷纷给予亚投行 3A 最高信用评级，联合国专门机构和多家区域开发银行、国际经济组织都与之达成合作。截至 2018 年年底已累计批准项目投资 75 亿美元，撬动了 350 亿美元的总投资，2018 年贷款和投资额达到 35 亿美元，较 2017 年增加 40%。亚投行还带动了各类公共和私营资本，2018 年 7 月，亚投行接受了来自中国香港 1000 万美元专项基金，用于亚投行的低收入成员开展基础设施建设，帮助其获得咨询服务，以及相关设备采购和培训。

2019 年，亚投行有望再创佳绩，一方面将迎来更多的新成员；另一方面预计再批准 40 亿美元贷款，与前三年相比放贷速度明显加快②，这将有助于解决亚洲地区不断扩大的投资缺口。在《2019 年亚洲基础设施融资报告》发布会上，亚投行行长金立群说，2019 年亚投行将会与更多国家合作，项目将不限于交通和能源，还会涉足城镇化、供水、卫生、新能源等领域。

---

① 资料来源：亚投行网站。
② 资料来源：《2019 年亚洲基础设施融资报告》。

2. 设立丝路基金：为"一带一路"建设和双边、多边互联互通提供多元化投融资支持

丝路基金是中长期开发投资基金，于 2014 年 12 月由中国外汇储备、中国投资有限责任公司、国家开发银行、中国进出口银行共同出资建立。丝路基金的理念是"开放包容、互利共赢"，自设立以来一直与境内外企业、金融机构携手努力，促进中国与"一带一路"沿线国家的共同发展。

丝路基金有助于我国"一带一路"建设。它可以消化国内过剩产能，并丰富外汇储备投资形式。2018 年，共有 60 多个国家加入"一带一路"朋友圈。[①] 2018 年 11 月中新峰会上，丝路基金董事长金琦介绍，截至 2018 年 8 月底，丝路基金已签约投资项目 25 个，承诺投资金额超过 82 亿美元和 26 亿元人民币，实际出资超过 68 亿美元，并单独出资 20 亿美元设立中哈产能合作基金。目前，丝路基金投资项目范围已经涵盖中东欧、南亚、中亚、西亚、北非等"一带一路"沿线主要区域，具体包括基础设施、能源资源、产能合作、金融合作等多个领域。

我国的金融开放为丝路基金的业务发展带来了新机遇，丝路基金也加速了我国的金融开放进程。2019 年 1 月，中国向丝路基金完成增资 1000 亿元人民币，扩大了基金规模，这将有利于其更好地调动"一带一路"沿线国家资源，促进贸易投资合作，加强我国与"一带一路"沿线国家的金融联系。

3. 成立金砖国家新开发银行：共筑金融安全网，维护货币稳定，应对金融危机

金砖国家新开发银行（金砖银行）于 2012 年被提出，目的是在外汇短缺时兑换部分外汇，减少下一轮金融危机中的币值波动，共同构建金融安全网。金砖银行于 2014 年 7 月正式成立，2015 年 7 月 21 日正式运营，初始法定资本为 1000 亿美元。2016 年 7 月，金砖银行发行首单"绿色熊猫债"，即境外机构发行的人民币债券，规模为 30 亿元人民币，期限 5 年。2017 年 9 月 4 日，中国向金砖国家新开发银行项目准备基金捐赠 400 万美元，是首个向该项目准备基金出资的创始成员方。

在 2018 年 12 月的第十五届中国国际金融论坛上，金砖银行副行长萨尔基斯说，截至 2018 年年底，金砖银行所审批的项目已达 80 亿美元，涉及金砖五国，主要致力于清洁以及可再生能源等。2019 年，金砖银行计划审核约 70 亿—80 亿美元项目，涵盖金砖五国，同时还会致力于这五个经济体的长期经济金融发展，为当地基础设施建设提供一定货币支持。

金砖银行作为第二次世界大战后唯一由新兴经济体组建的全球性金融机构，其服务对象正从最开始的金砖五国向更多国家发展，主要业务也在不断拓展和深化，2019 年到 2021 年金砖银行的成员方数量会进一步增加。金砖银行的迅速发展，促进了金砖五

155

---

① 资料来源：中国"一带一路"网。

国的金融开放和经济发展，将会成为世界银行、国际货币基金组织的有力补充。

金砖银行的成立是金砖国家财政金融合作的重大事件，为金砖各国提供了参与全球经济治理的合作平台，有助于提高金砖国家和其他新兴市场国家在国际上的金融影响力和话语权。金砖银行的总部设在上海，提高了上海的国际声望，吸引全球金融领域的人才往上海汇聚，有助于上海金融中心的建设，对于上海自贸区建设具有支持意义。它带来了大量跨境资本流动，促进了人民币国际化进程，提高了中国金融业的国际影响力。

四、中国金融开放前景展望

2018年以来全球经济增长由同步复苏走向分化。由于税改和政府财政支出的影响，美国经济回暖较为突出，而其他国家表现则较为平淡。2018年美联储加息四次，欧洲、日本则继续维持较低利率水平，中国人民银行年内累计四次降准，国内市场流动性有所增加。

在2018年博鳌亚洲论坛年会上，国家主席习近平向世界提出了时代之问——开放还是封闭？前进还是后退？全球化和自由贸易是经济发展的客观趋势，多边主义、对话合作是大多数国家的愿望。习近平主席指出，中国的改革开放一定会打开一个全新的局面：一是大幅度放宽市场准入；二是创造更有吸引力的投资环境；三是加强知识产权保护；四是主动扩大进口。中国金融开放的道路上机遇与挑战并存，但金融开放的脚步不会停下。

1. 必须坚定金融开放的决心和信心

2018年9月的"新时代中国金融开放与上海国际金融中心建设高端论坛"上，上海社会科学院院长张道根提出，要坚持邓小平同志提出的"金融是现代经济的核心"。目前我国的金融滞后于经济发展水平，在当前中国经济转向高质量发展阶段中，金融必须先行，通过推进金融供给侧结构性改革、加快金融体制创新和扩大金融开放来校正实体经济中存在的问题，解决实体经济中的困难。2018年11月的"《财经》年会2019：预测与战略"上，中国银行保险监督管理委员会副主席王兆星认为，在当前更加复杂和不确定的国际环境和国内经济环境下，我们更需要坚定扩大金融开放的决心和信心。金融开放不是金融危机的根源，相反，只有进一步扩大金融开放，才能促进国际协调与合作，促进全球金融治理，共同努力防范金融系统性风险。2018年清华五道口全球金融论坛上，清华大学国家金融研究院院长、国际货币基金组织原副总裁朱民表示，中国已是全球第二大股票市场、第三大债券市场，上市公司市值占GDP的比例已提高至65%，但中国金融市场国际化严重落后。因此要全面推进金融改革，在扩大市场准入、全面放宽业务范围和开放信用清算、评级征信等金融基础设施方面下功夫。

2018年以来，我国的金融开放已经迈上了一个新的台阶，在推进资本项目开放、汇率制度改革和人民币国际化方面，较之前已有明显突破，并正稳扎稳打向更高目标迈进；银行、证券、保险等金融服务业国际化均取得喜人成绩，不仅仅满足于吸引外资进入，还正积极布局海外，提高国际化水平。中国在推进金融开放过程中，积累了经验、吸取了教训，取得的显著成绩也积攒了底气、增加了自信。尽管我国金融体系存在诸多问题，未来开放过程中也必将面临诸多挑战；但是，有了这些经验和自信，中国一定能够从容应对，不断克服困难、解决问题、化解矛盾，有效防范各种金融风险，中国金融开放的步伐一定能够迈得越来越大、越来越稳。

2. 金融开放政策必须"稳中求变"

中国金融业的对外开放，从来不是盲目的、无计划的，而是渐进的、有序推进的。从试点到扩大，从开始允许外资入股到取消外资入股比例限制，从经常项目可兑换到开放资本与金融项目，从"引进来"到"走出去"，中国金融开放一步一步稳扎稳打。在今后一个时期，这种有序开放、稳步推进的态势必将延续下去，而中国的金融开放前景也必将值得期待。

（1）"稳"是基调：金融开放政策必须保持稳定性

金融开放政策首先要保持稳定性。2018年7月，中央召开全国金融工作会议，习近平总书记指出，要扩大金融对外开放，具体来说，要深化人民币汇率形成机制改革，稳步推进人民币国际化，稳步实现资本项目可兑换。要积极稳妥推动金融业对外开放，合理安排开放顺序，加快建立完善有利于保护金融消费者权益、有利于增强金融有序竞争、有利于防范金融风险的机制。在"2018金融街论坛年会"上，中国人民银行行长易纲、中国证监会副主席阎庆民、中国银行保险监督管理委员会副主席黄洪等人均传递出金融业要"进一步扩大开放、同时注重防范金融风险"的信号。由此可见，我国在推动利率和汇率市场化改革、金融机构"请进来"和"走出去"以及跨境资本流动监管方面，都将保持相对稳定和可预期的政策态度，金融开放政策不会出现"急刹车"和"开倒车"的情况，更不会出现"翻车"的情况。

（2）"变"是必然：金融开放政策必须兼顾灵活性

目前，全球经济总体恢复缓慢，我国经济从高速增长转向中高速增长。美国对中国的态度反复不定，中美贸易摩擦问题的解决一波三折。世界各国之间的合作与冲突此起彼伏，我国国内的经济环境和政策环境也在发生变化。因此，我国金融开放政策要在总体稳定的基调下，根据现实情况灵活处理，对于已出台的政策实时跟踪，加强政策效果评估，及时作出正向或逆向调整，以扩大成果或减少损失。

"变"，就是要坚持政策手段的多样性、灵活性。我国是一个有着14亿人口的大国，国内经济环境复杂，地区经济差异大，不同行业发展情况不同，在推动金融开放时要注意多种政策手段协同推进。众多政策手段的实施必须坚持以下几项原则：一是政策搭配原则，既要发挥不同政策手段的协同推进作用，又要防止出现不同政策手段的冲突；二是协调性原则，包括国内外经济发展目标协调、国内区域经济协调以及银行、证券、保险不同行业开放政策的协调；三是平衡性原则，金融开放政策要在自由和管制之间找到适合现阶段国情的平衡点；四是预见性原则，在各项金融政策出台之前，要先做好试点，验证政策效果并解决暴露出来的问题。

（3）"试"出经验：充分发挥上海自贸区和海南自贸区在全国金融开放中的先行先试作用

上海自贸区作为我国对外开放的前沿阵地，肩负着我国全面深化改革和扩大开放"试验田"和"排头兵"的使命。目前，上海自贸区在做好"金改40条"政策落地、实现人民币资本项目可兑换、扩大金融服务业对内对外开放、建设国际标准金融市场和加强金融监管等方面均取得突出成果，为全面改革和扩大开放积累了经验。我国金融开放，要利用好上海自贸区这块"试验田"，围绕将上海建设成为国际金融、贸易、经济、航运中心，借助国家对上海的政策优势、本身所处长三角的区位优势以及良好的基础设施优势，加快上海自贸区建设。要在上海自贸区先行先试，积极探索，加快引入外资机构，促进金融业标准向国际看齐，加强监管体系建设，充分发挥金融开放"试验田""排头兵"的作用，为全国扩大金融开放，提供可复制、可推广的宝贵经验。

2018年4月，中共中央、国务院发布《关于支持海南全面深化改革开放的指导意见》（中发〔2018〕12号），明确以现有自由贸易试验区试点内容为主体，结合海南特点，建设中国（海南）自由贸易试验区，实施范围为海南岛全岛。同年10月16日，国务院正式批准成立海南自贸区，并发布了《中国（海南）自由贸易试验区总体方案》，提出要充分发挥金融支持自贸试验区建设的重要作用，出台金融领域的一篮子政策措施，以服务实体经济、促进贸易投融资便利化为出发点和落脚点，以制度创新为核心，大力推动自贸试验区金融开放创新。进一步扩大人民币跨境使用、探索资本项目可兑换、深化外汇管理改革、探索投融资汇兑便利化，扩大金融业开放，为贸易投资便利化提供优质金融服务。① 海南自贸区是我国"一带一路"建设的又一重要窗口，必将给我国金融开放创新带来新的经验。

3. 金融开放必须警惕"五大风险"

金融业对外开放是大势所趋，也是时代的选择，但金融开放的进程总是一波三折。20世纪日本和韩国金融开放的教训告诉我们，由于所处的历史时期不同、各国国情不同，以及外部压力不同，在金融开放的实践中极易出现各种各样的问题，在开放路径和步骤上也不可盲从他国先例。参照他国金融开放中出现过的问题，结合我国国情，我国在金融开放过程中，要充分认识可能出现的"五大风险"，并积极做好应对准备。

（1）资本外流风险

随着金融开放的不断深入，越来越多的国内外投资者可以自由投资对方市场，资本

---

① 转引自《国务院关于印发中国（海南）自由贸易试验区总体方案的通知》（国发〔2018〕34号），中国政府网，2018年10月16日。

跨境流动规模大大增加。如果我国经济下行持续时间较长或出现社会动荡时，国内资本会纷纷涌往海外，之前进入国内的国际短期流动性资本为了规避风险也会迅速撤出。其后果一方面，不利于我国汇率稳定；另一方面，大规模资本流出会降低我国外汇储备，而当外汇储备降低到一定程度时，会迫使中国人民银行采取完全浮动汇率或采取资本管制政策。如果处理不当，这些举措都会给国内经济带来负面影响，甚至会引发金融危机。

（2）汇率风险

我国金融开放进程的加快导致跨境资本流动规模增加，必然会涉及不同国家的货币兑换问题，汇率风险不容忽视。2012 年 4 月，中国人民银行为完善以市场供求为基础、参考一篮子货币进行调节、有管理的浮动汇率制度，决定扩大人民币兑美元汇率浮动幅度。但此时人民币汇率仍然面临两个问题：一是市场化程度不高；二是人民币汇率调节中美元依旧占据绝对比重，"篮子"中的其他货币汇率比重过低。[①] 2017 年 5 月，中国人民银行正式宣布人民币汇率中间价报价模型中加入"逆周期因子"，带动了人民币一波强势升值，但是之后的 2018 年，由于受到多种因素影响，人民币汇率总体走弱。实际上，我国汇率制度的报价仍然是不透明的，这一点一直受到国外投资者的诟病。目前我国对于资本与金融项目的货币兑换仍然没有完全放开，利率和汇率市场化仍然没有实现，这既与我国原计划经济传统有关，也与我国现阶段国情有关。对于跨国投资者而言，能够稳定获取足够的外币资金是吸引其投资的关键，而我国汇率机制现状加大了其难度。

（3）波动传导风险

在金融开放的问题上，有时候是"树欲静而风不止"，既然打开国门，就要面对天下风云。1997 年亚洲金融危机，我国因为有资本管制政策而没有受到波及。但资本管制是一把双刃剑，在保护国内免受短期热钱进出影响的同时，本身缺乏效率，也让我国失去了大量利用外资发展自身经济的机会，因为长期"宽进严出"的政策在一定程度上降低了外资进入中国的欲望。现在，我国金融开放的大门正在逐渐打开，资本管制在逐渐放松，国内利率和汇率改革虽有所成效却并没有实现真正的市场化，金融体系依旧脆弱，金融监管还存在不足，更需要时刻谨防他国经济波动导致的外溢效应，早做预防和处理。

（4）开放顺序不协调风险

在金融开放的过程中，我国不可避免会遇到开放政策的顺序问题。利率市场化改革、汇率市场化改革、资本与金融项目自由化、人民币国际化、"引进来"与"走出去"、放松金融管制与加强金融监管等等，这些政策目标的实现该如何搭配？采取何种顺序？这并非是简单的谁先谁后的问题，而是你中有我、我中有你，甚至不同的国情有不同的开放道路。20 世纪，韩国在推动金融开放过程中就遇到过开放政策配合不当的

[①]　杨雪峰：《人民币汇率形成机制的实证研究（2006—2011）》，《世界经济研究》2012 年第 9 期。

问题：一是资本账户不对称开放引起期限错配；二是汇率、利率制度改革滞后于短期资本项目自由化，金融监管措施落后，金融风险积累，过剩产能难以出清，并在加大金融开放和非银机构扩张的背景下，采取宽松的货币政策，陷入产能过剩和金融加杠杆的恶性循环。① 日本在 20 世纪的金融开放也出现了节奏错配问题，在国内金融体制改革和利率市场化未见成效时就加速开放资本账户，国内企业为逃避监管通过欧洲日元市场融资，大大削弱了国内货币政策效果。同时因为广场协议的签订，日元急速升值带来国内经济衰退，货币政策被迫宽松，加之金融"脱媒"不断发展，国内金融机构风险偏好提升，大量资金投向房地产和股市，埋下经济泡沫的隐患。我国一定要引以为戒，在金融开放的过程中结合本国国情，科学决策、精准应对，走出一条正确、稳健的金融开放之路。

（5）国际政治博弈与贸易冲突风险

世界是一个相互联系的整体，经济大国的政府更迭、经济政策变化常常会迫使他国作出回应。美国特朗普政府经济政策的飘忽不定，给跨境投资带来了很多的不确定性，也给全球经济复苏蒙上了一层阴云。现在，中美贸易冲突尚未结束，中美大国博弈将长期存在，在动荡的国际政治、经济环境下，国际资本往往采取自保手段，资本外流在预料之中。同时，2018 年以来美国采取加息、缩表等政策导致美元强势升值，引发全球大量资本回流美国，加剧了跨境资本规模的短期变动，给我国金融监管带来较大压力，我国只有被迫作出回应，相关财政货币政策独立性受到影响。

---

① 方思元、梁珣：《中国金融对外开放：成就、不足与变革》，《海外投资与出口信贷》2018 年第 6 期。

第八章 全面向好：
积极推动东北亚开创新未来

2018 年，在世界政治经济形势充满不确定性和不稳定性、单边主义和保护主义抬头、传统热点问题和非传统安全难题此起彼伏之际，中国作为东北亚的重要一员，面对"百年未有之大变局"，继续秉持和平发展理念和相互尊重精神，考虑并照顾区域内各方关切，以建设性姿态积极参与、努力推动地区整体及各国间的交流与合作：不但中日关系重回正轨、展现新前景，朝鲜半岛出现重大转机、迎来新形势，而且远东合作共享机遇、开启新时代，东北亚呈现全面向好新态势。

一、重回正轨：中日关系展现新前景

2018 年，既是《中日和平友好条约》缔结 40 周年，也是中国改革开放 40 周年。40 年前，时任国务院副总理邓小平为出席这一条约批准书的换文仪式而于 10 月正式访问日本，1 个多月后于 12 月召开的党的十一届三中全会正式确定改革开放路线，这一时间上的巧合也在客观上造就了中日关系和中国改革开放的密切联系与相互促进：日本支持和积极参与中国改革开放的举措，既为中国的现代化建设作出了重要贡献，也使自身从中获得了实实在在的利益。① 40 年后，双方不但举行了一系列相关纪念活动、总结40 年务实合作所取得的累累硕果与经验教训，而且习近平主席与安倍晋三首相多次会晤、中国总理时隔 8 年正式访日、日本首相时隔 7 年正式访华、中日经济高层对话时隔8 年重新启动，就改善双方关系达成重要共识，推动中日关系在走过一段较长弯路后重回正轨，并为实现长期健康稳定发展制定新的合作规划与方向，展现出更为广阔的互利共赢、共同发展新前景。约 450 家日本企业参加 2018 年首届中国国际进口博览会，涵盖汽车、高端及智能制造等 7 大领域 9 个展厅，在各国和地区中参展企业数最多、展馆占地面积最大。②

---

① 参见《驻日本大使程永华在纪念中国改革开放 40 周年和中日经贸合作研讨会上的讲话》，中国驻日本大使馆，2018 年 12 月 3 日。

② 参见李思默：《首届中国国际进口博览会日本参展企业数最多》，央广网，2018 年 11 月 8 日。

1. 《中日和平友好条约》缔结 40 周年，务实合作互利共赢

《中日和平友好条约》于 1978 年 8 月 12 日在北京正式签署、10 月 23 日在东京正式生效，成为继 1972 年 9 月《中日联合声明》发表、中日邦交正常化后两国关系的又一重要里程碑，被视为双方关系发展的政治和法律基础。时任日本首相福田赳夫曾明确指出，缔约在两国之间架起了"铁桥"。①

40 年来，中日关系风雨兼程、总体向前，对双方经济发展与合作、区域和平与稳定起到积极作用；根据发展速度和顺畅程度，可以 20 世纪 90 年代初冷战结束为界划分两个阶段——之前的飞跃发展和之后的波折不断。② 与此同时，双方的经贸合作相继经历日本拉动中国、中国拉动日本、对等合作三个阶段。③ 而这一发展的阶段性特征，显然也与随着中国改革开放进程的不断推进、中国国际经济地位的日渐提高、双方力量的此消彼长有着密切的关系。

（1）举办《中日和平友好条约》缔结纪念活动，重申中日友好及其基本原则

李克强总理和安倍晋三首相除于 2018 年 8 月 12 日互致贺电外，还在 2018 年 5 月、10 月共同出席分别于日本、中国举行的纪念《中日和平友好条约》缔结 40 周年招待会并致辞。

李克强总理强调，中日关系正处于承前启后的历史节点；"重返正轨并呈现积极发展势头的中日关系，有着巨大的合作潜力和发展机遇，也面临困难和挑战"。双方应努力增进政治互信，将互为合作伙伴、互不构成威胁更充分地体现在实际行动中，建设性管控矛盾分歧；扎实推进务实合作，进一步激发合作潜力，推动合作提质升级；加强和深化民间交往，将民间友好转化为双方关系发展的社会基础，夯实两国友好的民意支撑；携手为亚洲和世界发展作贡献，维护多边主义和自由贸易，努力做稳定轴、增长极和动力源。他还欢迎日方积极参与"一带一路"建设、更加积极参与中国新一轮改革开放进程；并指出，只要遵循条约精神，拿出远见、勇气和智慧，就一定能共同开创中日关系新的未来。④

安倍晋三首相表示，《中日和平友好条约》像指南针一样引领两国克服各种困难、不断前行；"在日中关系重新扬帆起航时，双方有责任把竞争转为协调"⑤，进入协调的

---

① 李克强：《在纪念中日和平友好条约缔结 40 周年招待会上的演讲》，《人民日报》2018 年 5 月 12 日。

② 参见郭泉真：《中日四十年——前驻日大使徐敦信访谈》，《解放日报》2018 年 10 月 23 日。

③ 金熙德：《缔约 30 年来中日关系的演变轨迹》，《日本学刊》2008 年第 6 期，第 8 页。

④ 李克强：《在纪念中日和平友好条约缔结 40 周年招待会上的演讲》，《人民日报》2018 年 5 月 12 日；《李克强与日本首相安倍晋三共同出席纪念中日和平友好条约缔结 40 周年招待会并致辞》，《人民日报》2018 年 10 月 26 日；白阳等：《李克强出席中日和平友好条约缔结 40 周年纪念活动暨访日招待会并发表演讲》，《人民日报》2018 年 5 月 12 日。

⑤ 《李克强出席中日和平友好条约缔结 40 周年纪念活动暨访日招待会并发表演讲》，《人民日报》2018 年 5 月 12 日。

时代。两国对地区、世界和平繁荣负有重要责任，应继续携手深化合作，回应各方期待。①

此外，由中国驻日本大使馆和日本经济团体联合会（以下简称"经团联"）共同主办的"中国改革开放40周年和中日经贸合作"研讨会于2018年12月在东京举行。与会人士对未来中日经济合作充满信心，一致认为未来40年将是两国合作共赢的40年。日本前首相福田康夫指出，改革开放40年，中国的经济规模增长到日本的近3倍，双方关系也在经历历史性变化，须面向未来建立新型合作关系。日本经团联会长表示，日本经济界欢迎日中关系重回正轨，化竞争为协调。②

（2）中日经贸关系40年：务实合作、互利共赢

改革开放40年，尤其自1979年日本决定向资金短缺、急需外汇的中国提供以日元贷款为中心的政府开发援助资金后，中日经贸合作以贸易、投资和经援为三大支柱取得长足进步。但由于经济与政治问题不可避免地相交织，其在经历过10余年的"政热经热"期后，步入近20年的"政冷经热"期，并因2012年9月日本非法对钓鱼岛实行所谓"国有化"起陷入近5年的"政冷经冷"期，2017年方才随着中日关系的回暖而有所回升。

就货物贸易而言，根据中国的统计数据，中日双边货物贸易额已由1978年签署条约时的仅为48.24亿美元提高到2018年的3276.63亿美元，年均增长11.1%。其中，出口由17.19亿美元提升至1470.83亿美元，年均增长11.8%；进口由31.05亿美元提升至1805.80亿美元，年均增长10.7%。1984年突破100亿美元、1991年突破200亿美元；1993—1996年一年一个台阶，相继突破300亿美元、400亿美元、500亿美元、600亿美元；并于2002年、2006年、2011年先后超过1000亿美元、2000亿美元、3000亿美元，但2012—2016年逐渐下降，2017年才随着中日关系的缓和重返3000亿美元（见表8-1）。日本2018年占中国进出口、出口、进口贸易总额的比重分别为7.1%、5.9%、8.5%。日本的统计数据显示，中国是日本的第一大进口来源地，并自2007年起一直是日本的第一大贸易伙伴国，2009年超越美国跃升至日本的第一大出口市场，尽管2013年被美国反超还是在2018年再次超越，但依然为日本的第一大出口市场，2018年占日本进出口、出口、进口贸易总额的比重分别为21.4%、19.5%、23.2%；其中，机电产品占日本对华出口、进口总额的比重分别为43.1%、45.5%，中国的纺织品及原料、鞋靴伞、箱包等劳动密集型轻工类产品在日本进口市场的占有率约为60%。

163

---

① 《李克强同日本首相安倍晋三就中日和平友好条约缔结40周年互致贺电》，《人民日报》2018年8月13日。

② 苏海河：《推动中日互利合作实现共赢》，《经济日报》2018年12月5日；张冠楠：《"短短四十年，中国发生了翻天覆地的变化"》，《光明日报》2018年12月7日。

表 8-1　1978—2018 年中国—日本货物贸易情况一览

年份	进出口			出口			进口		
	金额（亿美元）	同比（%）	占比（%）	金额（亿美元）	同比（%）	占比（%）	金额（亿美元）	同比（%）	占比（%）
1978	48.24	—	23.35	17.19	—	17.64	31.05	—	28.56
1979	67.08	39.05	22.88	27.64	60.79	20.20	39.44	27.02	25.14
1980	92.01	37.16	24.33	40.32	45.88	22.06	51.69	31.06	26.44
1981	99.78	8.44	22.66	45.97	14.01	20.89	53.81	4.10	24.44
1982	87.61	-12.20	21.06	48.61	5.74	21.78	39.00	-27.52	20.22
1983	90.77	3.61	20.81	44.57	-8.31	20.05	46.20	18.46	21.60
1984	127.28	40.22	23.77	53.54	20.13	20.48	73.74	59.61	26.90
1985	164.34	29.12	23.61	56.09	4.76	20.51	108.25	46.80	25.62
1986	138.64	-15.64	18.77	43.64	-22.20	14.10	95.00	-12.24	22.14
1987	131.60	-5.08	15.92	59.16	35.56	15.00	72.44	-23.75	16.76
1988	146.26	11.14	14.23	72.87	23.17	15.33	73.39	1.31	13.28
1989	146.63	0.25	13.13	81.47	11.80	15.51	65.16	-11.21	11.02
1990	129.27	-11.84	11.20	88.71	8.89	14.29	40.55	-37.77	7.60
1991	202.83	56.90	14.95	102.52	15.57	14.27	100.31	147.37	15.72
1992	253.80	25.13	15.33	116.99	14.11	13.77	136.81	36.39	16.98
1993	390.30	53.78	19.94	157.80	34.88	17.20	232.50	69.94	22.36
1994	478.90	22.70	20.24	215.70	36.69	17.83	263.20	13.20	22.77
1995	574.60	19.98	20.46	284.60	31.94	19.13	290.05	10.20	21.96
1996	600.58	4.52	20.72	308.70	8.47	20.44	291.80	0.60	21.02
1997	608.13	1.26	18.70	318.20	3.08	17.41	289.93	-0.64	20.36
1998	579.35	-4.73	17.88	296.60	-6.79	16.14	282.75	-2.71	20.16
1999	661.74	14.22	18.35	324.11	9.27	16.63	337.63	19.41	20.38
2000	831.64	25.67	17.53	416.54	28.52	16.72	415.10	22.94	18.44
2001	877.54	5.52	17.22	449.58	7.93	16.90	427.97	3.10	17.57
2002	1019.00	16.12	16.42	484.34	7.73	14.88	534.66	24.93	18.11
2003	1335.57	31.07	15.69	594.09	22.66	13.56	741.48	38.68	17.96
2004	1678.36	25.67	14.54	735.09	23.73	12.39	943.27	27.21	16.81
2005	1843.94	9.87	12.97	839.86	14.25	11.02	1004.08	6.45	15.21
2006	2072.95	12.42	11.78	916.23	9.09	9.46	1156.73	15.20	14.62
2007	2359.51	13.82	10.84	1020.09	11.34	8.36	1339.42	15.79	14.01
2008	2667.33	13.05	10.41	1161.32	13.85	8.12	1506.00	12.44	13.30
2009	2287.83	-14.23	10.36	978.68	-15.73	8.14	1309.15	-13.07	13.01

续表

年份	进出口			出口			进口		
	金额（亿美元）	同比（%）	占比（%）	金额（亿美元）	同比（%）	占比（%）	金额（亿美元）	同比（%）	占比（%）
2010	2977.80	30.16	10.01	1210.43	23.68	7.67	1767.36	35.00	12.66
2011	3428.34	15.13	9.41	1482.70	22.49	7.81	1945.64	10.09	11.16
2012	3294.56	−3.90	8.52	1516.22	2.26	7.40	1778.34	−8.60	9.78
2013	3123.78	−5.18	7.51	1501.32	−0.98	6.80	1622.45	−8.77	8.32
2014	3123.12	−0.02	7.26	1493.91	−0.49	6.38	1629.21	0.42	8.32
2015	2785.19	−10.82	7.05	1356.16	−9.22	5.97	1429.03	−12.29	8.51
2016	2750.81	−1.23	7.46	1294.10	−4.58	6.17	1456.71	1.94	9.17
2017	3030.53	10.17	7.38	1372.59	6.07	6.06	1657.94	13.81	8.99
2018	3276.63	8.12	7.09	1470.83	7.16	5.91	1805.80	8.92	8.46

资料来源：根据中国海关统计数据整理并计算所得。

就 FDI 而言，根据中国商务部的统计，日本对华投资流量已经从 1986 年的 2.63 亿美元提高到 2018 年的 38.1 亿美元，年均增长 8.7%；截至 2017 年，日本对华投资企业 51006 家、实际投资金额 1081.8 亿美元，分别占有对华投资企业数的 5.7%、中国实际利用外资金额的 5.4%，中国是日本的第二大对外投资对象国，日本是中国的第三大外资来源地。日本对华实际投资金额在 2012 年达到峰值为 73.52 亿美元（见表 8-2），此后逐年下降，直至 2017 年才再次实现正增长。总体来看，日本对华直接投资大致有 4 次高峰：20 世纪 80 年代中后期，主要流向经济特区；20 世纪 90 年代中期，覆盖东部沿海地区；2005 年，呈现向内陆和西部地区扩展的态势；2012 年，则为对前几年低潮的反弹。① 中国商务部的统计数据显示，中国对日本真正意义上的直接投资虽起步晚、规模小但近年来增速相对较快，流量已由 2009 年的 0.84 亿美元增加至 2017 年的 4.44 亿美元，年均增长 23.1%，占中国对外直接投资流量的份额也由 0.15% 提高为 0.28%；2017 年年末，中国在日本直接投资存量 31.97 亿美元，是 2009 年年末的 4.61 倍，仅占中国对外直接投资存量的 0.18%（见表 8-3）。

表 8-2　1986—2018 年中国利用日本投资情况一览

年份	企业数		实际投资额		年份	企业数		实际投资额	
	数目（个）	全国占比（%）	金额（万美元）	全国占比（%）		数目（个）	全国占比（%）	金额（万美元）	全国占比（%）
1986	94	6.3	26335	11.7	2002	2745	8.0	419009	7.9

---

① 张季风：《中日经贸关系 70 年回顾与思考》，《现代日本经济》2015 年第 6 期。

续表

年份	企业数		实际投资额		年份	企业数		实际投资额	
	数目（个）	全国占比（%）	金额（万美元）	全国占比（%）		数目（个）	全国占比（%）	金额（万美元）	全国占比（%）
1987	113	5.1	21970	9.5	2003	3254	7.9	505419	9.5
1988	237	4.0	51453	16.1	2004	3454	7.9	545157	9.0
1989	294	5.1	35634	10.5	2005	3269	7.4	652977	9.0
1990	341	4.7	50338	14.4	2006	2590	6.2	475941	6.6
1991	599	4.6	53250	12.2	2007	1974	5.2	358922	4.3
1992	1805	3.7	70983	6.5	2008	1438	5.2	365235	3.4
1993	3488	4.2	132410	4.8	2009	1275	5.4	410497	4.4
1994	3018	6.4	207529	6.2	2010	1762	6.4	408372	3.6
1995	2946	8.0	310846	8.3	2011	1859	6.7	632963	5.1
1996	1742	7.1	367935	8.8	2012	1579	6.3	735156	6.1
1997	1402	6.7	432647	9.6	2013	943	4.1	705817	5.7
1998	1198	6.1	340036	7.5	2014	653	2.7	432530	3.4
1999	1167	6.9	297308	7.4	2015	643	2.4	319496	2.4
2000	1614	7.2	291585	7.2	2016	576	2.1	309585	2.3
2001	2019	7.7	434842	9.3	2017	590	1.7	326100	2.4
2002	2745	8.0	419009	7.9	2018	—	—	381000	2.8

资料来源：商务部及其《中国外资统计2011》《中国外资统计公报2018》。

表8-3　2009—2017年中国对日本直接投资情况一览

年份	流量			存量		
	金额（万美元）	同比（%）	占比（%）	金额（万美元）	同比（%）	占比（%）
2009	8410	—	0.15	69286	—	0.28
2010	33799	301.89	0.49	110563	59.57	0.35
2011	14942	−55.79	0.20	136622	23.57	0.32
2012	21065	40.98	0.24	161991	18.57	0.30
2013	43045	104.34	0.40	189824	17.18	0.29
2014	39445	−8.36	0.32	254703	34.18	0.29
2015	24042	−39.05	0.17	303820	19.28	0.28
2016	34401	43.09	0.18	318401	4.80	0.23
2017	44405	29.08	0.28	319734	0.42	0.18

资料来源：根据商务部、国家统计局、国家外汇管理局《2017年度中国对外直接投资统计公报》的数据整理并计算所得。

就政府开发援助而言，中国自 1979 年起使用日元贷款，并在 2007 年 12 月由两国外长签署最后一批日元贷款换文。截至 2015 年年底，中国利用的日元贷款协议金额为 30499 亿日元，累计提款额是 26886 亿日元，已偿还的本息合计 20688 亿日元。中国接受的日本无偿援助，截至 2011 年年底累计为 1423.45 亿日元，共用于 148 个项目建设。需要强调的是，根据双方 2005 年达成的协议，日本对华日元贷款和大规模无偿援助在 2008 年基本结束，预计 2022 年 3 月所有项目都将结束。① 2017 年 9 月日本媒体报道称，被广泛用于基础设施建设的有偿资金合作——日本政府对华日元贷款，是中日友好合作的象征，并已完成历史使命；由于日本国内因中国经济发展、军力增强而要求调整对华援助的呼声高涨，其金额在 2000 年达到峰值后逐步减少，近年来中国平均每年偿还超 1000 亿日元、还本还息均未延迟。② 日本的对华政府开发援助同样为互利双赢。一方面，日本企业得以大量进入中国，对华出口和直接投资迅速增加；另一方面，日元贷款占中国接受国外官方资金援助的 50% 左右③，对中国基础设施建设起到积极的促进作用。

2. 领导人互访、会晤，合作前景广阔

2018 年 5 月 8 日至 11 日，李克强总理正式访问日本，推动中日关系重回正常轨道；10 月 25 日至 27 日，日本首相安倍晋三正式访问中国，期望"开启化竞争为协调的中日关系新时代"④；习近平主席还分别在 9 月第四届东方经济论坛、10 月安倍晋三首相访华、12 月 G20 布宜诺斯艾利斯峰会期间与安倍晋三首相会晤。两国领导人互访之时所达成的各项共识与文件正在逐步落实中，双方合作的新前景更加广阔。

（1）领导人互访，备受关注

李克强总理出访日本，不仅会见日本天皇明仁，同首相安倍晋三会谈并共同会见记者，与众参两院议长、执政党和在野党负责人、工商界人士见面，还在中日省长知事论坛开幕式上致辞，参观丰田汽车北海道厂区和现代生态农场，进一步促进两国的全方位交流，不断巩固双方关系的民意基础，在扩大经济合作等方面达成诸多重要共识、签订社会保障协定和关于加强服务贸易合作的备忘录，并在安全保障领域一致同意设立共同管控海上危机的"海空联络机制"。

尤其需要强调的是，中国总理时隔 8 年对日本进行正式访问，受到日本朝野和国际社会的广泛关注。日本政府给予李克强总理"公宾"级最高礼遇；首相安倍晋三罕见地全程陪同、公开明确表示热烈欢迎李克强总理对日本进行正式访问，并在"预定计划之外"将李克强总理送别至登机舷梯口；日本媒体同样罕见地全程跟踪，并以"特

---

① 参见《中国同日本的关系》，中国外交部，2019 年 1 月 15 日。
② 《日媒：日本对华日元贷款完成使命　中国从未拖欠》，《参考消息》2017 年 9 月 28 日。
③ 张季风：《中日经贸关系 70 年回顾与思考》，《现代日本经济》2015 年第 6 期。
④ 2018 年 10 月，日本首相安倍晋三访华时表示。沈红辉、严蕾：《中日关系进入"协调合作"新阶段——日本专家学者谈安倍访华成果》，新华社东京 2018 年 10 月 28 日电。

别待遇"形容李克强总理的日本之行。日本时事通讯社的评论指出，日本政府期待通过"公宾"做法展现改善双方关系的热情。① 官房长官管义伟在记者会上评价称，友好关系提升到新阶段。《日本经济新闻》的报道认为，访日成果说明双方关系已恢复到推进实际协力的阶段②；日本对关系改善表示欢迎，经济层面推进的合作值得关注。《产经新闻》认为，日本政界财界的"热烈欢迎"营造出中日"政热经热"的氛围。③ 彭博社表示，李克强总理访日对中日关系来说是一次历史性突破。④ 法国国际广播电台网站特意提及中国同意给予日本 RQFII（人民币合格境外机构投资者）额度，强调双方就尽早签署有助于维护金融市场稳定的本币互换协议达成原则共识。⑤

安倍晋三首相访华，约 500 名政商人士的"史上最强"代表团随行。习近平主席、李克强总理分别会见安倍晋三，不但通过会谈在政治安全、人文交流等领域进一步扩大共识，增进政治互信，一致同意共同维护自由贸易，推动亚太区域经济一体化，并将2019 年确定为"中日青少年交流促进年"，而且签署 10 余项政府间协议，为中日关系的继续向前发展注入新动能。安倍晋三首相明确表示，中国的发展对日本、全世界都是巨大的机遇，日本从中受益良多；"日中携手合作顺应时代潮流，有助于解决当今世界面临的共同课题"。⑥

需要强调的是，日本首相时隔 7 年正式访华，同样受到日本朝野和国际社会的高度关注。日本专家学者认为，两国关系进入"协调合作"新阶段，将共同为维护亚洲、世界的和平与稳定作出新贡献。东京大学小原雅博教授指出，日中要进行"协调合作"而非"竞争"，双方可借此实现优势互补、相互借鉴，其也有助于培养彼此的相互理解与信任；日本佳能全球战略研究所濑口清之主任表示，日中关系的新时代来之不易，希望通过每年定期的首脑互访等保持政府间意见沟通，加深理解和信赖。⑦《韩国日报》指出，中日两国作为世界第二大和第三大经济体，开始以经济合作为先导改善双边关系，势必对东北亚局势产生不小的影响。⑧

（2）系列新成果，备受期待

第三方市场合作开辟新路径，成为双方务实合作新亮点。继 2018 年 5 月签署《关

---

① 孙秀萍等：《给予"公宾"待遇，助推两国关系——日本对中国总理到访充满期待》，《环球时报》2018 年 5 月 3 日。

② 白阳等：《李克强访日，推动两国关系"解冻"》，《环球时报》2018 年 5 月 11 日。

③ 《日媒述评：中日关系走向"政热经热"》，《参考消息》2018 年 5 月 13 日。

④ 白阳等：《中日韩关键时刻展现团结　三方会议重塑东亚关系》，《环球时报》2018 年 5 月 10 日。

⑤ 《法媒评述：中日关系进入合作新时代》，《参考消息》2018 年 5 月 12 日。

⑥ 刘军国：《安倍晋三：中国的发展对日本乃至全世界都是巨大的机遇》，《环球时报》2018 年 10 月 24 日；王迪：《李克强：推动中日关系在重回正轨基础上行稳致远》，《人民日报》2018 年 10 月 27 日。

⑦ 沈红辉、严蕾：《中日关系进入"协调合作"新阶段——日本专家学者谈安倍访华成果》，新华社东京 2018 年 10 月 28 日电。

⑧ 刘军国、任重、王伟、柳玉鹏、高颖：《中日友好靠特朗普？安倍率"史上最强"代表团访华》，《环球时报》2018 年 10 月 25 日。

于中日第三方市场合作的备忘录》，并于 9 月举行中日第三方市场合作工作机制首次会议之后，10 月首届中日第三方市场合作论坛在北京召开，所签署的 52 项合作协议涉及基础设施、金融、物流、能源、信息技术等广泛领域，金额逾 180 亿美元。李克强总理在论坛致辞中表示，两国的第三方市场合作潜力巨大、前景广阔，必将成为双方务实合作新支柱。[①] 日本媒体也在相关合作协议签字后的第一时间以"日中新合作关系拉开序幕"等为题进行报道。日本经济学家田代秀敏指出，两国在"一带一路"沿线地区合作可行，行事风格、优势领域各不相同，正好互补。[②] 日中经济贸易中心特别顾问古屋明表示，当前日中展开这一新的合作方式，不仅有利于两国，更有利于世界的和平与繁荣。[③]

重启双边本币互换协议，签署在日本建立人民币清算安排合作备忘录，金融合作提质升级，有利于推进人民币跨境交易，维护两国金融稳定。继 2018 年 5 月就尽早签署双边本币互换协议达成原则共识，中方同意给予日方 2000 亿元人民币 RQFII 额度、支持日本金融机构积极通过 RQFII 投资中国资本市场之后，中国人民银行于 10 月 26 日宣布与日本银行签署规模 2000 亿元人民币（34000 亿日元）、有效期 3 年的中日双边本币互换协议，且经双方同意可展期；其还与日本银行签署在日建立人民币清算安排合作备忘录，决定授权中国银行东京分行为日本人民币业务清算行。[④] 日本爱知大学客座研究员李博指出，中国所提供的 RQFII 额度极具吸引力，已有日本企业打算同中国相关机构成立合资基金，给予中日企业在进驻第三国时资金支持。[⑤]

签署创新合作机制备忘录，促进创新领域、知识产权等具体合作。继 2018 年 8 月底中日政府间科技合作联委会第十六届会议在东京召开、签署关于共建联合科研平台合作的谅解备忘录之后，《关于建立中日创新合作机制的备忘录》于 10 月 26 日在北京签署，同意在双方经济高层对话框架下建立"中日创新合作机制"，进一步完善制度环境，务实推动创新领域合作。日本经济产业大臣世耕弘成表示，愿与中国开展创新领域合作，为双方企业创造交流、对接机会；加强知识产权保护，改善营商环境，尽快举办首次创新合作机制会议。[⑥]

此外，双方还在加快和简化海关审批手续、考虑放宽日本食品进口限制、加快推进中日韩 FTA 和 RCEP 谈判进程等方面达成共识，[⑦] 两国政府《中华人民共和国政府和日本国政府海上搜寻救助合作协定》的签署更是标志着双方在这一领域的合作进一步深

169

---

① 王迪：《李克强与日本首相安倍晋三共同出席首届中日第三方市场合作论坛并致辞》，《人民日报》2018 年 10 月 27 日。

② 钱铮：《中日经贸瞄向第三方市场》，《国际商报》2018 年 10 月 30 日。

③ 张冠楠：《改革开放让中日友好合作之路越走越宽》，《光明日报》2018 年 12 月 20 日。

④ 姚瑶：《中日关系开启"新阶段"》，《21 世纪经济报道》2018 年 10 月 29 日。

⑤ 钱铮：《中日经贸瞄向第三方市场》，《国际商报》2018 年 10 月 30 日。

⑥ 步欣：《中日签署创新合作机制备忘录》，《国际商报》2018 年 10 月 29 日；刘明：《钟山与日本经产大臣举行会谈》，《国际商报》2018 年 10 月 29 日。

⑦ 毕若林：《中日经贸合作将迎更多机遇》，《国际商报》2018 年 10 月 30 日。

化，对促进区域海上经济发展具有积极影响。

二、重大转机：朝鲜半岛迎来新形势

2018 年，在各方共同努力和中国积极建设性作用下，朝美领导人实现新加坡历史性会晤，打开半岛核问题僵局，朝韩领导人实现跨越军事分界线的历史性握手、年内三次会晤，《为实现半岛和平、繁荣和统一的板门店宣言》（以下简称《板门店宣言》）、《9 月平壤共同宣言》推动南北关系解冻；习近平主席与朝鲜金正恩委员长亦在中国进行三次会晤，中朝传统友谊焕发新活力；中韩 FTA 第二阶段谈判举行，中韩关系稳步改善和发展；中日韩领导人会议在时隔两年半后重启，中日韩合作再出发，《中日韩领导人关于 2018 朝韩领导人会晤的联合声明》发表，朝鲜半岛局势出现重大转机。

1. 朝美、朝韩首脑会晤，中国建设性作用始终如一

2018 年 6 月 12 日，朝鲜金正恩委员长与美国特朗普总统在新加坡举行两国在任领导人历史上首次会晤，就朝鲜半岛无核化、缓解双方紧张关系展开对话，并共同签署联合声明，承诺建立新的朝美关系，努力构建半岛持久稳定和平机制；金正恩重申半岛完全无核化承诺，特朗普承诺向朝鲜提供安全保证。① 政治解决朝鲜半岛问题迈出重要一步。

2018 年 4 月 27 日，金正恩在板门店跨越军事分界线与韩国总统文在寅会晤，并签署《板门店宣言》。双方一致确认通过完全弃核实现半岛无核化的共同目标，承诺将缓和半岛军事紧张，争取年内把朝鲜停战协定转换为和平协定，积极推动朝韩美三方或朝韩美中四方会谈；商定定期举行首脑会谈，并将在开城地区设立北南共同联络事务所。② 5 月 26 日，文在寅在板门店跨越军事分界线与金正恩会晤，就尽快履行《板门店宣言》、举行朝美领导人会晤相关事宜深入交换意见。9 月 19 日，文在寅在平壤与金正恩举行年内第三次会晤时签署《9 月平壤共同宣言》及其附件《〈板门店宣言〉军事领域履行协议》，就持续发展南北关系、实现半岛无核化、缓解地区军事紧张、把半岛建成永久和平地带达成新的重要共识。决定尽快启动朝韩军事共同委员会，终结非军事区等地的军事敌对状态，进而在半岛全境消除战争风险；朝鲜承诺在有关国家专家见证下永久废弃东仓里发动机试验场和发射架，若美国根据"6·12"朝美联合声明精神采取相应措施，愿继续额外采取永久废弃宁边核设施等措施。③

朝鲜半岛积极成果的取得受到国际社会的欢迎和赞赏；中国是"金特会"成功举

---

① 丁子等：《朝美领导人签署联合声明 确定半岛无核和平目标》，《人民日报》2018 年 6 月 13 日。
② 马菲、陈尚文：《朝韩领导人会晤并签署〈板门店宣言〉》，《人民日报》2018 年 4 月 28 日。
③ 莽九晨等：《朝韩承诺共建"无核半岛"》，《环球时报》2018 年 9 月 21 日。

行的重要推手，已成国际社会共识；中国在朝鲜半岛事务上发挥着不可替代的重要建设性作用，更是有目共睹，已获有关各方肯定。金正恩委员长明确表示，在这一进程中，希望同中方加强战略沟通。①

2018年5月8日，习近平主席应约同美国特朗普总统通电话，并就朝鲜半岛局势交换意见；特朗普表示，美国高度重视中国在朝鲜半岛问题上的立场，并赞赏中国发挥的重要作用，愿同中国加强沟通协调，共同推动通过谈判协商解决半岛问题。②"金特会"结束后的第二天即6月14日，美国国务卿蓬佩奥访华，并通报"金特会"的有关情况。他还向习近平主席转达特朗普总统对其在朝鲜半岛问题上提供重要意见和帮助的感谢。③ 法国国际广播电视台称，任何人都不会怀疑中国所发挥的独特和重要的作用，且这一作用还会持续下去。④

2018年1月11日、5月4日，习近平主席还先后应约同韩国文在寅总统通电话，并在3月12日会见专程来华通报访问朝鲜和赴美推动朝美对话情况的韩国总统特使。文在寅在通话中通报了韩朝高级别会谈和领导人会晤成果，并感谢中国为促成半岛形势积极变化发挥的重要作用、为推动通过对话谈判解决问题作出的重要贡献；愿同中国加强协调，继续致力于通过对话谈判解决半岛问题。⑤

此外，习近平主席还在2018年5月4日应约同日本安倍晋三首相通电话时，应询就当前半岛局势阐述看法和主张；安倍晋三表示，日本高度重视中国在解决半岛问题上的重要作用，希望同中国加强沟通。⑥

2. 中朝传统友谊焕发新活力

2018年，是中朝关系非凡发展的一年。金正恩委员长在半岛形势空前剧变的情况下，不但首次出访之地就为中国，而且在百日内分别于3月25日至28日、5月7日至8日、6月19日至20日三次访华，与习近平主席在北京、大连、北京进行会晤，开创中朝高层交往新历史，既为两国关系发展指明方向，也推动半岛局势取得积极进展。习近平主席还在5月16日会见由朝鲜所有道、市委员长组成的朝鲜劳动党友好参观团，并于9月9日就朝鲜国庆70周年向金正恩委员长致贺电，习近平总书记、国家主席特别代表栗战书率中国党政代表团访朝、出席朝鲜建国70周年庆祝活动，中朝关系开启新篇章、传统友谊得以传承并焕发新活力。

2018年3月的访问，是双方领导人的历史性首次会晤，"时机特殊、意义重大"。

① 《习近平同金正恩举行会谈》，《人民日报》2018年3月29日。

② 《习近平应约同美国总统特朗普通电话》，《人民日报》2018年5月9日。

③ 赵成：《习近平会见美国国务卿蓬佩奥》，《人民日报》2018年6月15日。

④ 白云怡等：《金特成功会晤令世界感慨，中国功不可没，特朗普公开表示感谢中国》，《环球时报》2018年6月13日。

⑤ 《习近平应约同韩国总统文在寅通电话》，《人民日报》2018年1月12日、5月5日。

⑥ 《习近平应约同日本首相安倍晋三通电话》，《人民日报》2018年5月5日。

习近平主席指出，中朝传统友谊是双方共同的宝贵财富；他还就推动双方关系长期健康稳定发展提出继续发挥高层交往的引领作用、充分用好战略沟通的传统法宝、积极促进和平发展、夯实中朝友好的民意基础4项原则。金正恩强调，传承并发展朝中友谊，任何情况下都不会改变。①

2018年5月的访问，正处于"半岛局势深刻复杂演变的关键时刻"，双方就中朝关系、共同关心的重大问题全面深入交换意见。习近平主席重申发展新时代中朝关系四方面原则共识：一是中朝传统友谊是双方共同的宝贵财富；二是同为社会主义国家，中朝双边关系具有重大战略意义；三是两党高层交往对引领双边关系具有不可替代的重大作用；四是夯实民间友好基础是推进中朝关系发展的重要途径。他还强调，中方支持朝方战略重心转向经济建设、走符合本国国情的发展道路；支持朝方坚持半岛无核化、朝美对话协商解决半岛问题，愿继续为全面推进半岛问题和平对话解决进程发挥积极作用。金正恩相信再次会晤将加深彼此互信，推动双方友好合作关系顺应新时代要求，取得更为密切的全面发展。②

2018年6月的访问，恰在"金特会"之后，双方一致表示要维护、巩固、发展好中朝关系，共同推动半岛和平稳定面临的良好势头向前发展。习近平主席指出，无论国际和地区形势如何变化，中国对社会主义朝鲜的支持不会变；希望朝美落实好首脑会晤成果，中国将一如既往发挥建设性作用。金正恩强调，中国是伟大的友好邻邦，将竭尽全力把双方关系提升到新高度，朝方感谢并高度评价中国在推动半岛无核化、维护其和平稳定方面发挥的重要作用。③

习近平主席与金正恩委员长的会晤受到国际社会的高度关注，包括朝中社、韩联社、美联社、今日俄罗斯通讯社、路透社、法新社在内的世界主要媒体均对此进行报道，相关各方韩国、俄罗斯、日本均持欢迎态度，普遍认为其对半岛乃至地区局势的进一步缓和具有积极意义，世界也对中朝关系、双方友谊有了新的理解和认知。俄罗斯《议会报》指出，金正恩在与特朗普会面前同中国"对表"，确定中国在朝鲜问题上具有独一无二的作用。俄罗斯外交部发表声明，重申愿继续与中国紧密合作，推动由所有相关方直接对话，综合解决东北亚地区问题。韩国《韩民族日报》称，通过南北、朝美首脑会晤解决半岛核问题，中国的积极作用必不可少，中国参与半岛相关问题的解决理所当然。日本《产经新闻》的报道认为，金正恩作为朝鲜最高领导人的首次出访再次凸显中国对半岛问题不容忽视的影响。《纽约时报》也指出，在与特朗普进行高风险开放外交之际，金正恩访华表明其重视中国并需要中国的建议。④

---

① 《习近平同金正恩举行会谈》，《人民日报》2018年3月29日。
② 李忠发：《习近平同朝鲜劳动党委员长金正恩在大连举行会晤》，《人民日报》2018年5月9日。
③ 李忠发：《习近平同朝鲜劳动党委员长金正恩举行会谈》《习近平会见朝鲜劳动党委员长金正恩》，《人民日报》2018年6月20日、6月21日。
④ 胡晓光等：《国际社会高度关注金正恩对中国进行非正式访问》，《人民日报》2018年3月29日。

3. 中韩关系稳步改善和发展

2018 年是中韩战略合作伙伴关系建立 10 周年。双方以此为契机，积极落实 2017 年 12 月文在寅总统访华时与习近平主席达成的各项共识，各领域交流合作显著回升，因"萨德"问题而出现波折的两国关系稳步改善和发展。

加强战略沟通，夯实战略互信。2018 年，除习近平主席 5 月 4 日应约同文在寅总统通电话、李克强总理 5 月 9 日在出席中日韩领导人会议期间会见文在寅总统外，习近平主席还于 11 月 17 日在莫尔兹比港出席 APEC 峰会期间会见文在寅总统，并指出要不断深化双方战略合作伙伴关系，继续发挥好高层引领作用，妥善处理好敏感问题，共同为促进地区的持久和平繁荣作出积极贡献；重点推进共建"一带一路"，推动双边互利合作优化升级。[①] 习近平主席特别代表杨洁篪还于 3 月应邀访韩；中国派出由 181 人组成的代表团参加韩国平昌冬奥会，习近平主席特别代表韩正、刘延东分别应邀出席开闭幕式；文在寅总统也在会见刘延东时感谢中方为平昌冬奥会作出的特殊安排、给予的大力支持。

展开双边 FTA 第二阶段谈判，共建中韩产业园，中国是韩国的第一大货物贸易伙伴、第二大投资对象国。2018 年 1 月 1 日，中韩 FTA 实施第四轮产品降税，自贸协定对双边贸易投资的促进作用获得双方积极评价。为进一步释放 FTA 活力、挖掘合作潜力、营造更为自由便利的服务贸易和投资环境，根据 2017 年 12 月 4 日中韩两国签署的《关于启动中韩自贸协定第二阶段谈判的谅解备忘录》，中韩 FTA 第二阶段第一、第二轮谈判分别于 2018 年 3 月在韩国首尔、7 月在中国北京举行，双方就服务贸易、投资领域的市场准入展开磋商并取得积极进展，这也是中国在 FTA 中首次采用负面清单方式提升服务贸易、投资自由化便利化水平。2018 年 6 月 12 日，中韩产业园合作协调机制第二次会议、第一届中韩产业园合作交流会在江苏盐城举行，中韩（盐城）产业园、中韩（惠州）产业园、中韩（烟台）产业园亦于同时揭牌。韩国还是 2018 年 11 月首届中国国际进口博览会的参展国。中国商务部的统计数据显示，截至 2018 年年底，韩国累计对华实际投资 770.4 亿美元，中国累计对韩投资 76.4 亿美元。2018 年，中国实际使用韩资 46.7 亿美元、同比增长 27.1%，韩国是中国仅次于新加坡的第二大外资来源国、中国是韩国的第二大海外投资对象国；中国对韩投资 6.6 亿美元，同比增长 57.1%。韩国海关的统计数据显示，2018 年韩国与中国的双边货物贸易同比增长 11.9%、达 2686.4 亿美元，其中，韩国对中国出口同比增长 14.1%、达 1621.6 亿美元，从中国进口同比增长 8.8%、达 1064.8 亿美元，分别高于韩国货物贸易进出口、出口平均增速 3.5 个、8.6 个百分点；中国是韩国的第一大货物贸易伙伴、出口市场和进口来源地，分别占韩国货物贸易进出口、出口、进口总额的 23.6%、26.8%、19.9%；中国还是韩国的最大贸易顺差来源地，2018 年的顺差额为 556.8 亿美元，而同期韩国贸易顺差总额仅为 700.0 亿美元。

---

① 王云松、赵成：《习近平会见韩国总统文在寅》，《人民日报》2018 年 11 月 18 日。

4. 中日韩合作再出发

2018 年，是中日韩首次在"10+3"框架外单独举行领导人会议 10 周年；随着三国关系的回暖和半岛局势的转机，中日韩领导人会议在时隔两年半后于 5 月 9 日在日本东京召开，就近期朝鲜半岛的积极变化深入交换意见，一致同意定期召开领导人会议、管控和化解分歧，联合拓展第四方市场、扩大人文交流，打造经济上开放融通的三国合作。① 所发表的《第七次中日韩领导人会议联合宣言》，重申致力于进一步深化和拓展中日韩合作，加快中日韩 FTA 和 RCEP 谈判，提高清迈倡议多边化的可用性、有效性，携手应对地区和全球挑战，构建开放型世界经济；强调反对一切形式的保护主义，中日韩 FTA 是推动东亚贸易投资自由化便利化的重要路径，探讨"中日韩+1"合作模式，努力实现到 2020 年三国人员往来 3000 万人次的目标。② 所发表的《中日韩领导人关于 2018 朝韩领导人会晤的联合声明》，重申维护半岛和地区和平稳定是中日韩的共同利益和责任；其也受到联合国秘书长古特雷斯的欢迎和支持，希望东北亚各国的共同决心能够使实现地区持久和平、繁荣的道路更加坚实。③

五点建议开启中日韩合作新征程。李克强总理在第七次中日韩领导人会议上指出，三国应抓住机遇，扩大利益融合：一是积累政治互信，营造良好氛围；二是共同维护自由贸易，推动区域经济一体化；三是打造"中日韩+X"模式，促进地区可持续发展；四是深化人文交流，夯实民意基础；五是鼓励技术创新，促进全球包容增长。他还强调，推动制定东亚经济共同体蓝图；集聚三方优势，通过"中日韩+X"带动和促进本地区国家更好更快发展。④

加速中日韩 FTA 谈判，力争形成全面、高水平、互惠且具自身价值的自贸协定。《第七次中日韩领导人会议联合宣言》再次重申这一共识。习近平主席也在 2018 年 11 月中国国际进口博览会开幕式主旨演讲中提出，加快中日韩 FTA 谈判进程。截至 2018 年年底，启动自 2012 年 11 月、已历时 6 年的中日韩 FTA 谈判共举行 14 轮，其中 2018 年展开 2 轮，分别为 3 月韩国第十三轮、12 月中国北京第十四轮。三方一致认为，中日韩 FTA 谈判提速的基础已具备，将基于 RCEP 探讨进一步提高贸易投资自由化水平；并商定从第十五轮谈判起恢复工作组会议，就包括货物贸易、服务贸易、投资在内的谈判议题展开实质性磋商。⑤ 中日韩三国合作秘书处还在 2018 年 9 月于北京主办第五次中日韩自贸区研讨会。

---

① 郑开君、严蕾：《李克强与日本首相安倍晋三、韩国总统文在寅共同会见记者》，《人民日报》2018 年 5 月 10 日。

② 《第七次中日韩领导人会议联合宣言》，《人民日报》2018 年 5 月 10 日。

③ 王建刚：《联合国秘书长对中日韩领导人会议表示欢迎》，新华社联合国 2018 年 5 月 10 日电。

④ 白阳、刘军国：《李克强出席第七次中日韩领导人会议时强调：为促进亚洲的和平稳定繁荣作出新贡献》，《人民日报》2018 年 5 月 10 日。

⑤ 步欣：《中日韩举行第十四轮自贸谈判》，《国际商报》2018 年 12 月 10 日。

根据世界银行的数据，中日韩 2017 年的 GDP、货物贸易出口总额分别占全球的 23%、近 20%；面对保护主义和逆全球化思潮的升温，三国合作的重启备受关注，国际社会也普遍对其未来走向持乐观态度。英国《金融时报》指出，中日韩峰会的举行是历史性的，其正在重塑东亚关系，让美国更难单独争取其中任何一国的让步。①

三、共享机遇：中俄远东合作开启新时代

2018 年，习近平主席应邀出席于 9 月在俄罗斯符拉迪沃斯托克举行的以"远东地区：拓展机会范围"为主题的第四届东方经济论坛，并与普京总统共同见证《中俄在俄罗斯远东地区合作发展规划（2018—2024 年）》的签署、出席中俄地方领导人对话会。蒙古国总统巴特图勒嘎、韩国总理李洛渊、日本首相安倍晋三也在此次论坛上表示，俄罗斯远东地区开发成效显著，愿积极参与远东开发，共促东北亚地区合作。② 远东地区合作展现新机遇，中俄远东合作开启新时代。

1. 远东合作取得积极进展

与中国黑龙江省、吉林省毗邻的俄罗斯远东地区，是共建"一带一路"的重要辐射区域，拥有亚太规模最大的煤矿、锡矿和丰富的森林、石油及天然气资源，从亚洲到欧洲的最短航道。远东开发也被普京总统视为俄罗斯 21 世纪最重要的地缘政治任务、国家优先发展方向。③

作为俄罗斯远东地区的最大贸易伙伴国和外资来源国，中国既是俄罗斯远东地区加快经济发展关键的合作对象，也是俄罗斯远东合作积极的支持者和参与者。中俄远东经贸合作成果显著，双方均表满意，并认为其是中俄合作的典范。④ 俄罗斯的统计数据显示，2017 年中国与俄罗斯远东地区的贸易总额同比增长 26.7%、达 78 亿美元；其中，中国进口货物、劳务及服务同比增长 31.5%、达 50 亿美元，中国出口同比增长 18.4%、达 27 亿美元。中国投资者还在俄罗斯远东符拉迪沃斯托克自由港、跨越式发展区内申请实施投资项目 32 个，规划投资额 42 亿美元。2018 年前 9 个月，中国与俄罗斯远东联邦区的贸易总额同比增长 25.5%、达 67.4 亿美元，占远东外贸总额的 27.4%。其中，中国出口同比增长 23.2%、达 24 亿美元，占远东进口总额的 52.5%；中国进口同比增长 26.8%、达 43.4 亿美元，占远东出口总额的 21.7%；中国与萨哈林州、阿穆尔州、犹太自治州的双边贸易额更是分别同比增长 90%、40.9%、32.3%，是阿穆尔州、犹太自治州、楚科奇

---

① 白阳等：《中日韩关键时刻展现团结　三方会议重塑东亚关系》，《环球时报》2018 年 5 月 10 日。
② 吴焰等：《习近平出席第四届东方经济论坛全会并致辞》，《人民日报》2018 年 9 月 13 日。
③ 韩显阳：《中俄远东合作潜力巨大》，《光明日报》2018 年 9 月 12 日。
④ 参见《中俄在俄罗斯远东地区合作发展规划（2018—2024 年）》，中国商务部，2018 年 11 月 15 日。

自治区、哈巴罗夫斯克边疆区、滨海边疆区、堪察加边疆区的第一大贸易伙伴。①

此外，在已通过中国确认考核的 4 家位于俄罗斯的国家级境外经贸合作区中，就有 3 家分布在远东地区，分别为乌苏里斯克经贸合作区、中俄（滨海边疆区）农业产业合作区、龙跃林业经贸合作区；中俄原油、东线天然气管道和阿穆尔天然气加工厂、同江—下列宁斯阔耶铁路桥、黑河—布拉戈维申斯克公路桥等一批大项目正在顺利展开；《关于共同开发"滨海 1 号"和"滨海 2 号"国际交通走廊的谅解备忘录》也已于 2017 年 7 月正式签署。双方还在 2017 年成立了中国东北地区和俄罗斯远东及贝加尔地区政府间合作委员会，其与中俄博览会、远东地区"中国投资者日"等合作机制一起共同推动中俄远东合作的深化与拓展。

2. 第四届东方经济论坛与中俄远东合作发展规划

东方经济论坛于 2015 年由普京总统倡议创办，以扩大开放、吸引外资、促进俄罗斯远东地区发展为重要目的，已成为俄罗斯远东地区国际合作及东北亚各国共商合作、中俄远东开发合作的重要新平台。2018 年的第四届东方经济论坛，中国代表团人数最多；习近平主席作为主宾，以《共享远东发展新机遇 开创东北亚美好新未来》为题致辞，密集出席 10 余场活动。这也是中国国家主席首次率团出席东方经济论坛，受到普京总统的盛情接待，并称赞双方在这一地区的合作发展势头良好。

4 点主张引领东北亚合作新方向、开辟区域合作新前景。习近平主席在论坛致辞中，为加强合作、共促地区和平稳定和发展繁荣提出增进互信、维护地区和平安宁，深化合作、实现各国互利共赢，互学互鉴、巩固人民传统友谊，着眼长远、实现综合协调发展 4 点主张。他特别强调，作为东北亚地区的一员，中国始终以建设性姿态参与地区合作，并致力于推动各国交流对话；积极开展发展战略对接，形成合力；重点提升基础设施互联互通、贸易投资自由化便利化，努力构建东北亚经济圈；大力推动小多边、次区域合作，愿深入研究开展其他多边、次区域合作的可能性，积极探讨建立东北亚协调发展新模式，推动更多实实在在的项目落地实施。他还表示，中国愿继续同地区国家一道，加强俄罗斯远东及东北亚地区合作，不断做大共同利益蛋糕，共享合作机遇和发展成果。②

签署中俄远东合作发展规划，激发地方合作潜力，为中俄远东合作注入新动力。习近平主席在论坛致辞中强调，中俄合作地缘优势独特、政治基础牢固、政策保障有力、机制完备高效，中俄远东合作将迎来丰收季；并宣布组建中国东北地区和俄罗斯远东及贝加尔地区实业理事会，中国已设立中俄地区合作发展投资基金；愿拓展包括基础

---

① 2017 年的数据来源于《中俄在俄罗斯远东地区合作发展规划（2018—2024 年）》，中国商务部，2018 年 11 月 15 日；2018 年的数据来源于《2018 年 1—9 月我与俄远东联邦区进出口贸易情况》《2018 年 1—9 月我与远东各州区贸易情况》，中国驻哈巴罗夫斯克总领馆经商室，2019 年 2 月 18 日。

② 习近平：《共享远东发展新机遇 开创东北亚美好新未来——在第四届东方经济论坛全会上的致辞》，《人民日报》2018 年 9 月 13 日。

设施建设、农业、旅游在内的重点领域合作，调动中小企业积极性。他还在以"新时代的中俄地方合作"为主题、由中国 9 个省区和俄罗斯 13 个联邦主体负责人参加的中俄地方领导人对话会上指出，地方合作在中俄关系中扮演着重要角色，中俄地方合作正当其时；并就未来两国地方合作提出发挥地方政府作用、创新合作思路、深挖互补优势、密切人文交流 4 点建议。① 所签署的《中俄在俄罗斯远东地区合作发展规划（2018—2024 年）》也已于 2018 年 11 月正式获批。其在归纳俄罗斯远东地区发展优势和支持外国投资者的国家政策及为中国投资者提供的机遇基础上，明确中俄远东合作的 7 大优先领域——天然气与石油化工业、固体矿产、运输与物流、农业、林业、水产养殖和旅游，4 大战略合作项目和基础设施项目——发展滨海 1 号和滨海 2 号国际交通走廊、跨境桥梁建设、黑瞎子岛开发、俄罗斯岛开发，是指导中俄远东合作的纲领性文件。

习近平主席出席第四届东方经济论坛及其在论坛上的致辞引起多方关注和热烈反响。俄罗斯总统保护企业家权益全权代表鲍里斯·季托夫认为，习近平主席的访问将推动双方关系迈上新台阶。俄罗斯人民友谊大学奥列格·季莫费耶夫副教授指出，其不仅表明中国重视同俄加强地方合作，还表明中国在东北亚合作中发挥着积极而重要的作用。与会代表纷纷表示，致辞释放出很多积极信号，凝聚起共建"一带一路"、共谋共同发展的新动力，期待中俄远东合作丰收季。美国投资家吉姆·罗杰斯相信，在区域国家共同参与下，东北亚和平与发展将迎来新局面。② 柬埔寨邮电部官员汉桑博表示，致辞对促进东北亚经济是一个非常好的机会，构建东北亚经济圈有助于亚洲形成更为有效的经济合作体系，提高其在世界经济中的地位。③

---

① 《习近平和俄罗斯总统普京共同出席中俄地方领导人对话会》，《人民日报》2018 年 9 月 12 日。

② 吴焰、管克江、殷新宇、谢亚宏、曲颂：《倾听，感受如此真切》，《人民日报》2018 年 9 月 13 日。

③ 王俊岭：《东北亚经济合作前景广阔——东方经济论坛与会嘉宾热议习近平致辞》，《人民日报（海外版）》2018 年 9 月 13 日。

第九章　共进共赢：
中国与发展中国家关系

　　一直以来，中国始终高度重视与发展中国家的关系，坚持与广大发展中国家团结合作、互利共赢，不断推动双边关系向前发展。改革开放 40 年来，随着经济的快速发展，中国在国际体系中的地位发生重大变化，经济实力不断增强，同世界各国的交往更加广泛。但是，与发展中国家的关系仍然是我国对外交往的基础，中国与发展中国家的关系呈现了从政治关系向全方位关系、从单一层次关系向多层次关系、从双边关系向多边关系发展的历程。

一、中国和非洲合作：休戚与共、合作共赢

　　中非历来是命运共同体。共同的历史遭遇、共同的奋斗历程，使中非人民结下了深厚的友谊。广义的中非合作与中非关系的历史一样悠久，真正意义上的中非合作也有半个多世纪的历史。1956 年中国与埃及建交，开启了现代中非合作的新征程。1976 年 7 月，有着"自由与友谊之路"之称的坦赞铁路全线建成，赞比亚得以绕开南部非洲获得北向出海口，在国际社会产生重大影响，预示了中国南南合作之路的开启。① 1978 年，中国实行改革开放的政策，非洲国家也从争取民族独立转向经济建设，中非合作的重心向经济领域转移。2000 年 10 月，中国与非洲国家成立了"中非合作论坛"，这标志着中非之间拥有了一个全新的战略合作平台和合作机制，中非合作进入新的阶段。

1. 2018 年中非合作论坛北京峰会：中非关系新高度

　　2000 年 10 月，中非合作论坛在北京成立，论坛成员为中国、与中国建交的 53 个非洲国家以及非洲联盟委员会。

　　中非合作论坛的建立为中非关系构建了一种新的机制和平台，开启了当代中非合作关系的新纪元。2000 年首届部长会议通过的《中非合作论坛北京宣言》以及《中非经济和社会发展合作纲领》为中非关系奠定了政策基础。2001 年 7 月，中非合作论坛部

---

① Nyerere, J. , "South-South Dialogue and Development in Africa", *Uhuru*, 23, May, 1979.

长级磋商会在赞比亚首都卢萨卡举行，讨论并通过了《中非合作论坛后续机制程序》。2006 年，中非双方决定将第三届论坛升格为中非首脑峰会，并决定建立中非外长定期政治磋商机制。2011 年，非盟委员会正式加入中非合作论坛，非盟在中非合作论坛机制中的地位得到确认。

2015 年 12 月 4 日至 5 日，中非合作论坛约翰内斯堡峰会隆重举行，包括 43 位国家元首和政府首脑在内的论坛 52 个成员代表出席。会议由习近平主席和南非总统祖马共同主持。中非领导人紧紧围绕"中非携手并进：合作共赢、共同发展"的主题，就深化中非传统友谊、促进务实合作、谋求共同发展等重大议题进行了富有成果的讨论。峰会回顾了论坛成立 15 年来中非友好关系和务实合作取得的成就，审议通过了《中非合作论坛约翰内斯堡峰会宣言》和《中非合作论坛—约翰内斯堡行动计划（2016—2018 年)》，双方同意将中非新型战略伙伴关系提升为全面战略合作伙伴关系，做强和夯实政治上平等互信、经济上合作共赢、文明上交流互鉴、安全上守望相助、国际事务中团结协作"五大支柱"。习近平主席在峰会开幕式上发表题为《开启中非合作共赢、共同发展的新时代》的重要讲话，宣布未来三年中方将着力实施工业化、农业现代化、基础设施、金融、绿色发展、贸易和投资便利化、减贫惠民、公共卫生、人文、和平与安全等"十大合作计划"。①

为确保"十大合作计划"顺利实施，中方将提供总额 600 亿美元的资金支持，包括：提供 50 亿美元的无偿援助和无息贷款；提供 350 亿美元的优惠性质贷款及出口信贷额度，并提高优惠贷款优惠度；为中非发展基金和非洲中小企业发展专项贷款各增资 50 亿美元；设立首批资金 100 亿美元的"中非产能合作基金"。②

2018 年 9 月 3 日至 4 日，中非合作论坛北京峰会隆重举行，中国国家主席习近平同论坛共同主席南非总统拉马福萨共同主持峰会。峰会以"合作共赢，携手构建更加紧密的中非命运共同体"为主题，中非双方一致决定携手构建责任共担、合作共赢、幸福共享、文化共兴、安全共筑、和谐共生的中非命运共同体，推进中非共建"一带一路"合作，将"一带一路"建设同非盟《2063 年议程》、联合国 2030 年可持续发展议程、非洲各国发展战略紧密对接，重点实施"八大行动"③，全面加强中非各领域务实合作。峰会重申坚持多边主义、抵制单边行径。峰会通过了《关于构建更加紧密的中非命运共同体的北京宣言》和《中非合作论坛—北京行动计划（2019—2021 年)》两个重要成果文件。④

---

① 《习近平同南非总统祖马共同主持中非合作论坛约翰内斯堡峰会全体会》，《人民日报》2015 年 12 月 6 日。

② 《习近平在中非合作论坛约翰内斯堡峰会开幕式上的致辞（全文)》，新华网，2015 年 12 月 4 日。

③ "八大行动"包括：产业促进行动、设施联通行动、贸易便利行动、绿色发展行动、能力建设行动、健康卫生行动、人文交流行动以及和平安全行动。

④ 《携手打造新时代更加紧密的中非命运共同体——习近平主席主持 2018 年中非合作论坛北京峰会取得圆满成功和丰硕成果》，《人民日报》2018 年 9 月 7 日。

总之，中非合作论坛的建立为中非关系构建了新的机制和平台，开启了当代中非合作关系的新纪元，而 2018 年召开的北京峰会则将中非关系推向了新的高度，为中国与非洲国家关系的深入发展奠定了坚实基础，并且开启了南南合作的新时代。

2. 中国对非援助：推动非洲的减贫和发展

在与非洲国家交往的过程中，中国始终能平等以待、始终能设身处地去思考非洲国家面临的发展任务并给予力所能及的支持，这是经受过西方殖民压迫且至今仍处于国际社会边缘的非洲国家特别看重的。

在 20 世纪 60 年代至 70 年代，中国对非洲提供了大量的经济和物资援助，甚至一度超过中国自身所能承受的能力范围。中国举全国之力帮助坦桑尼亚和赞比亚修建了长达 1860 公里的坦赞铁路，是那一时期中国支持非洲民族独立运动的最突出的历史见证。在当时中国自身经济基础还十分薄弱甚至是经济异常困难的情况下，中国对非洲国家的援助体现了中国对非洲国家追求独立和发展的深切同情和支持。

1978 年改革开放之后，中国的对外政策做了调整，外交工作的重心转向为国内现代化建设服务。1983 年 1 月，中国政府提出了对外合作的四项原则，即"平等互利、讲求实效、形式多样、共同发展"。在此原则的指导下，中国的对外援助，不再是单纯普遍地提供援助，而是在必要时量力而行、互利合作。中国改革开放取得的成就，引起了世界尤其是发展中国家的关注，它们迫切希望学习中国成功的经验。在此期间，中国政府主要针对受援国当地发展有需要、又有资源的中小型项目开展援助，支持受援国的经济建设和社会发展。

基础设施发展不足成为阻碍非洲社会经济发展的主要障碍。2001—2008 年，中国成为非洲最大的基础设施资金的提供者，超过了国际开发协会（IDA）、欧盟（EU）和非洲发展银行（AFDB），中国的投资规模占整个撒哈拉南部非洲基础设施总投资的 34%。中国在非洲的基础设施投资不仅总规模大，还倾向于投资大型基础设施，中国的基础设施建设项目数量仅占总项目量的 3%，发达国家的基础设施项目以小型设施为主，其支持的基础设施项目占总项目量的 76%。[1] 世界银行的数据显示，2001—2010 年，中国援建的基础设施项目解决了非洲国家 63% 的需求瓶颈（包括水供应、电力、公路、铁路、机场和通信等）。基础设施投资能够快速消除经济发展中的障碍，能较快地促进经济的增长，同时也为当地人创造就业机会，直接减少贫困。

无论从援助理念还是援助方式上看，中国在不同发展阶段对非洲的援助都在发生变化，但始终不变的是中国一直与非洲国家平等相待，并形成了与西方国家的援助明显不同的援助方式。

首先，中国对非洲的援助充分尊重受援国的主权，并且不附加任何条件。与西方国

---

① Lin, Justin Yifu, and Yan Wang, *China-Africa Cooperation in Structural Transformation：Ideas，Opportunities，and Finances*，WIDER Working Paper, No. 46, 2014.

家的发展援助不同，中国的对外援助一直坚持以不干涉受援国的内政为原则，实际上探索了通过尊重国家主权的形式从而使受援国既能获得它们发展所需要的援助，又能在不受干扰的条件下发展自己的道路。

其次，中国援助非洲的目标，不仅仅是帮助非洲国家缓解燃眉之急、解决暂时遇到的困难，更重要的是帮助非洲国家提升经济发展的能力。"授人以鱼不如授人以渔"是中国援非最本质的特征。中国在援非项目中，积极培养当地员工，传授技术和管理知识，工程完工后同时也培养了一批建设、技术和管理人才。中国尤其注重技术援助，在多个领域为非洲提供了较为先进的核心技术，这种"交钥匙"的援助让非洲国家不仅获得了先进技术，而且帮助非洲国家本地的技术人员掌握这些技术，使它们具备自主发展经济的能力。

最后，中国对非洲的援助方式呈现多元化，对非洲的援助也明确以促进非洲经济发展为目的，并坚持根据受援国的需要而提出。自 2000 年以来，非洲国家对中国农业发展和基础设施建设给予了很高的关注，同时也说明了非洲在这两个方面存在着巨大的需求，大多数的非洲国家政府官员也认为中国应该优先援助农业和基础设施建设等领域，很少会要求改善智力结构。中国对非洲的援助集中在基础设施包括公共建筑、医院、学校等公共设施和道路交通等其他设施等方面。

总之，中国对非洲的援助在过去 60 年中形成了不同于西方国家以发展干预为特点的援助体系，为有效帮助非洲和其他发展中国家积累了丰富的经验。中国通过援助推动了非洲国家的民族独立进程，增加了非洲国家经济发展的基础，同时也有效配合了中国外交大局和中国自身的经济发展进程，彰显了中国不断提升的国际责任。

3. 中非经贸合作：助推非洲工业化和经济一体化

近几十年来，中国和非洲国家的经贸关系迅速发展，具体体现在贸易往来发展迅速、贸易总额呈跳跃式的增长。目前中国已成为非洲最大的贸易伙伴、主要融资方和重要的发展合作伙伴。[1]

非洲已成为中国企业第二大海外承包工程市场和新兴投资目的地。截至 2017 年年底，中国对非洲各国的各类投资存量超过了 1000 亿美元，几乎遍布非洲每一个国家。2017 年中国对非洲各国直接投资流量是 31 亿美元，是 2003 年的近 40 倍。[2]

非洲是中国开展国际产能合作的重点对象之一。截至 2016 年年底，中国已与埃塞俄比亚、埃及、莫桑比克等 9 个非洲国家签署产能合作框架协议，建立了产能合作协调机制，商定了优先合作领域和重点项目，并正与肯尼亚、坦桑尼亚、喀麦隆、加纳等国商签产能合作框架协议。制造业也是中国对非洲投资的重要领域，除建材、家电、纺织轻工等传统行业外，还涉及移动设备、汽车、新能源等先进制造业领域。

---

① 顾学明：《深化中非经贸合作　彰显中国大国担当》，《人民政协报》2018 年 9 月 6 日。
② 资料来源：中华人民共和国商务部。

除制造业外，还有不少中国企业选择投资非洲的服务业。这些服务业包括广播电视、汽车维修、旅游、餐饮等。以广播电视行业为例，四达时代自 2007 年进入非洲市场以后，以"让每一个非洲家庭都能买得起、看得起、看得好数字电视，共享数字电视美好"为宗旨，已在尼日利亚、肯尼亚、刚果（金）等 30 个国家注册成立公司并开展数字电视运营，发展用户近 800 万人。

经济特区也是中国探索经济发展道路的一个有效尝试，1995 年 10 月，中共中央召开的改革援外工作会议首次提出在受援国建立经济开发区。1998 年 10 月，中埃共同建立的苏伊士特区项目正式启动。2006 年 6 月，中国商务部发布《境外中国经济贸易合作区的基本要求和申办程序》。2006 年 11 月，在中非合作论坛北京峰会上，胡锦涛同志提出"今后 3 年内在非洲国家建立 3—5 个境外经济贸易合作区"。到目前为止，在非洲 6 个国家共建设了 7 个特区性质的中非经贸合作区，分别为埃及苏伊士经贸合作区、毛里求斯天利经贸合作区（现改名为晋非合作区）、尼日利亚广东经济贸易合作区、尼日利亚莱基自贸区、赞比亚中国经济贸易合作区、埃塞俄比亚东方工业园及阿尔及利亚中国江铃经济贸易合作区。中国商务部还设立了"境外经济贸易合作区发展资金"，可以为每个经济贸易区提供高达 2 亿元人民币的支持。中国支持的非洲工业园区的发展，推动了非洲国家工业化，企业投资直接带来了就业的发展。

总之，在中非双方共同努力下，中非经贸合作将继续取得进展。中国将继续帮助非洲各国将资源、劳动力和市场方面的比较优势发挥出来，并利用自身在技术、装备及人才方面的优势，与非洲国家实现优势互补。

4. 中非人文交流合作：促进民心相通和文明互鉴

人文交流是国与国、民与民之间增进了解、建立互信的桥梁，是中非关系深化发展的动力。近年来，中非人文交流无论是在广度上还是深度上都呈现出积极发展的态势，为中非民间交往营造了良好的气氛，也为快速发展的中非政治、经济关系提供了必要的补充和支持。

（1）中非文化交流合作

中国与非洲都拥有悠久灿烂的文化，中国是四大文明古国之一，非洲是人类文明的摇篮，中非在彼此尊重、相互欣赏对方文化的基础上，积极开展文化交流与合作，为推动世界不同文明之间的平等对话、维护世界文化多样性作出了重要贡献。中国与所有非洲建交国家都签署了政府间文化合作协定，并不断地签署年度执行计划，为双方开展文化交流提供重要保障。近年来，中国与非洲国家签署的文化协定计划有《中华人民共和国文化部与毛里求斯共和国文化部文化合作协定 2015 年至 2017 年执行计划》《中埃两国政府文化合作协定 2015—2018 年执行计划》《中塞文化协定 2017—2019 年执行计划》等。

（2）中非教育交流合作

教育是立国之本、强国之基，教育兴则国家兴，教育强则国家强。在新的时代背景下，中国对非洲教育交流与合作进入新的发展阶段，为非洲国家提高自主发展能力、减少贫困和实现联合国千年发展目标作出了突出贡献。教育交流与合作是中非人文交流与合作的重要组成部分，是中非全面友好合作的重要内容。

近年来，中非教育交流与合作呈现出规模日益扩大、领域不断拓宽、形式趋于多样、层次逐步提升等特点，在留学生教育、孔子学院建设、高效交流合作、职业技术教育合作等方面取得显著成果。在2015年12月中非合作论坛约翰内斯堡峰会上，习近平主席宣布，未来三年中方将着力实施"十大合作计划"，其中在教育方面的主要举措包括：设立一批区域职业教育中心和若干能力建设学院；为非洲培训20万名职业技术人才，提供4万个来华培训名额；支持非洲国家建设5所交通大学；为非洲提供2000个学历学位教育名额和3万个政府奖学金名额；每年组织200名非洲学者访华和500名非洲青年研修。①

截至2017年年底，中国同所有非洲建交国家都建立了教育交流与合作关系。中国政府与许多非洲国家签署了政府间教育交流与合作协定，并与阿尔及利亚、毛里求斯、喀麦隆、埃及四国签署了学历、学位互认协议。

（3）中非医疗卫生交流合作

医疗卫生关系到人民的健康和福祉，是全球发展的重要议题。非洲医疗卫生条件总体落后，2014年西非地区埃博拉出血热疫情暴发，凸显了非洲国家公共卫生体系的脆弱。中非医疗卫生合作是中非全方位合作的重要组成部分，是中非友好关系最有力的历史见证，也是中非命运共同体的一个缩影。2015年中非合作论坛约翰内斯堡峰会将公共卫生合作列为中非"十大合作计划"之一，标志着中非卫生合作上升至新的历史高度。

从1963年中国向阿尔及利亚派出首支医疗队算起，中国已经多次向非洲国家派遣医疗队。中国援非医疗队持续时间长、派遣人数多、意义重大、影响深远，成为中国与发展中国家医疗卫生合作的典范。截至2015年10月，中国累计向约50个非洲国家派遣援外医疗队员2.43万人次，诊疗各类患者超过2.7亿人次，并为当地培训了数以万计的医护人员，有上千名中国医疗队员获得受援国政府颁发的各种嘉奖，同时有51名中国医疗队员在受援国献出了宝贵的生命。② 中国先后在6个非洲国家开展"光明行"项目，共为约2000名患者实施白内障复明手术，并与4个国家建立"眼科合作中心"，与6个国家医院建立对口合作关系。2014年西非地区爆发严重的埃博拉出血热疫情后，中国政府迅速采取行动，与国际社会一道，齐心协力，向疫区国家提供帮助。中国累计向疫区及周边共13个国家提供了四轮总价值超过1.2亿美元的紧急援助，派遣医护人员1200多名。

---

① 《习近平在中非合作论坛约翰内斯堡峰会开幕式上的致辞（全文）》，新华网，2015年12月4日。

② 《李斌主任出席中非部长级卫生合作发展会议并作主旨演讲》，国家卫生和计划委员会，2015年10月8日。

同时，中国政府还十分重视帮助非洲地区加强公共卫生基础设施和医疗卫生能力建设。2013 年以来，中国政府先后为非洲国家建设了 38 个医疗设施项目，提供了近 50 批医疗设备和药品物资。例如，在埃博拉出血热疫情暴发期间，中国为塞拉利昂援建了固定生物安全实验室，为利比里亚援建治疗中心，向几内亚、塞拉利昂、利比里亚等 11 个国家派遣了 30 多批公共卫生、临床医疗和实验室检测专家组，累计完成公共卫生培训 1.2 万人次，提升有关国家疫情防控和公共卫生能力建设。

此外，每当非洲国家出现突发疫情、需要国际社会提供疫情处置和医疗援助时，中国也在第一时间迅速响应，除了提供必要的现汇和物资援助外，中国政府还派出专家组参与现场防控和救治工作。例如为安哥拉、马达加斯加、刚果（金）等国应对和防控黄热病（2016 年）、鼠疫（2017 年）、埃博拉（2018 年），防止疫情扩大爆发，派出了中国公共卫生专家组，赴疫情现场提供疫苗接种、实验室检测、媒介控制、临床救治等方面的技术指导。

近年来，中非医药贸易、医疗产业合作发展迅速。中国制药企业对非洲的投资步伐加快，在埃塞俄比亚、苏丹、马里、乌干达、南非等多个国家建设药厂或设立营销网点。例如，复星医药旗下企业桂林南药生产的治疗重症疟疾的药物已经被世界卫生组织及 30 多个非洲国家列为一线药物，至今挽救了 700 多万重症疟疾患者的生命，为减少非洲国家 5 岁以下儿童疟疾死亡作出了卓越贡献。2017 年，桂林南药在坦桑尼亚投资设立子公司，致力于用于儿童非重症疟疾治疗的口服青蒿素类抗疟疾的生产和推广。此外，上海医药在苏丹设厂生产抗疟疾及抗生素类药品，深圳中联在埃塞俄比亚合资生产医用胶囊，人福药业在马里设厂填补马里制药业空白，康乐药业在坦桑尼亚和加纳合资设立药厂等。

2018 年 8 月 17 日，中非卫生合作高级别会议在北京召开，会议通过了《中非卫生合作 2018 北京倡议》，为中非卫生合作进一步凝聚共识。①

5. 中非关系新愿景：中国经验助力非洲自主探索实践

资金和技术短缺是制约非洲绝大多数行业发展的主要因素。在过去的发展中，非洲国家积极探索的开放式自主发展道路很大程度上也是围绕这些要素的获得来推动的。但从深化中非合作角度来看，中国的资金技术输出需要契合中国"走出去"企业所需要的市场环境，特别是规模型产业对接合作。这种需要既体现在国际通用的国际营商环境指标上，同时也体现在不断改善的制度环境上。从中国的发展经验来看，要完全靠市场手段解决资金和技术短缺问题存在较大的不确定性。相比较而言，中国社会主义社会发展探索实践拓展了发展中国家走向现代化的途径，给世界上那些既希望加快发展又希望保持自身独立性的国家和民族提供了全新选择，为解决人类问题贡献了中国智慧和中国方案。因此，未来推动中非合作深化，需要在非洲开放式自主发展改革基础上对接中国

① 《2018 年中非卫生合作高级别会议在京召开》，新华网，2018 年 8 月 17 日。

的发展经验。

中国的发展、强大离不开非洲的支持，非洲的发展也需要中国的帮助。长期以来，风雨同舟、相互支持已经成为中国同非洲国家的共识，并为促进各自发展发挥了重要的作用，中非的合作成为第二次世界大战后推动国际秩序朝着公正、合理方向发展的重要力量。在当前非洲国家开放式自主发展探索不断取得成就、在中国改革开放进入新时代的背景下，深化对彼此发展道路探索的认识，了解各自发展需要，借鉴相互发展经验，对于精准对接发展规划、促进共同发展具有重要意义。从合作的主动性看，新时代的中国应更加关注非洲的发展需要，进一步提升与非洲合作的重要性认识，并积极利用自身产业发展优势促进中国和非洲的共同发展。

综上所述，新时代的中国与新时代的非洲发展应该由新理念来指导。在当前中国新时代发展目标背景下，深化对非合作将给非洲开放式自主发展带来新的机遇。中非共同努力，对接各自新时代发展特点和需求深化合作，将有利于人类命运共同体的实现。

二、中国和印度合作：关系回暖、前景广阔

印度是中国的邻国，在中国的对外交往中占据十分独特的地位。一方面，印度是中国周边重要的发展中国家，在许多领域和多边场合与中国存在着广泛的合作空间；另一方面，它与中国存在着领土争端，在战略上对中国的壮大怀有防范之心。此外，它既希望利用美、日等西方国家对中国的发展进行牵制；又希望走独立自主的道路，做一个真正的"有声有色的大国"。

中印两国在多年的相处实践中逐渐形成了应对摩擦和冲突的处理方式，即尽管两国长久以来存在领土纠纷，但在关键时间点上，双方政府和领导人都能够较好地管控分歧、寻找共同利益，将两国关系引导至务实、合作和发展的正轨上来。

从亚洲乃至世界的角度来看，中印关系都是重要的双边关系，两国关系对地区、世界格局的稳定和发展具有重要意义。

1. 中印首脑多次会晤：为两国关系翻开新篇章

中国与印度于1950年正式建交，随后高层实现互访，由于在反帝、反殖民和加强亚非团结上具有共同的诉求，双方的合作和交流比较紧密。此后，由于领土问题以及西藏问题的影响，两国关系于20世纪六七十年代陷入低潮。

中国和印度两国交往的历史经验表明，政府高层互访对双边关系的发展起到了重要的推动作用。尤其是进入21世纪以来，两国领导人及其他各层级的官员互访不断，中印关系向着和平与发展的方向迈进。中国和印度是世界上最大的两个发展中国家，两国政府和人民在经济增长和社会发展等方面具有相似的诉求。以此为出发点，中印之间通

过和平、协商和谈判等方式来解决分歧的共识，以及通过合作促进发展的意识越来越强烈。印度总理莫迪曾提出要推动中印关系从"英寸"到"英里"的飞跃。[1] 中国国家主席习近平在访问印度时也指出，作为亚洲最大的两个国家，中印在维护亚洲和平稳定、实现亚洲繁荣振兴方面承担着历史责任和时代使命。中印携手合作，利在两国，惠及亚洲，泽被世界。[2] 两国领导人的频繁互动无疑能使双边关系向更务实、更稳定的方向发展。

尽管在2017年两国关系受到中印洞朗地区对峙的影响出现波动和紧张，但是双方领导人于2017年9月在厦门举行金砖国家领导人峰会期间进行了会晤，使得两国边境之间的紧张局势得到缓解，两国关系逐渐步入正常发展的轨道。

2018年4月27日至28日，习近平主席同莫迪总理在湖北省武汉市举行了非正式会晤。两国领导人就中印关系以及双方关心的重大国际问题深入地交换了意见。随后，两国领导人分别于2018年6月在上海合作组织青岛峰会、2018年7月在金砖国家领导人约翰内斯堡峰会、2018年11月在G20峰会上进行了会晤，双方增进了互信和了解、达成了许多重要共识。可以说，中印最高领导人的密切沟通为中印关系的良性发展指明了方向、注入了活力。

186

2. 中印经贸合作：互补性强及发展潜力巨大

经贸关系的发展能为两国人民带来切实的利益，是中印关系中最重要的部分。中印两国在贸易和投资等领域的合作不断增强，为两国关系的持续、稳定发展注入了活力。

在双边贸易方面，根据中国海关的统计，2000年中印两国的双边贸易额仅29.2亿美元；2008年增至380亿美元；2017年则创历史新高，达到844亿美元。中国已连续多年成为印度最大的贸易伙伴，印度则是中国在南亚最大的贸易伙伴。特别值得一提的是，近年来，中国从印度的进口大幅增长近40%，这使得双方贸易不平衡的状况得到极大改善。

除了贸易总量不断增长，中国和印度的双边贸易结构也发生了新的变化。在中国对印度的出口中，除化工产品、钢材、肥料、家具、纺织品等传统商品外，技术密集型商品（如机电产品）的份额也不断增加，并已成为中国对印度出口的重要增长点。

在投资领域，长期以来，印度年轻的人口结构、强劲的经济增长、高速的城市化进程等吸引了大量的外国投资者。中国对印度的直接投资自2000年以来快速增长。中印两国在电力、交通、信息、医药等领域的合作发展势头良好。截至2017年年底，中国企业对印度的投资主要涉及电力、电信、机械设备和家用电器等领域，累计实际投资额超过80亿美元。与此同时，近三年来，印度对中国的投资年均增幅达18.5%。知名咨询公司KPMG发表了中国在印度投资的数据报告，该报告显示，中国投资者从2015年

---

[1] 谭晶晶等：《习近平会见印度总理莫迪》，《北京晨报》2015年5月15日。
[2] 《习近平在印度世界事务委员会的演讲（全文）》，新华网，2014年9月19日。

开始大举进入印度创投市场，期望从印度的庞大市场和廉价劳动力中获利。2017年印度创投企业获得了约20亿美元来自中国的投资，是2016年总投资的3倍。中国投资者青睐的行业包括电子商务、交通、金融科技等，重要的投资方则有阿里巴巴、携程和腾讯等。

3. 中印安全合作：互信增强及共同维护地区和平稳定

长期以来，印度洋通道以及亚洲的安全问题一直备受关注。在印度洋以及亚洲地区，许多国家之间涉及领土纠纷、民族问题、跨国犯罪、信息安全及恐怖主义的威胁等安全问题。因此，中印双方在反恐、维护印度洋通道安全等领域上拥有较大的合作空间。众所周知，中东、中亚和南亚都是两国利益关切的地方，同时这些地区又是恐怖主义泛滥的重灾区，两国有共同的责任推进在这些地区关于反恐的合作，为地区的和平和安宁作出贡献。

近年来，双方在安全领域的合作取得了不少进展。2016年9月27日，中国与印度首次安全对话在北京举行。双方表示将秉持积极开放的态度，将对地区反恐合作所取得的共识进行深化和细化，共同维护地区的和平和安全。

2018年10月22日，中国与印度首次执法安全高级别会晤在新德里举行。双方商定将认真落实两国最高领导人达成的重要共识，今后将重点在反恐、打击分裂势力、打击跨国犯罪等领域开展合作，并不断拓展双方执法部门交流渠道和合作领域，有效保护在本国的对方国家项目和机构、人员的安全，努力开辟中印执法安全合作新局面，为两国共同发展提供安全稳定的环境。[①]

中印"携手"军事联合训练是中印两军常态化、机制化的一项军事交流活动，此前已分别于2007年、2008年、2013年、2014年、2015年、2016年举办过6次。2017年的"携手"联合军演因中印两国边境对峙导致双边关系紧张而被取消。2018年12月11日，中印"携手2018"联合反恐军事演习在成都举行，中印两国共175名军人针对反恐、人道主义援助及救灾行动进行了演习。2018年中印联合军演的恢复，标志着两国关系逐渐恢复正常，这也是中印两国在安全领域不断加强交流和合作的重要体现。

总之，中印两国在安全领域的交流与合作不仅可以增进两军、两国之间的政治互信，而且能够维护印度洋通道及亚洲地区的和平与稳定。

4. 中印人文交流合作：多领域、多层次全面推进

"国之交在于民相亲，民相亲在于心相通。"由于历史的原因，目前中印两国在人文领域的交流存在着不足，尤其与中印关系的重要性相比，两国之间的人文交流与民众交往都严重滞后。中国缺乏对印度宗教的认知，印度缺乏对中国传统文化的理解，中印两国学者对两国关系的研究视角偏重于政治、经济、外交和安全等领域，导致双方之间

---

① 胡晓明等：《中国和印度首次执法安全高级别会晤举行》，新华网，2018年10月22日。

文化认同感不高。以双方人员往来为例，2017 年，中印两国人员往来仅 102 万人次，其中印来华 81.9 万人次，而中国赴印只有 20 万人次。[1] 这一规模不仅与两国庞大的人口基数极不相称，也远不及中国同其他周边国家的交往情况。比如，同期内，中国与日本、韩国等周边国家的人员往来数分别为近 1000 万人次和 822 万人次。再比如，在申办孔子学院、鼓励民众学习汉语方面，印度的积极性也不高。据孔子学院总部理事会公布的数据，目前印度仅在韦洛尔科技大学和孟买大学设立了两所孔子学院。而韩国有孔子学院 20 所，孔子课堂 4 个；日本有孔子学院 13 所，孔子课堂 7 个；泰国有孔子学院 12 所，孔子课堂 11 个。[2]

为了改变中印两国关系中人文领域的短板，两国不断加强交流和合作的力度。2006 年以来，中国和印度百人青年团总共实现了 13 次互访；中国的北京、上海、广州、成都、昆明分别与印度的德里、孟买、艾哈迈达巴德、班加罗尔、加尔各答建立友好城市关系；2015 年 6 月，中国为印度香客开通了经乃堆拉山口入出境的朝圣路线；2015 年，印度在华举办印度旅游年；2016 年，中国在印度举办中国旅游年；2018 年 12 月，王毅国务委员兼外长访问印度并同印度外长斯瓦拉吉共同主持中印高级别人文交流首次会议。[3]

总之，未来中印双方将以文化为纽带，增进对彼此的了解，深化两国人民的友好交往，以民间友好推动政治互信，为两国关系的良性发展打下坚实的人文基础和社会根基。

5. 中印关系新远景：互利合作共建"亚洲世纪"

众所周知，中国和印度分别为世界上最大的发展中国家和重要的新兴市场国家，两国的市场潜能仍在开发的进程之中，一方面，两国庞大的人口基数已成为拉动全球经济增长的重要动力；另一方面，大量廉价的劳动力将释放出更多活力，并为全球经济的复苏注入新鲜血液。中印两国在带动全球经济复苏方面无疑将起到重要的作用。正如印度前总理辛格曾提到的那样：印中关系不仅影响到两国人民的福祉，而且会影响到地区和全球的发展趋势。我们正处在一个催人振奋的历史时刻，全球重心正在向亚洲转移。[4]

中印两国在反对贸易保护主义、推动全球化、建立更加公正合理的国际经济秩序等方面，拥有共同的关切和利益。印度在建立国际政治经济新秩序等方面与中国的诉求类似。其实早在两国建交初期，两国在建立国家新型关系方面就展开了合作。中印双方一致主张在和平共处五项原则及联合国宗旨和原则的基础上建立公正合理、考虑到所有国家利益并能为所有人接受的国际政治新秩序。中印两国经贸合作的潜力巨大、前景广

---

① 外交部：《中国同印度的关系》，2019 年 1 月。
② 国家汉办：《关于孔子学院/课堂》，2019 年 1 月。
③ 外交部：《中国同印度的关系》，2019 年 1 月。
④ 曼莫汉·辛格：《21 世纪的印度与中国——在中国社会科学院的演讲》，谭中、蔡枫译，《深圳大学学报（人文社会科学版）》2008 年第 2 期。

阔，两国有必要继续深挖合作潜力，实现优势互补，推动两国经贸合作迈向更高水平和更深层次。这不仅将惠及两国人民，也会对世界的稳定、发展和繁荣产生积极影响。

此外，中印两国在金砖国家领导人会晤机制、上海合作组织、中俄印三国外长会晤机制和二十国集团等多边合作机制中也拥有广阔的合作空间。未来，随着双边、多边合作机制的不断成熟和完善，中印两国关系将会获得更多更大的发展机遇。

三、中国和拉美合作：互利共赢、南南典范

中国与发展中国家的合作逐步趋于规范化，其中与拉美地区的合作更志在互利共赢。中国与拉美地区在共同努力的基础上推动"中—拉"整体合作走向深入。当前国际形势下，双方在始终坚持多边主义的原则下加大利益融合，共同应对全球挑战，力求为双方人民带来更大福祉。

1. 中拉论坛与"一带一路"倡议：开启中拉关系新纪元

2017 年，"一带一路"倡议成为中国和拉美国家交往的聚焦点，并且硕果不断，被称为"中拉对接'一带一路'元年"。2017 年 5 月，"一带一路"国际合作高峰论坛在北京召开，阿根廷总统、智利总统以及 20 位拉美国家部长级官员也纷纷出席，在拉美地区引起极大关注。① 同时，中国和阿根廷发表联合声明，强调两国将在"一带一路"框架内加强发展战略对接，这是与拉美国家的第一份明确参与"一带一路"建设的联合声明。同年 5 月，南美洲基础设施一体化倡议列入《"一带一路"国际合作高峰论坛圆桌峰会联合公报》，这也是拉美国家首次列入元首级"一带一路"多边联合公报。② 同年 11 月，巴拿马与中国签署第一份"一带一路"建设谅解备忘录。③ 越来越多的拉美国家认识到"一带一路"建设对拉美发展意义重大，并明确表示希望加入到"中—拉"整体合作的队伍当中。

紧接着，2018 年 1 月 19 日至 22 日，"中国—拉美和加勒比国家共同体"④ 论坛第二届部长级会议在智利圣地亚哥举行。经过 3 年多的发展，中拉论坛已成为中拉开展整

---

① 《"一带一路"国际合作高峰论坛圆桌峰会联合公报》，《人民日报》2017 年 5 月 16 日。

② 《"一带一路"国际合作高峰论坛圆桌峰会联合公报》，《人民日报》2017 年 5 月 16 日。

③ 李晓骁：《"一带一路"提供难得发展机遇——访巴拿马国际问题研究专家塔皮尔罗》，《人民日报》2018 年 11 月 29 日。

④ 2010 年 2 月，第二十一届里约集团峰会暨第二届拉美峰会（统称"拉美和加勒比团结峰会"）在墨西哥举行，会议决定筹建涵盖所有 33 个拉美和加勒比独立国家的新地区组织，并命名为"拉美和加勒比国家共同体"（简称"拉共体"），以替代里约集团和拉美峰会。里约集团和拉美峰会成立"统一论坛"，负责拉共体的筹建工作，由里约集团时任轮值主席国智利和拉美峰会时任轮值主席国委内瑞拉担任论坛共同主席。2011 年 12 月 2 日至 3 日，拉美和加勒比地区 33 个国家元首、政府首脑或代表在委内瑞拉首都加拉加斯举行会议，宣布正式成立拉共体。

体合作的主要平台，为构建中拉共同体提供了有力支撑。① 在中拉论坛上，中方介绍了"一带一路"国际合作倡议，提出了和"拉共体"的共同合作计划。33 个国家一致表达了加入"一带一路"建设的愿望，还为此签署了专门的特别声明。② 中拉双方围绕促进创新、合作、发展等议题，就如何推进"一带一路"倡议与拉美发展战略对接进行深入交流，继续拓展贸易、投资、减贫、创新、基础设施建设等方面的合作。

正如此次会议通过的《特别声明》中所指出的，中国政府提出的"一带一路"倡议将为有关国家的发展提供重要机遇，也为发展中国家提供了在互相认同与理解基础上的崭新发展模式与平台。随着中拉在"一带一路"建设上的不断合作以及中拉关系的推进，由中国命名的"战略伙伴关系"思路得到充分实践，拉美地区有望成为整体"一带一路"建设规划的最后一环，进一步实现将拉美与遥远的欧亚大陆紧密联系起来的可能。

此次论坛的成功召开，不仅有助于开创中拉合作关系的新局面，同时在"一带一路"方面达成的共同合同规划，为今后双方在经济、文化等各方面的深入交往奠定了坚实基础。

2. 中拉经贸合作：互补性强及建立紧密经济伙伴关系

随着近年来在外交层面上对拉美地区的不断重视（习近平主席六年四进拉美），中拉关系朝着构建"命运共同体"的方向大幅迈进，双方的理解也进一步加深。目前，中拉经济发展平稳，双方合作意愿强烈；在政策和国际大环境的助力下，中拉经贸合作前景广阔。作为世界最大的发展中经济体，中国具有巨大的市场潜力，而拉美各国在经济不断向前发展、基础设施建设等日益兴起的背景下，双方合作水到渠成，中拉经贸合作也将成为中拉发展双边合作的重要载体。③ 特别是，2018 年，中国逐渐与多米尼加、萨尔瓦多等国建交并迅速加快、加大双边合作。可见，中拉双边贸易正在回升、经济合作项目逐步增加、相互投资日渐增多、投资存量和含金量都在明显提升，深度体现了"合作、共赢、包容、共享"的精神和境界，良性积极的多边合作形态深刻影响了世界的经济发展面貌。

（1）投资迅猛增长：经贸合作的新亮点

经贸合作是中拉共建"一带一路"的重要基础。以智利为例，仅 2018 年智利农林牧业产品出口额已达 177.17 亿美元，同比增长了 15.2%。主要产品为原产地标识红酒、葡萄、车厘子、苹果、蓝莓和冷冻猪肉等。同时，中国首次超越美国成为智利农林牧业产品的最大出口目的地：出口至中国的该类商品金额占同类商品出口额的比重为

---

① 《王毅出席中国—拉共体"四驾马车"外长第六次对话》，新华网，2018 年 9 月 26 日。

② 外交部：《中国—拉共体论坛第二届部长级会议关于"一带一路"倡议的特别声明》，2018 年 2 月 2 日。

③ 《中拉经贸合作园成双边合作重要载体》，中国产业经济信息网，2018 年 3 月 19 日。

20.8%；美国位居第二，占比为17.0%；日本第三，占比为4.8%。[①] 这是"一带一路"倡议为拉美地区提供良好发展机遇，提高拉美国家在国际产业链中地位的有力范例。中拉合作已经逐渐从双边贸易发展到多边贸易，由彼此互补向全面合作转型。同时，中国基础设施建设经验，也为拉美的相关建设提供了支持。"一带一路"倡议与拉美发展的需求十分契合，将助推拉美地区进入新的发展阶段，具体表现在以下两个方面。

一是中国对拉美地区的投资在最近十年中快速增长，拉美成为中国对外投资的重要地区之一。中国已经成为拉美地区的全球第二大贸易伙伴国。根据商务部的统计，中国对拉美累计直接投资已经超过2000亿美元，拉美也成为仅次于亚洲的中国海外投资第二大目的地。2017年，中国与拉美以及加勒比国家双边贸易额高达2578亿美元，同比增长18.8%；中国企业在拉美地区直接投资存量达到3870亿美元，累计签订工程承包合同额达1642亿美元，完成营业额1129亿美元。2018年1月到9月间，双边贸易额又进一步拓展，同比增长20%，达2286亿美元。[②] 从这些数据中可以看出双边贸易伙伴关系不断增强；随着贸易量的逐年增长，双边贸易结构也得到改善，从而共同推进双边的经济发展。

二是中国对拉美投资的领域正日趋多元。2004—2010年，42%和18%的中国投资分别进入拉美当地的矿业和能源领域，然而2011—2017年，进入上述领域的中国投资占比已分别下降到20%和6%。[③] 由此可见，中国对拉美地区的投资正逐步降低诸如矿业等自然资源的开采领域。换言之，拉美的其他行业逐渐有了中国企业参与，如华为和中兴通讯，加入其基础电信行业中；比亚迪等中国汽车企业进入拉美汽车市场。制造业、基础设施和农业等成为中国对拉美投资的新增长点。中国对拉美投资正趋向于多元化。值得一提的是，随着中国"走出去"战略的实施以及民营企业实力的提高，中国对拉美投资主体已不再是只有中石油等国有背景的企业，许多民营企业也受到鼓励而纷纷加入投资的队伍。可见，不仅在投资结构上，而且在投资主体上，也呈现出多元化的格局。多元化的贸易结构可进一步优化和改善双边贸易结构，从而进一步改善消费者福利水平。

（2）推动多边贸易体制，促进可持续、包容发展

中国是全球最大的发展中国家，拉美则是发展中国家较为集中的地区；中国与拉美地区双边关系的可持续发展，有助于全球经济秩序的稳定，推动形成较为稳定、可持续的全球经济治理体系。随着中国与拉美国家的贸易往来不断密切，中国和拉美给彼此的经济发展都带来了更多的机会。例如，2018年10月24日，智利参议院通过了《中华人民共和国政府与智利共和国政府关于修订〈自由贸易协定〉及〈自由贸易协定关于服务贸易的补充协定〉的议定书》，智利自此成为第一个与中国深化自贸关系的拉美国

[①]　驻智利经商参处：《2018年度智利贸易简况》，转引自商务部，2019年1月12日。

[②]　《商务部就近期中国和拉美地区的经贸合作情况等答问》，商务部，2018年11月29日。

[③]　《商务部召开例行新闻发布会（2018年2月8日）》，商务部，2018年2月8日。

家。外交部国际经济关系总司长亚涅斯对运行 12 年的中智自贸协定高度赞扬，表示在现有的自贸协定项下，中方已免除 8307 种智利货物的关税，占到总数的 97%；升级协定生效后 3 年内中国将对智利逐步取消 30 个木制品关税；相应地，智利立即对华取消纺织服装、家电、蔗糖等 24 个产品关税，总体零关税产品比例将达到约 98%。[①] 这无疑为双边货物和服务贸易领域催生了更多的机会。随着双方自贸关系的不断深化、自贸领域的不断扩大，中国与智利的互利共赢关系也将迈入更加稳定与包容的局面。

不仅如此，中国的广阔市场也为拉美地区的经济增长提供了广阔的机会，并为其经济发展提供了有力支持。根据拉美经委会的预测，美国、欧盟和中国作为拉美主要贸易伙伴的地位将在今后十年发生重要变化。从数据可看出，2009 年，拉美向美国、欧盟和中国的出口分别占其总出口的 38.6%、13.8% 和 7.6%，然而到 2020 年，将有望依次变为 28.4%、13.6% 和 19.3%；同期，拉美从美国、欧盟和中国的进口将分别从占 33.1%、14.7%、9.5% 变为 26.1%、14.0% 和 16.2%。[②] 可见，中国正在为拉美提供着巨大的历史机遇，使得该地区面临着非常有利的经济周期。中国在过去几十年较为平稳地渡过了各类经济、金融危机，这些成功经验都能为拉美地区的发展提供参考意义。在当前"逆全球化"思潮、"黑天鹅"事件频发的背景下，拉美如何求得发展也是一大重要课题。拉美地区需要大量的对基础设施、技术等方面的投资，而中国拥有这些方面的优势；因此，双方经贸合作的开展具有极大互补性；双方应在积极探索更加健康、更加高效的经贸发展关系的共识上，拓宽彼此合作领域，深化彼此经贸关系，努力推进全球贸易体系的改进，推动多边贸易体制的完善。

3. 中拉人文交流合作：民意基础不断夯实

中拉双方除了在经贸关系上加强沟通，在人文等领域也正在不断推进交流与合作。这些领域的交流合作，进一步巩固了中拉双边的友好关系，也夯实了中拉双边的民意基础。

在学术交流方面，中方计划于 2019—2021 年向拉共体成员方提供 6000 个政府奖学金名额；[③] 并且通过提供中拉民间友好论坛、中拉地方政府合作论坛等多种平台，加强中拉青年学者、企业家间的交流，推动地区间的非官方交流。"中拉智库论坛"的举办就是实践的范例之一，直接有助于落实"未来之桥"中拉青年领导人的千人培训计划。此外，中方根据拉共体成员方的实际需求，派遣青年志愿者赴拉美和加勒比国家进行学术互动。

在文化交流方面，中拉双方通过各种不同形式的艺术活动，例如选派不同类别艺术家参加艺术节，来鼓励在传统文化等领域的交流合作；也积极推动汉学、中国研究和拉

---

① 驻智利经商参处：《中智自贸协定升级协议获智议会批准》，2018 年 10 月 27 日。
② 苏振兴：《中拉经贸合作继续处于重要历史机遇期》，《当代世界》2014 年第 10 期。
③ 《中国与拉共体成员国优先领域合作共同行动计划（2019—2021）》，外交部，2018 年 2 月 2 日。

美以及加勒比思想的文化研究，努力推进中国与拉美地区互设文化中心，为双方文化交流提供更多的平台。

但是，就现阶段而言，中拉文明对话交流机制尚处于初步阶段，仍须继续推动，并在一定程度上加强合作互动的观念。因此，通过在政策、财税等方面鼓励人文交流投入并形成机制化，进一步调动民间人文交流的积极性，显得十分必要。这样才能真正扭转在双边关系中重经贸、轻人文的传统思维，形成以经贸促人文、以人文助经贸的发展格局，从而促进官民并举、成本分担、相互补充、共同促进的健康交流格局的建立。① 中拉双边的人文、学术交流将是中拉关系进一步深入发展的催化剂，也是谱写中拉命运共同体的重要篇章。

4. 中拉国际事务合作：真诚互信和密切协作

中方致力于构建政治上真诚互信、经贸上合作共赢、人文上互学互鉴、国际事务中密切协作、整体合作和双边关系相互促进的中拉"五位一体"新格局，从而推动中拉全面合作伙伴关系进入崭新阶段。这一明确定位使得中拉双方在国际事务合作上拥有共同的利益和共同行事的准则，因此中拉双方不仅在经贸、人文等方面加强沟通协作，也在国际事务中紧密交流，共同推动中拉命运共同体的打造。

在国际治理体系改革方面，中拉均强调多边主义和维护自由贸易体制的重要性。双方有着共同的发展诉求，并期待构建开放型的世界经济，为推动经济全球化向包容、普惠、均衡、共赢方向发展而不断努力。不仅如此，中拉双方在国际治理领域遇到的困难和挑战也较为相似，因为基于共同的诉求和需要，建立更公正合理国际秩序的愿望也更加一致和强烈。这些共同点都有助于双方在互利的基础上开展真诚而实际的合作；并在具体政策和行动的落实过程中，达成一致的参考意见。

在环境保护方面，中拉双方坚持在"南南合作"的框架下，积极推动应对气候变化方面的合作。这其中包括采取行动提高减缓与适应能力，以增强应对气候变化不利影响的韧性；加强中国与拉美以及加勒比国家在生物多样性保护和可持续利用领域，尤其是森林可持续经营、野生动植物保护、湿地保护和可持续利用、沿岸、海洋、防止荒漠化等方面的政策对话。在有关合作协议框架下，中拉双方达成共识，加强海岸生态系统保护、海洋灾害防控、卫星资料获取、海洋和水资源保护和可持续利用、污染控制与治理等领域的协作，共同提升环境保护能力。因此，中拉双方在参考《2030 年可持续发展议程》的基础上，积极推动就气候变化、生态系统保护等领域的沟通合作。这均有助于进一步推动中拉两国在社会、环境等多方面的可持续发展，意义深远。

5. 中拉关系新愿景：奏响中拉全面合作伙伴关系的"交响曲"

中拉关系是新形势下的新型南南合作。其建立在互利共赢、平等互信的基础上，为

---

① 吴志华等：《中拉共建"一带一路"的理念、路径与政策建议——第二届中拉文明对话研讨会综述》，《拉丁美洲研究》2018 年第 5 期。

推动全球化发展作出重要示范。此外，中拉双方的合作旨在改变全球发展不平衡状况，因此这样的共同诉求不仅有利于双方长久合作的建立，也强化了合作双方取长补短的意识。从经济层面进而深入文化、社会等多个层面的合作，着实增进了双方互信的基础，为中拉全面合作伙伴关系的展开奏响了激动人心的"交响曲"。

（1）处理好经贸关系

经贸关系是中拉关系的主体。随着中国对拉美地区重视程度的不断提高，中国对拉美的投资、贸易等也在不断增长；而由于拉美丰富的自然资源，使得其能在一定程度上满足中国广阔的市场需要。中国的比较优势在于强大的制造业，拉美的比较优势在于丰富的自然资源。在经济全球化时代，中国与拉美的上述比较优势具有显而易见的互补性。正是由于这些互补性的存在，中国与拉美的双边经贸关系也越来越紧密；在互补贸易的基础上，互相推动彼此经济的增长，就显得十分迫切。同时，中拉间经贸合作的展开，也为双方在其他领域的合作发展提供了坚实的基础。但是，在未来的合作发展道路上，中拉经贸关系应该旨在"超越互补性"：在推动双方经贸发展的同时，努力帮助提升拉美地区产业结构的升级和产能的优化。此外，由于拉美一共有 33 个国家，如何在与拉美国家开展双边合作的基础上，推动与拉美地区的整体合作乃至多边关系也是未来合作规划的重难点。

（2）加大公共外交和人文交流的力度

中国与拉美地区在地理位置上距离遥远，除语言外，还存在文化、政治制度等多方面的巨大差异。这些都导致中国对拉美的了解不够，以及拉美对中国的知之甚少乃至可能存在误解。虽然前面也提及，中拉双方均有在人文方面的合作意向，但这显然不够。因此，中国对拉美地区仍应加强公共外交以及人文等方面的交流力度。具体来说，中国应借鉴欧美文化项目在拉美的成功经验；在建立孔子学院的同时，注意保护中国的形象，积极改善中国在西方媒体中的不良印象。在耐心向拉美国家阐释命运共同体的含义和重要意义时，基于平等、尊重、包容的原则上，促成双方人文交流的共识；并在进一步提升自身文化软实力的前提下，寻求更多合作交流沟通的渠道，努力构建新时期中拉命运共同体。

（3）深化国际事务合作

中国和拉美地区在国际上都有其特殊地位。中国是最大的发展中国家，拉美地区也在寻求不断发展。发展中国家均渴望在国际事务上拥有一定的话语权，能够为本国、本地区的发展争取空间。拉美地区在国际上主要是以拉共体作为整体参与各项国际大小事务。因此，中国在推动与拉美国家双边合作的基础上，应考虑如何与拉共体在国际事务等方面展开交流和合作。双方在国际事务上的深化合作，有利于解决彼此共同关心的议题，有利于在国际领域上拥有一定的话语权，争取自身发展权益。而这也能实现新时期下的中拉新型伙伴关系的局面，并为中拉命运共同体的构建提供助力和话语交流空间。

四、中国和东盟合作：创新驱动、共同发展

中国与东盟是长期以来的合作伙伴。双方在深化合作的基础上，不断推动伙伴关系的优化和升级；在构建共同发展平台的背景下，创新合作模式，推动经济、社会等多领域的共同发展，创造新的合作增长点，深化中国—东盟战略合作伙伴关系。

1. 中国—东盟创新年：互信合作、相互支持

2018 年是中国—东盟创新年。双方发表科技创新合作联合声明，探讨建立科技创新合作新机制，共建科技园区，深化落实中国—东盟科技伙伴计划。面对新一轮世界科技革命和产业变革浪潮，中国和东盟均将创新列入了各自发展的重要议程。创新已成为双方合作的新增长点。中国明确表示支持"构建东盟旅游数字平台"，并且期待与东盟建设环境信息共享平台，打造生态友好城市发展伙伴关系，共建地学合作中心，助力绿色经济和可持续发展。① 中国—东盟双方将继续深化智慧城市、数字经济、人工智能、"互联网+"等新业态、新领域方面的互助合作，推动中国—东盟创新合作更加深入发展。

以中国与东盟的智慧城市合作为例。智慧城市建设已经成为双方科技创新合作的重要切入点和又一新亮点。中国与东盟依托中国—东盟信息港为东盟智慧城市网络打造出合作平台，推动了在标准创新、技术创新等领域的合作交流。目前，中国已在 500 个城市展开智慧城市试点工作，东盟也选定了 26 个城市试点建设智慧城市网络。其中，阿里云已正式启动"马来西亚城市大脑"智慧城市计划，支持马来西亚数字化转型。海云数据与印度尼西亚美加达公司签署谅解备忘录，助力印度尼西亚首都雅加达打造智慧城市。② 首家专门开发新一代二维码安全应用的中国与印度尼西亚合资公司也在雅加达成立，目标是覆盖全部东盟成员方。③ 这些具体实践的范例进一步说明，在中国—东盟科技伙伴计划和"一带一路"科技创新行动计划框架下，依托科技人员交流、联合科研平台、技术转移、科技园区等既有合作模式，开创智慧城市建设、数字经济合作的新渠道，这些均有望推动中国—东盟科技创新合作潜力的持续释放，成为双方经济合作、共同发展新的增长点。

此外，"一带一路"倡议成为中国与东盟经济合作的新焦点。"一带一路"倡议为许多发展中国家的基础设施项目提供大规模融资，东盟国家是其中一个重要组成部分。中国为东盟许多国家的铁路基础设施项目提供融资，包括泰国、老挝、柬埔寨以及印度

---

① 《李克强在第 21 次中国—东盟领导人会议上的讲话（全文）》，新华网，2018 年 11 月 14 日。

② 陈钧：《海云数据助力印尼雅加达打造智慧城市》，《重庆日报》2018 年 7 月 11 日。

③ 田原：《中印尼联合开发二维码安全应用》，《经济日报》2018 年 6 月 7 日。

尼西亚。在双向贸易增长迅速的情况下，通过兴建公路、铁路和港口等基础设施，将改善中国与东盟之间的交通连接，进而减少物流成本，进一步推动贸易增长。除此之外，"一带一路"倡议还为东盟国家的海上互联互通基础设施项目提供融资。

2. 中国—东盟经贸合作：包容互鉴与互利互助

过去10年，中国与东盟的经济关系显著加强，双边贸易和投资迅速增长。据统计，东盟—中国贸易额从2008年的1920亿美元大幅增长至2018年的5150亿美元。① 这样强劲的增长态势直接得益于双方经济的快速增长以及贸易自由化举措的助力。

但就GDP而言，中国逐年增加的GDP总量是有目共睹的，甚至有望在2028年达到世界GDP总量的21%；东盟的GDP自2011年以来，也保持年均增速5%的增长态势。随着经济的发展，中国和东盟的消费市场也在迅速扩大，而增长的消费力又带来了对更多进口商品和优质服务的需求。因此，在此番经济良好态势上，加强双方的贸易合作符合双方互利共赢的需要。

中国有着巨大的消费市场和足够的消费力，对于许多东盟成员方而言，中国成为一个越来越重要的出口市场。同时，东盟作为一个有着总人口近7亿人的经济体，对于中国也是一个潜在的巨大消费市场。自2010年中国—东盟自由贸易区全面建成，中国与东盟之间的商品贸易关税壁垒大幅消除，更为双方贸易合作的深入提供良好的机遇。中国—东盟自由贸易区已然成为发展中国家间最大的自由贸易区，并且成为继欧盟、北美自由贸易区之后，第三大经济合作区（世界名义GDP）。由于大幅产品零关税的政策支持，更多的商品和服务得以互相流向中国和东盟的市场，增强双方经济的流动力和活力。据数据显示，2017年中国对东盟成员方出口额达到2790亿美元，同比增加了9%，而中国也成为东盟成员方外国直接投资的重要来源。仅2013—2016年，中国对东盟成员方的直接投资额就已高达210亿美元。② 鉴于东盟各国目前经济发展水平的相对落后，庞大外资的注入无疑支持了东盟各国的开发与建设，这也是东盟各国渴望与中国开展更广泛国际合作的条件之一。而东盟作为世界上最重要的制造业集中地，与中国存在着密切的生产力网络。例如，世界各国组装的部件通常都经由东盟地区生产后，再运输到中国组装，之后再出口到世界各地。这种密切联系，也是中国—东盟寻求共同发展的契机。当前，东盟地区正处在亟须发展的关键时期。除了借助中国庞大的消费市场，将传统工业和服务，包括农产品、能源产品和旅游服务等输入中国，带动自身经济的发展之外，中国对其能源产品的消费，也是重要的合作方面。据悉，来自印度尼西亚、越南等周边国家的煤炭进口量已占中国总进口量的80%之多，而镍的进口量更是多达90%。因此，带动东盟地区的发展，对中国能源安全的长远部署也起到至关重要的作用。

因此，在双方良态的经济发展格局下，中国—东盟自由贸易区的升级谈判正式启动，

---

① 王博：《东盟—中国贸易推动世界经济增长》，《中国日报》2018年11月22日。
② 王博：《东盟—中国贸易推动世界经济增长》，《中国日报》2018年11月22日。

旨在加强中国—东盟的关系，促进中国和东盟成员方间贸易平衡。2017年中国—东盟贸易额已突破5000亿美元，较15年前增长近6倍，中国连续9年成为东盟第一大贸易伙伴，东盟也连续7年成为中国第三大贸易伙伴，双向直接投资累计近2000亿美元。这种态势下，有望实现2020年双方贸易额达1万亿美元、双向投资达1500亿美元的目标。①同时，在"一带一路"倡议下形成的"国别—次区域—区域协调"的合作格局，更是与东盟战略对接的良好实践，为双方的深入合作提供了新的通道和前景。

而国际陆海贸易新通道的提出，更是战略合作方针指导下的创新之举。陆海新通道建设的覆盖面之广，是中国—东盟贸易关系维护和强化的保障。起初，通道的建设局限于中国到新加坡等东盟国家。随着"一带一路"建设的深入，逐步覆盖东南亚，乃至"一带一路"沿线的所有国家。陆海贸易新通道建设依托交通基础设施，为南北向的沟通交流都提供了可能。不仅拓展到东北亚地区，未来还将超越南向的范围，福泽中南半岛国家。除此之外，中国中东部地图以及西部的开放发展都将纳入长远的规划考虑当中。例如，南向通道公司与多家长江支线船公司签订了代理协议，实现铁水的集装箱联动，货源辐射了上海、宁波等长江经济带，进一步带动了东西部经济的流动。至此看来，中国与东盟各国在实现优势互补、互利共赢的局面下，前景十分乐观。

3. 中国—东盟安全合作：讲信修睦、推进"南海行为准则"磋商

南海是中国重要的国际海运通道，因此南海问题的解决对中国有着重要的战略意义。在与东盟国家发展友好关系的进程中，南海问题是不可回避的一块坚石。如何在最大程度上维护好本国利益，平衡各方的争执点，维护好南海长久的和平和稳定是"南海行为准则"的智慧之处。

首先，"南海行为准则"在磋商中有效地体现了中国与东盟国家对本地区安全的关切，以及对管控与解决本地区安全问题的共识。自中国与东盟国家于2013年9月正式启动关于"准则"的磋商开始，到2017年8月中国—东盟外长会确认"准则"框架，再到2018年3月初首次提出"准则"案文磋商，乃至8月达到"准则"单一磋商文本草案，用时并不长。由此可见，中国与东盟国家对这个地区的高度关切，也期盼通过和平方式打造反映地区国家意愿、符合地区国家实际、服务地区国家利益的规则体系。

其次，"南海行为准则"磋商的成功离不开中国长久积累的政治互信。在南海问题上，牢牢把握睦邻友好大方向，深化海上务实合作，有效管控争议，保持了南海局势的稳定。基于此以及各方进一步的交流讨论之下，在2018年8月2日催生了"南海行为准则"单一磋商文本草案，并一致同意在2019年完成第一轮审读。中国明确表达了与东盟国家共建和平稳定南海局势的强烈心愿，这无疑将助力东亚地区长久的和平与发展，并逐渐获得东盟各国的信任和合作关系。

---

① 《驻泰国大使吕健在"中国—东盟战略伙伴关系：新时代，新愿景"国际研讨会上的主旨演讲》，外交部，2018年10月23日。

最后，这也表明多层次的安全机制正在构建。从"南海行为准则"磋商的背景、出发点、目标来看，"准则"的磋商过程直至其达成，将对南海局势发展以及本地区的安全合作产生深远影响。一是有助于构筑南海地区的危机管控机制。如在2016年8月第十三次《南海各方行为宣言》高官会达成《中国与东盟国家应对海上紧急事态外交高官热线平台指导方针》和《中国与东盟国家关于在南海适用〈海上意外相遇规则〉的联合声明》之后，随着平台的投入使用，南海地区危机管控的联络协调机制已实质性运行。二是形成具有南海地区特色的安全合作机制。以"准则"磋商平台为基础，中国与东盟国家可尝试推动构建专门讨论南海问题的官方安全对话和协商机制，从而填补目前南海地区安全合作机制的不足。三是以南海和平稳定为最大公约数，初步探索形成符合南海地区风土文化的行为规则体系。①

中国与东盟国家互为发展机遇，因此，排除外部干扰，积极推进"南海行为准则"磋商，是实现双方多元合作的有效途径。域外国家的干涉，无疑在某种层面上影响了南海问题的和平解决。因此，中国和东盟国家应在加强交流合作的基础上，达成共识，积极开展海上务实合作，深挖搜救、环保、渔业资源养护、海警等领域合作潜力，展现地区国家建设性处理南海问题的决心。同时，中国也将继续在互利共赢、睦邻友好的原则下，支持东盟共同体的建设；与东盟构建更为紧密的命运共同体，迎接机遇与挑战。在中国—东盟互助合作关系的带动作用下，逐步实现东亚地区长久稳定、发展、繁荣的愿景。

4. 中国—东盟人文交流合作：睦邻共处、惠及于民

人文交流合作是中国—东盟关系发展的重要方面，也是推动中国—东盟战略伙伴关系行稳致远的重要一环。中国—东盟中心秘书长陈德海在第十三届中国—东盟文化论坛上直接指出，双方在文化、教育、旅游、体育、青年、媒体等领域合作，有利于互学互鉴，增进相互了解和友谊，为双边关系的长远发展奠定坚实的民意基础。确实如此，经过15年发展，人员往来增长之迅速，已成为亚太区域合作中最为活跃的典范。截至2017年，中国和东盟互访人次已达近5000万。其中，青年学生是往来人员当中比较特殊的群体。在双方教育政策的支持下，有望2020年双方互派留学生人数均实现10万人以上的目标。特别是，在旅游业上，中国已成为东盟第一大客源国。每周近3000架次航班往来于中国与东盟各国。② 在具体实践上，中国与东盟陆续建立了以文化产业合作、教育交流与合作、青少年交流与国际旅游合作等为主要内容的人文交流与往来机制。同时，也支持中国—东盟中心、中国—东盟思想库网络、中国—东盟公共卫生合作基金等平台建设。并且先后举办了中国—东盟海洋合作年、教育交流年、旅游合作年和创新年、"中国—东盟教育交流周""中国—东盟青年事务部长会议"等创新性活动，

① 林勇新：《中国—东盟安全合作的"短板"正稳步拉长》，中国网，2018年8月7日。
② 姜志达：《中国—东盟战略伙伴关系：提质升级　着眼未来》，《光明日报》2018年8月4日。

直接促进了双方在文教、青年、智库、媒体等领域的有效交流。

由此可见，中国—东盟的合作领域不断在拓宽，务实合作持续深化，人文交流日益密切。2019 年是中国—东盟媒体交流年，将为双方的深远长久发展合作提供更多可能性。为加强民众对双方合作的了解和参与，支持开展更多人文交流项目，中国已决定在2019 年向中国—东盟合作基金增资。[①] 这一举措，直接表明了中国对东盟合作关系的重视。除此之外，中方将设立中国—东盟菁英奖学金等教育计划，并在未来短期之内邀请1000 名东盟优秀青年来华培训，加强双方在人文方面的交流；同时，也鼓励中国—东盟中心以及东盟成员方促进常态化文化交流的多层面合作。

5. 中国—东盟关系新愿景：推动 RCEP 协定谈判、共同引领区域一体化进程

中国和东盟是陆海相连的亲密近邻。中国—东盟的战略合作关系已经成为亚太区域合作中最为成功和最具活力的典范，不仅为双方 20 亿人民带来了实实在在的利益，更有力地促进了地区乃至世界的和平稳定和繁荣。因此，如何寻求中国—东盟关系的健康、持久、更好的发展是一大重要命题。

过往中国—东盟关系所带来的丰硕成果有赖于双方始终坚持互信、尊重、包容以及共赢的原则。特别是在"一带一路"倡议的指导下，秉承"共商、共建、共享"的精神，在多个领域展开了务实合作，也取得了着实的成效。因此，中国—东盟的合作关系已经进入全方位发展的新阶段，合作潜力巨大、前景广阔。随着"东盟共同体愿景2025"的不断落实，东盟共同体建设将取得更大的成果，给地区国家和人民带来更为积极的发展变化。

中国—东盟关系休戚相关，不仅对地区发展至关重要，对世界和平稳定发展也很重要。因此，中国—东盟在合作过程中应该注意到：

首先，构建中国—东盟共同体是首要。通过全面有效执行《落实中国—东盟面向和平与繁荣的战略伙伴关系联合宣言的行动计划（2016—2020）》及其后续文件等举措，开展更紧密的合作，打造更高水平的中国—东盟战略伙伴关系，实现双方持久的互利共赢的局面。

其次，中国—东盟应该在友好对话协商、增强互信的基础上，加强高层交往，深化战略布局方针；同时，通过加强"10+3"供应链互联互通的研究与合作，完善地区供应链和价值链；寻找机会，积极推进中日韩自贸区的谈判与建立。

再次，中国与东盟国家都应该加强自身能力的建设，开创更多创新性的合作渠道优先推动东盟一体化和共同体建设，并逐步拓宽合作的领域，达到多元化的互利共赢局面；并逐步探索和实践与其他地区的战略对接策略。

最后，在国际活动中，中国表明坚定反对日益上升的保护主义和逆全球化思潮的决心，重申开放自由的国际贸易与投资对世界经济可持续增长、减轻社会不平等、保障各

---

① 《中国—东盟战略伙伴关系 2030 年愿景》，《人民日报》2018 年 11 月 16 日。

国人民更美好生活的重要引擎作用；在双边、多边、次区域和区域层面的合作中，树立自身良好的形象，始终坚持互利共赢的原则和精神。在与东盟各国的合作实践中，用实际的行动和成效展现合作所带来的广阔前景，从而将积极的影响辐射到其他区域乃至国家，带动整体地区经济的活力，并开拓更多潜在合作机会，最终为东亚经济共同体建设注入新活力与希望。

在中国—东盟合作关系的示范作用下，中日韩也已分别与东盟建立自贸安排，《区域全面经济伙伴关系协定》（RCEP）的涵盖范围不断拓宽，逐步推进东亚地区经济一体化的发展进程。而加快自贸区的建设也是实现东亚经济一体化的重要基础和重要一环。2018 年 3 月 3 日，RCEP 部长会议在新加坡举行。东盟十国、中国、澳大利亚、印度、日本、韩国、新西兰 16 方经贸部长或代表出席会议。各方部长就货物、服务、投资和部分规则领域议题展开深入磋商，取得积极进展。紧接着，11 月 14 日，在新加坡举行的第二次《区域全面经济伙伴关系协定》领导人会议，各方成员达成了"要在 2019 年完成一个现代化、全面、高质量、互惠互利的 RCEP"的共识。届时，RCEP 这一贸易协议将有望惠及全球近一半人口，对覆盖范围内的地区及国家的经济发展以及人民生活改善起到不可估量的作用。此外，还能对世界经济和世界贸易的复苏起到巨大的推动作用，也能为全球自由贸易发展起到积极的示范作用。因此，虽然就协议本身来说，各国仍存在部分的争执点，但通过各方的一致努力，最终形成一个现代化、全面、高质量、互惠共赢的局面，仍然值得期待。

第十章 协调沟通：
在变局中积极寻求中欧共同利益

中欧关系基于双方40年来的经济合作，从欧盟对华出口与投资的单向增长，到中欧贸易和投资的双向协调，中欧之间的贸易与投资经历了大幅增长，欧盟已经成长为中国最大的贸易伙伴，中国则成为欧盟的第二大贸易伙伴，按照中欧之间经济往来的基础事实特征变化可将中欧经贸40年分为四个阶段，双方经贸存在单向走向双向、增长走向协调的特征。放眼世界，中欧在当前的大变革大调整中面临相同的困境：作为世界经济中重要的贸易体，中欧面临WTO改革的困局；作为伊核协议的积极参与者，中欧面临美国单方面退出伊朗核协议带来的困境；作为气候协定的积极引领者，中欧面临美国退出巴黎协定而导致的困局。为了积极应对这些困境，中欧需要积极寻求利益共同点，在加强第三方合作、共同维护多边合作机制和推动国际货币体系的去美元化改革等领域积极沟通协调，努力构筑合作新举措。

一、中欧经贸合作40年回顾

1975年中国与当时的欧洲经济共同体建交以后，中国与欧盟之间的经贸关系基本沿着中国对外开放40年的脉络展开。40年的经贸演进可以按不同标准划分为不同阶段，笔者此处按照双方经贸发展中的主要经济事实特征来进行划分。总体来看，随着中欧双方自身经济的增长与发展，双方之间的贸易和投资活动逐步呈现出从单向到双向的互动过程，当然双方的贸易投资总量也出现不同程度的大幅增长。

1. 欧对华出口与投资增长阶段（1978—2000年）

改革伊始，中国国内处于外汇和储蓄都严重短缺的双缺口状态，当然还有技术、人才等方面的缺乏，而欧盟（欧共体）则相对比较发达，在资金和技术上都具有绝对的比较优势。因此，这一阶段双方在外贸与外资两个方面都表现出明显的单向流动特征。

（1）中国对欧贸易长期逆差

在双方建交以后，中国与欧共体于1978年4月签订了《中华人民共和国和欧洲经济共同体贸易协定》，是为双方最早的贸易安排，甚至比中国正式的对外开放还早几个月。该贸易安排约定双方互相改善双边贸易，给予对方最惠国待遇，促进进口，实现贸易平衡，并积极促进经济、贸易和工业界人员的接触。可以说，这一贸易安排为中欧贸易额的迅速提升打下了重要基础。当然，与2018年双方高达6821亿美元的贸易规模相比，20世纪后20年的中欧贸易额几乎不值一提。但是，相对于当时的中国经济规模而言，1978—2000年的中欧贸易额的确取得了快速的发展，从31亿美元上升至690亿美元，增长了21倍之多；而2018年比2000年时的贸易水平增长了将近9倍，可见第一阶段双边贸易的增幅不可忽视（见图10-1）。

（单位：亿美元）

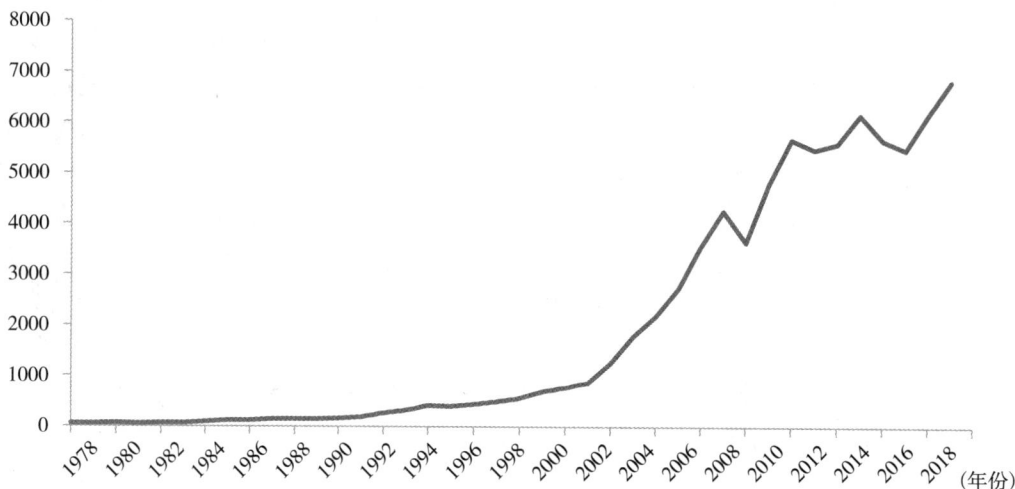

图10-1 1978—2018年中国与欧盟的贸易总额

注：1978—1980年为欧共体9国，1981—1985年为欧共体10国，1986—1994年为欧盟12国（欧洲共同体于1992年改称欧洲联盟），1995—2003年为欧盟15国，2004—2006年为欧盟25国，2007—2012年为欧盟27国，2013—2018年为欧盟28国。

资料来源：中国海关统计数据，商务部数据。

由于双方之间的经济差距，这一阶段的双边贸易主要表现为中国对欧盟的贸易逆差。改革开放初期，中国的劳动生产率非常低，既缺乏资金与外汇，也缺乏技术与人才，产业结构基本为初级产业，对欧盟的出口自然以原材料等初级产品为主。而当时的欧盟经济较为发达，对于中国的出口则以技术设备等工业制成品为主，这一贸易内容决定了中国在长期之内对欧贸易处于逆差地位。

由图10-2可见，1981—1996年，中国与欧盟（欧共体）之间的贸易都表现为中国的逆差，其中1981—1983年中国对欧共体存在较小的贸易逆差，但随着贸易的推进，逆差逐渐扩大至1990年后才有所收窄，这主要同欧盟的制裁有关。1996年双方的进出口额几乎相等，1997年中国以238亿美元的对欧出口超过当年自欧盟进口的192亿美元金额，首次实现对欧贸易顺差。此后，贸易顺差一直持续，至2001年中国加入世界贸易组织后，顺差进一步扩大。

（单位：亿美元）

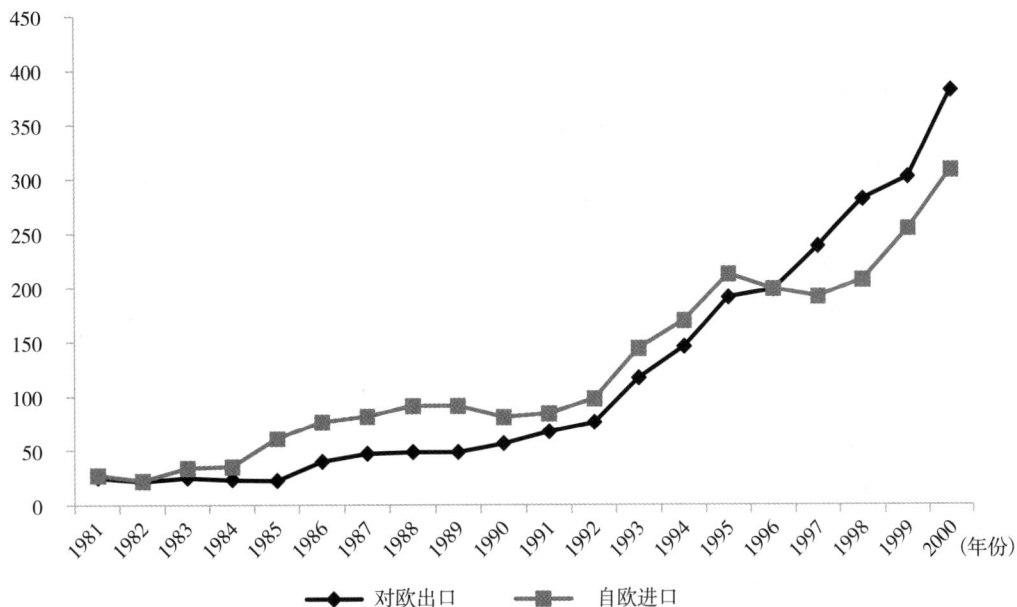

图 10-2 1981—2000 年中国对欧盟的进出口情况

资料来源：丁长清等（2003）。

（2）欧盟对中国投资逐步增长

改革开放不仅使得中欧之间的贸易额大幅增长，欧盟对中国的投资也随着中国对外资的开放而逐渐增长。由图 10-3 可见，欧盟对中国的投资在开始的几年较为保守，1986—1992 年间欧盟对华投资额都很低。1986 年前的投资数据甚至没有年度数据记录。

可以说，欧盟的这种谨慎态度直到 20 世纪 90 年代才有所转变，对华投资金额出现快速增长，从 1991 年的 2.5 亿美元增长至 2000 年的 44.8 亿美元，增长了将近 18 倍。欧盟的态度转变取决于多个方面，主要与中国自身的经济增长及对外开放尤其是外资开放政策相关。20 世纪 90 年代以来，中国经济进入快速增长区间，年均增长率高达 10%，1992 年通过设立经济特区加快对外开放步伐，1994 年通过的《中共中央关于建立社会主义市场经济体制若干问题的决定》，明确了社会主义市场经济建设的路径，1993 年成为仅次于美国的外资流入目的地，这都使得欧盟对中国经济的信心提升。同时，1991 年苏联的解体使得欧盟的安全保障得以提升，进而在经济上更加积极主动。1995 年 12 月，欧盟理事会公布了对华长期政策文件，1998 年 3 月，欧委会公布了《与中国建立全面伙伴关系》的对华政策新文件，都标志着欧盟在这一阶段对中国经济的重视。不过，1997 年东南亚金融危机的爆发使得欧盟在 1998 年对中国的投资有所减少。

(年份)

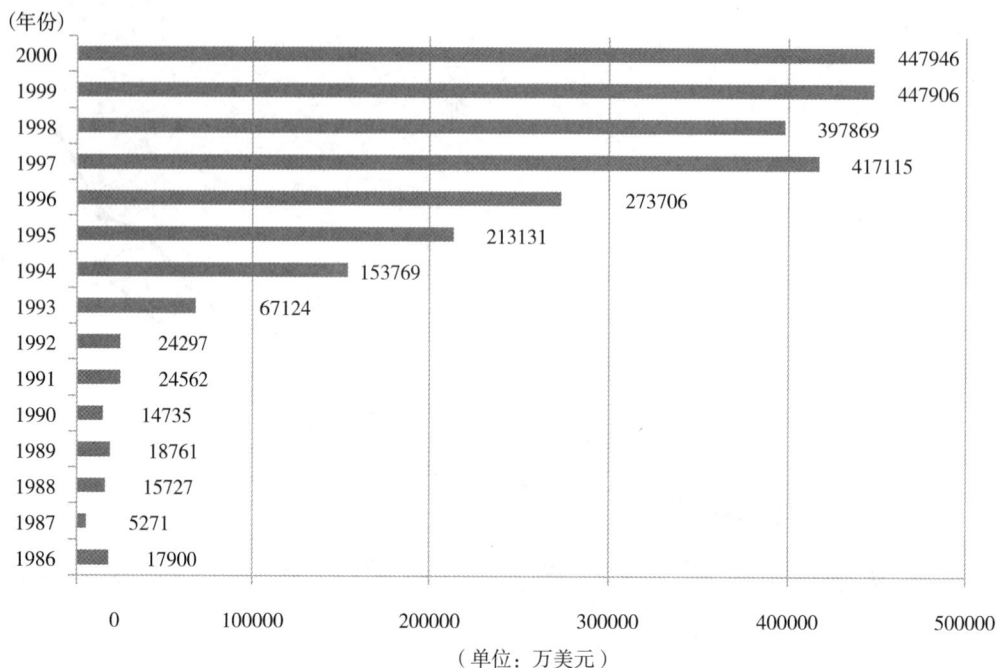

（单位：万美元）

图 10-3　1986—2000 年欧盟对华投资金额

资料来源：中华人民共和国商务部、国家统计局、国家外汇管理局：《2017 年度中国对外直接投资统计公报》。

2. 双向贸易增加阶段（2001—2009 年）

这个阶段的重要起点是中国加入世界贸易组织，2000 年 5 月，在与美国达成加入世界贸易组织协议后，中国与欧盟达成中国加入世界贸易组织的双边协议。随之而来的是中国对欧盟出口的快速增加，因此，与前一阶段几乎单向的欧盟对华出口顺差相比，这一阶段的中欧贸易具有显著的双向特征，即中国对欧盟出口和自欧盟进口都取得快速的增长。更进一步地，这一阶段中国对欧盟的贸易形成了持续的贸易顺差。

（1）中国对欧盟贸易顺差大幅增加

由表 10-1 可以发现，21 世纪的前 9 年间，中欧贸易继续大幅增长，尤其是出口增速自 2002 年起高于进口增速，这与上一阶段明显不同。2009 年双方的贸易出现下滑，原因是 2008 年全球金融危机爆发后世界经济的下滑及世界贸易的大幅下降。

表 10-1　2001—2009 年中国对欧盟进出口贸易额

年份	进出口总额（万美元）	出口额（万美元）	进口额（万美元）	累计比去年同期增减（%）		
				进出口	出口	进口
2001	7661352	4089213	3572139	11.0	7.1	15.8
2002	8675520	4821182	3854338	13.2	17.9	7.9

年份	进出口总额 (万美元)	出口额 (万美元)	进口额 (万美元)	累计比去年同期增减(%)		
				进出口	出口	进口
2003	12521674	7215487	5306187	44.4	49.7	37.7
2004	17728696	10716251	7012445	33.4	36.7	28.7
2005	21730700	14371158	7359542	22.6	34.1	4.9
2006	27230233	18198335	9031898	25.3	26.6	22.7
2007	35615124	24519173	11095951	27.0	29.2	22.4
2008	42557769	29287820	13269950	19.5	19.5	19.6
2009	36404170	23628419	12775751	-15.0	-19.0	-3.7

资料来源:中华人民共和国商务部欧洲司网站。

如果将这一阶段的中欧贸易额绘制在折线图中,则更能观察到这种贸易双向发展的特点:中国对欧盟的出口快速增加,致使中国对欧盟的贸易顺差不断累积,欧盟这一阶段对华出口虽然也有所增加,但增速不及前者(见图10-4)。

(单位:亿美元)

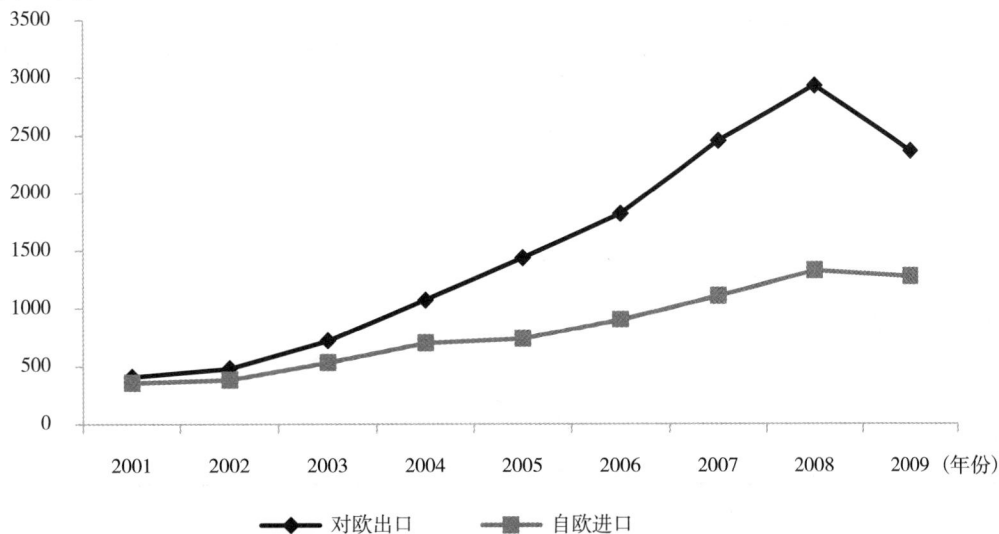

图10-4 2001—2009年中国对欧盟的进出口情况

资料来源:中华人民共和国商务部欧洲司网站。

这一阶段中国对欧贸易的大幅增长,一方面是由于加入世界贸易组织后中国外贸的长足发展;另一方面,也与中国自身的产业结构调整有关。经过了20年的改革开放后,中国自身经济体量不断增长的同时,产业结构也发生了明显的变化,由改革开放初期的双缺口及初级产品出口国状态,逐步转变成为外汇、储蓄双盈余国家,随着本国劳动生产率的提高,中国的制造业也出现明显增长,使得工业制成品的出口有所上升,进而改善贸易条件。此外，还有一个重要的原因，发达国家在中国投资的跨国公司在这一过程中大力发展加工贸易，跨国公司从发达国家进口设备，在中国组装生产，然后将产品出口至发达国家，结果使得中国对欧美等发达国家的出口额大幅上升，但显然，这部分中国出口中大部分收益属于跨国公司。

（2）中国对欧盟投资逐渐起步

进入21世纪以后，欧盟对中国的直接投资进一步增加，其设立外资企业数占全部外资企业数的比重逐年提升，从2001年的4.6%上升至2009年的6.4%，其实际投入外资金额也实现了大幅增加，从2001年的41.8亿美元上升至2009年的51.2亿美元。不过，这一阶段欧盟对华投资的增长幅度较为稳定，并未出现1995—2000年的大幅增长，其占中国吸收外资的比重也出现下降，从2001年的8.9%下降至2009年的5.5%。一方面，欧盟对华投资占欧盟对外总投资的比重始终低于2%，也就是说，中国并非欧盟最主要的投资市场；另一方面，中国在这一阶段吸收的外国直接投资持续增加，所以即使欧盟投资的金额有所增加，但增速不及总体增长速度。此外，欧盟在2004年的东扩行动使得中东欧十国加入，加上2007年加入的罗马尼亚和保加利亚，欧盟对于这些国家进行了大量投资，对于中国的投资具有一定的挤出效应（见表10-2）。

表10-2　2001—2009年欧盟对中国直接投资情况

年份	企业数（家）	比重（%）	实际投入外资金额（万美元）	占欧盟对外投资比重（%）	占中国吸收外资比重（%）
2001	1214	4.6	418270	1.15	8.9
2002	1486	4.4	370982	0.94	7.0
2003	2074	5.1	393031	1.17	7.4
2004	2423	5.6	423904	1.51	7.0
2005	2846	6.5	519378	0.94	7.2
2006	2619	6.3	543947	0.95	7.5
2007	2487	6.6	394529	——	4.7
2008	1929	7.0	511526	——	4.7
2009	1510	6.4	512233	——	5.5

资料来源：根据商务部历年中国外资统计公报整理。

随着对外贸易顺差的增加，中国对于随之增加的外汇储备的保值增值需求不断上升。同时，中国经济自身的转型升级要求也促使对外投资进而获取关键技术和战略资源。2000年，鼓励企业进行对外直接投资的"走出去"战略写入我国"十五"计划纲要，标志着"走出去"战略被提高到国家战略层面；2002年，党的十六大报告进一步提出，坚持"走出去"与"引进来"相结合的方针，全面提高对外开放水平。随后，中国企业开始对外投资，商务部外资司也从2003年开始统计我国的对外投资情况并对外公布。对欧盟的投资能获得的最早数据记录始于2003年，但这一阶段中国对欧盟的投资较少，远远低于欧盟对华投资的规模。这一阶段的峰值出现在 2009 年，中国对欧盟投资金额自 2003 年的 1 亿美元上升至 2009 年将近 30 亿美元，但仍低于欧盟对华投资 51 亿美元的规模。不过，2009 年中国对欧盟的投资规模较 2008 年出现大幅增长，主要原因可能在于 2008 年全球金融危机爆发并逐步蔓延至欧盟。

3. 双向投资增长阶段（2010—2016 年）

2008 年全球金融危机爆发后，2010 年欧盟爆发欧元区主权债务危机，此次危机的持续时间和严重性远远超过危机爆发初期，各界尤其是欧盟的政策制定者们的预期。危机最为严重之时，甚至威胁到整个欧元区的可持续性，而欧元区恰恰是欧盟的经济核心所在。主权债务危机虽然在 2012 年后有所缓解，但深陷危机的希腊直到 2018 年 8 月才退出救助计划。欧元区和欧盟的经济率长期低迷，在 2015 年欧洲中央银行推出量化宽松货币政策后才渐有起色，2016 年年底逐步实现经济增长。在这样的大背景下，中国与欧盟之间的贸易和投资关系也发生了变化。

（1）中国保持顺差但自欧进口增速提高

根据表 10-3 中 2010—2016 年的贸易数据，从具体金额来看，中国对欧盟的出口额仍大于中国自欧盟的进口额，中国继续保持了对欧盟的贸易顺差。但如果从环比增速来看，可以发现中国自欧盟进口的增长率逐渐超过中国向欧盟出口的增长率。2010 年出口和进口的增长率几乎一致，而 2011 年进口的增长率为 25.4%，超过同期 14.4% 的出口增长率，而且这一趋势一直持续到 2014 年。

表 10-3　2010—2016 年中国对欧盟进出口贸易额

年份	进出口总额的预期（万美元）	出口额的预期（万美元）	进口额的预期（万美元）	累计比去年同期增减（%）		
				进出口	出口	进口
2010	47971255	31123542	16847713	31.8	31.8	31.9
2011	56721283	35601983	21119300	18.3	14.4	25.4
2012	54604330	33398845	21205485	-3.7	-6.2	0.4
2013	55904032	33898502	22005530	2.1	1.1	3.7
2014	61513920	37088434	24425486	9.9	9.4	10.7
2015	56475484	35587590	20887894	-8.2	-4.0	-14.5
2016	54701794	33904794	20797000	-3.1	-4.7	-0.4

资料来源：中华人民共和国商务部欧洲司网站。

出现这一变化的主要原因在于，2010 年以来欧盟经济低迷，尤其欧元区主权债务危机的爆发与蔓延使得欧元汇率大幅降低，进而使得欧元区乃至整个欧盟范围的商品价格下降，带动出口增加，表现为表 10-3 中国自欧盟的进口快速增加。另外，这一阶段的中欧关系堪称中欧"蜜月期"，中国在债务危机期间给予欧盟大力支持，并与相关成员方开展密切的经济往来，随着中国国力的增强，尤其在 2010 年成为全球第二大经济体后，欧盟更加重视同中国的经济合作，欢迎中国进口欧盟的货物以帮助其经济增长。此外，奥巴马政府期间美国强调重返亚太，同时因美国自身爆发金融危机而自顾不暇，没有对欧盟进行有力的支持，加之美国在非洲发动的战争导致大量难民涌入欧盟，使得欧盟陷入多年的难民危机。

不过，2015—2016 年情况又不太一样，双方的贸易额出现下降，主要原因可能在于中国经济的下滑。2015 年，中国 GDP 增长率首次低于 7%，为 25 年内的最低增长速度，而由于外部需求的降低及内部结构改革的困境，这一增速一直持续至 2018 年。经济增速下滑导致中国自欧盟进口降低幅度大于出口的降低幅度。但到 2016 年，中国自欧盟的进口增速再次超过中国对欧盟的出口增速，这一阶段的贸易特征得以恢复。

（2）中欧双向投资格局成型

欧元区主权债务危机的爆发使得欧盟的资产价格也有所下降，中国对欧盟的大举投资一方面促进了欧盟经济复苏，受到欧盟尤其是目的成员方的欢迎；同时投资于欧盟的优质资产也提高了自身对外投资的效益，符合我国"走出去"战略的基本要求。从图 10-5 可以发现，2010 年中国对欧盟的投资首次超过欧盟对华投资的金额，此后基本延续了这一超越之势，总体上中国对欧盟的年投资流量超过了欧盟的对华投资额。2013 年和 2015 年的情形不同，中国对欧盟投资出现大幅下滑并且在总金额上也低于欧盟当年的对华投资额。其实，中国对欧盟的投资在 2012 年就出现大幅下降，当时欧元区主权债务危机处在最严重的状态，市场一度怀疑欧元区是否可以继续存在，中国可能是处于避险考虑主动减少了对欧投资。另一个可能的原因在于"一带一路"倡议的实施。2013 年，中国正式提出"一带一路"倡议，并在亚洲地区尤其中亚大幅增加投资，使得对于欧盟的投资可能被分流。

总体来看，2010 年以后，中欧之间的投资呈现出双向互动的形态，与前一阶段欧盟对华投资单向大幅超过中国对欧投资的特征明显不同。之所以出现这种变化，一方面是欧债危机的爆发；另一方面，则是中国主动鼓励企业"走出去"的政策使然。2014 年，中国对于对外直接投资管理方式进行改革，由原来的层层审批制改为"备案为主，核准为辅"的模式，对于中国企业对外直接投资起到显著的促进作用。如表 10-4 所示，2014 年中国对欧盟投资实现了 116.3% 的增长率，创下了本阶段的最高增长率。到了 2015 年，中国股票市场泡沫破裂，随着中国经济的下滑，人民币兑美元的汇率又出现大幅下跌，使得中国对外投资的意愿减少。2015 年年底，IMF 宣布人民币加入 SDR 货币篮子，同时，中国为了维持人民币汇率稳定也进行了干预和相应的外汇管制措施。2016 年年底，政府的对外投资政策进一步清晰，在鼓励科技、制造等先进产业的投资之外，严格收紧对于娱乐、房地产等行业的投资。2013—2016 年，中国对欧盟的直接投资出现剧烈震动，与上述经济政策的调整有关。这一时期，欧盟对华直接投资总体上也呈现上升趋势。

（单位：万美元）

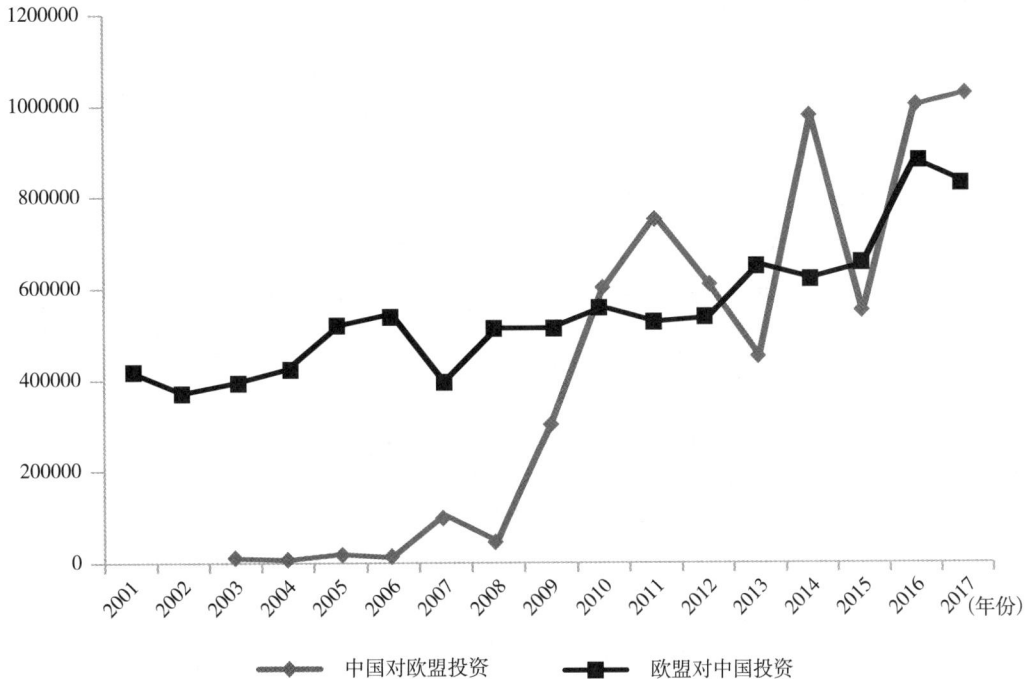

图 10-5　2001—2017 年中国与欧盟之间的双向投资情况

资料来源：中华人民共和国商务部、国家统计局、国家外汇管理局：《2017 年度中国对外直接投资统计公报》；商务部：《中国外资统计公报 2018》。

表 10-4　2007—2017 年中国对欧盟投资情况

年份	年流量			年末存量		
	金额（亿美元）	同比（%）	所占比重（%）	金额（亿美元）	所占比重（%）	占全年对欧洲投资比重（%）
2007	10.44	711.0	3.9	29.40	2.5	66.0
2008	4.67	−55.3	0.8	31.74	1.7	61.8
2009	29.16	555.1	5.3	62.77	2.6	72.3
2010	59.63	101.0	8.7	124.97	3.9	79.5
2011	75.61	26.8	10.1	202.91	4.8	83.0
2012	61.20	−19.1	7.0	315.38	5.9	85.4
2013	45.24	−26.1	4.2	401.00	6.1	75.4
2014	97.87	116.3	7.9	542.10	6.1	78.1
2015	54.80	−44.0	3.8	644.60	5.9	76.0
2016	99.94	82.4	1.8	698.40	——	——
2017	102.67	2.7	6.5	860.15	4.7	77.7

资料来源：根据商务部公布的历年对外直接投资统计公报整理而得。

4. 贸易投资双向协调阶段（2017—2018 年）

从 2016 年年底开始，欧盟经济开始出现快速增长，至 2017 年取得超过 2.5% 的经济增长率，该增长率为 2008 年以来的最好成绩。随着欧盟经济增长的恢复，欧盟的对外经济政策也开始有所调整。中欧之间的贸易与投资也开始进入双向协调阶段。

（1）中国自欧盟进口快速增长

从表 10-5 中的数据可以看出，2017—2018 年，中国自欧盟进口商品的增长速度明显高于对欧盟出口商品的增长速度。加上上一阶段进口增速的逐步增长，2018 年，中国自欧盟进口额高达 2735 亿美元，占同年出口至欧盟金额的 67%，而 2010 年该比例仅为 54%，可见，双方的贸易差额正在逐步缩小。

表 10-5　2016—2018 年中国对欧盟进出口贸易额

年份	进出口总额（万美元）	出口额（万美元）	进口额（万美元）	累计比去年同期增减（%）		
				进出口	出口	进口
2016	54701794	33904794	20797000	−3.1	−4.7	−0.4
2017	61691575	37204153	24487422	12.7	9.7	17.7
2018	68216000	40863000	27353000	10.6	9.8	11.7

资料来源：中华人民共和国商务部欧洲司网站。

出现这一特征的原因主要在于欧盟方面的贸易政策调整。实际上，自 2016 年以来，欧盟的对华贸易政策就开始逐步调整。2016 年 5 月，欧盟在美国之前以议会表决的形式首先在发达国家集团拒绝承认中国的市场经济地位，这使得欧盟在对华反倾销上继续保持优势。自 2017 年以来，欧盟进一步加强了对中国产品的反倾销与反补贴措施。2017 年 12 月，在美国正式拒绝承认中国的市场经济地位后，欧盟正式发布经修订后的新贸易防御法，引入了国家干预下的经济扭曲概念及其倾销计算方法，同时还发布了《关于中国经济明显扭曲的情况》的报告；2018 年 4 月 16 日，欧盟理事会确立了新的反倾销与反补贴法规。这些修订都使得欧盟在对中国产品发起反倾销、反补贴调查时更为有利。

当然，另一个原因也在于中国的主动调整。2008 年全球金融危机爆发后，与中国的贸易平衡一直是美国等西方大国强调的世界经济再平衡的重要内容。中国作为负责任的大国，2018 年 11 月在上海召开了"中国进口博览会"，明确了维护自由贸易及扩大进口的姿态，在实际的经济活动中主动增加进口，改善双边贸易不平衡的现状。

（2）双方投资出现双向调整

从图 10-5 可以看出，2017 年双方的直接投资并未出现大幅波动，但走势却有所不同，与 2016 年的投资水平相比，2017 年中国对欧盟的投资进一步增长，而欧盟对华投资则有所下降。表 10-6 数据显示，欧盟 2017 年对华直接投资金额有所减少，但新设立企业数则有所增加。

表10-6 2009—2017年欧盟对华投资情况

年份	对华新设立企业（家）	同比增减（%）	实际投入外资金额（亿美元）	同比增减（%）
2009	1578	-23.21	59.52	-8.76
2010	1688	6.97	65.89	10.71
2011	1743	3.26	63.48	-3.65
2012	1698	-2.58	61.07	-3.8
2013	1523	-10.41	72.14	18.07
2014	1584	3.9	68.5	-5.3
2015	1772	11.9	71.1	3.8
2016	1741	-1.8	96.6	35.9
2017	1873	7.60	87.9	-9.1

资料来源：根据中华人民共和国商务部外国投资管理司网站数据整理而得，其中2009—2012年为欧盟27国数据，2013—2017年为欧盟28国数据。

实际上，从表10-7可以看出，美国、日本、英国、中国香港和德国分别是全球FDI流出前五位经济体，如果按照区域来算，欧盟的对外投资总量达到全球对外投资的30.5%。单纯从对外投资金额来看，2017年德国对外投资823.4亿美元，欧盟总体对外投资超过4000亿美元，在中国的直接投资占二者的比例不足2%，远远低于东盟的对华投资比例。也就是说，从区位选择来看，中国并非欧盟和德国的主要投资目的地，其投资比例较低，当然，该比例仍高于美国的投资比例。2017年中国香港地区对中国内地投资额超出了其当年的FDI流出额，原因可能是沪港通、深港通的开通导致金融类投资金额上升。

表10-7 2017年全球FDI流出前五位经济体及欧盟和东盟对华投资情况

国家/地区	FDI流出量（亿美元）	占全球总流量比（%）	在华投资额（亿美元）	占中国吸收FDI比（%）	占其FDI流出量比（%）
美国	3422.7	23.9	26.5	1.9	0.8
日本	1604.5	11.2	32.6	2.4	2
英国	996.1	7	10	0.7	1
中国香港	828.4	5.8	945.1	69.3	—
德国	823.4	5.8	15.4	1.1	1.9
欧盟	4357.4	30.5	82.9	6.1	1.9
东盟	550.3	3.9	50.8	3.7	9.2

资料来源：商务部：《中国外资统计公报2018》。

中国对欧盟的直接投资在2017年进一步增长，流量达到102.67亿美元，同比增长2.7%。从国家结构来看，2017年中国对欧盟的投资中26.5%流向了德国，金额达到27.16亿美元，比2016年增长14%；20%的中国投资流入英国，金额为20.66亿美元；

13%流入卢森堡，金额为13.5亿美元。从表10-8的整体行业分布来看，2017年中国有超过一半的对欧投资流入制造业，主要分布在德国、瑞典、英国、奥地利、荷兰等。其次是租赁和商务服务业，约占中国对欧投资的1/4，主要分布在英国、塞浦路斯、德国、卢森堡等。位于第三位的是批发和零售业，主要分布在法国、卢森堡等。科学研究和技术服务业的投资主要在卢森堡和德国，金融业的投资则主要分布在卢森堡、德国、匈牙利、法国等，信息传输/软件和信息技术服务业的投资主要在荷兰和德国。2017年年末，中国共在欧盟设立直接投资企业2900多家，金额为860.15亿美元，覆盖欧盟28个成员方，雇用外方员工17.59万人。

表10-8　2017年中国对欧盟直接投资的主要行业

行业	流量金额（万美元）	占比（%）	存量金额（万美元）	占比（%）
制造业	532152	51.8	2462255	28.6
金融业	69027	6.7	1713366	19.9
采矿业	−130130	−12.7	1412919	16.4
租赁和商务服务业	249491	24.3	991577	11.5
批发和零售业	96752	9.4	449193	5.2
房地产业	4568	0.4	316109	3.7
科学研究和技术服务业	77633	7.6	269406	3.1
电力/热力/燃气及水的生产和供应业	1808	0.2	208862	2.4
信息传输/软件和信息技术服务业	46262	4.5	203148	2.4
交通运输/仓储和邮政业	17771	1.7	171555	2.0
文化/体育和娱乐业	8736	0.9	124262	1.4
农/林/牧/渔业	14146	1.4	91259	1.1
住宿和餐饮业	105	0.0	90610	1.1
居民服务/修理和其他服务业	21305	2.1	40951	0.5
建筑业	14004	1.4	31807	0.4
其他行业	3106	0.3	24199	0.3
合计	1026736	100	8601478	100

资料来源：中华人民共和国商务部、国家统计局、国家外汇管理局：《2017年度中国对外直接投资统计公报》。

虽然商务部对于2018年的数据还未公布，但根据国外机构统计的数据，2018年中国对欧盟的直接投资总体下降，但对法国、德国、卢森堡、西班牙、瑞典，以及中东欧的投资则出现增长。[1]

中国对欧盟投资出现调整的主要原因在于2017年欧盟酝酿出台的外资审查框架。

---

[1]　张枕河：《机构研究显示：2018年中国对中东欧FDI金额明显上升》，《中国证券报》2019年1月16日。

2017 年 9 月，欧盟委员会正式提出设立外资审查框架，旨在从欧盟层面整体对外资进行审查，尤其是对于大额交易进行识别和审查；但由于个别成员方的反对，最后于 2018 年 12 月，欧洲理事会批准了修改后的审查框架，将最终的决定权保留在成员方层面，该协议已经欧洲议会通过，于 2019 年 4 月生效，2020 年 10 月开始正式实施。新的框架强调成员方与欧盟层面的合作机制，并要求成员方最大限度地考虑欧盟的建议，未来审核的领域涉及关键基础设施、关键技术、关键投入品供应安全，以及与敏感信息获取有关的领域。

鉴于欧盟方面的政策调整，中欧贸易投资的双向调整阶段可能会持续较长时间。但这种调整并不意味着中欧之间贸易和投资的大幅下滑，而是一种调整状态，彼此的贸易投资不会出现大幅的波动，而是会趋于更加平衡的调整。

二、变局下中欧面临相似的困境

世界范围内的大调整趋势自 2018 年以来更加明显：逆全球化在英国脱欧和美国退群的引领下进入新的高潮，美国的国际角色定位从"国际警察"转变为"美国优先"、民族主义在全球性难民和移民问题冲击下日趋高涨，美中贸易摩擦虽然暂停但长期的贸易平衡却难以实现。中国高度重视国际环境的变化，党的十九大报告中就提出"世界正处于大发展大变革大调整时期"，习近平总书记在 2018 年的多次重要讲话中进一步明确"当前世界处于百年未有之大变局"。实际上，在这一大变局中，中国与欧盟在诸多方面面临着相似的困境

1. 贸易大国面临 WTO 困局

2018 年伊始，美国运用国内贸易调查法案威胁对所有进口钢铝产品加征关税，虽然欧盟、中国等成员在应对时本着 WTO 原则实施反制，甚至诉至 WTO 争端解决机制，但美国坚持单方面加征关税的做法使得 WTO 框架实质上被架空。WTO 甚至面临在 2019 年年底丧失争端解决功能的困局。

（1）美国对欧盟同样挑起贸易争端

美欧之间的贸易结构则是以欧盟顺差为特征，2017 年欧盟对美国的商品贸易顺差为 1208 亿欧元，比 2016 年的 1131 亿欧元增长 6.8%。特朗普政府采取贸易保护主义政策后，美国与欧盟之间的摩擦在所难免。

2018 年 3 月 8 日，特朗普政府以美国商务部 2 月公布的"232 调查"报告，提出对所有进口钢铁和铝产品分别征收 25% 和 10% 的关税。3 月 22 日，在关税措施生效的头一天，欧盟同其他多个美国盟国获得 5 月 1 日前的关税豁免；4 月 30 日，美国政府宣布将欧盟、加拿大、墨西哥的关税豁免延长至 6 月 1 日，继续展开谈判；5 月 31 日，美国宣布自 6 月 1 日起对主要贸易伙伴加拿大、墨西哥和欧盟附加征收 25% 的钢铁关税

和10%的铝关税。显然，此前同欧盟的谈判并未令特朗普政府满意。作为回应，欧盟委员会宣布从6月22日起对自美国进口的价值28亿欧元的美国钢铝产品和农产品加征关税，并表示做法符合世界贸易组织规则。6月23日，特朗普政府威胁对自欧盟进口的汽车加征20%的关税，而且美国商务部5月已经以国家安全为由启动了对进口汽车及零配件的"232调查"。这轮贸易争端最终是以欧盟的让步为结局，7月26日，欧盟委员会主席容克赴华盛顿与特朗普商谈，并就暂停贸易争端达成一致：欧盟同意扩大对美国液化天然气的进口、降低双方的工业关税，并进口更多的美国大豆，对于非汽车行业，双方将努力就零关税、零贸易壁垒和零补贴达成一致。

（2）贸易争端激增考验WTO争端解决效力

作为最大的发达国家和主要的出口目的地，美国单方面挑起贸易争端的做法一方面对WTO的效力造成严重挑战，另一方面也显示出WTO在解决当前贸易纠纷时的不足和缺陷。

（单位：件）

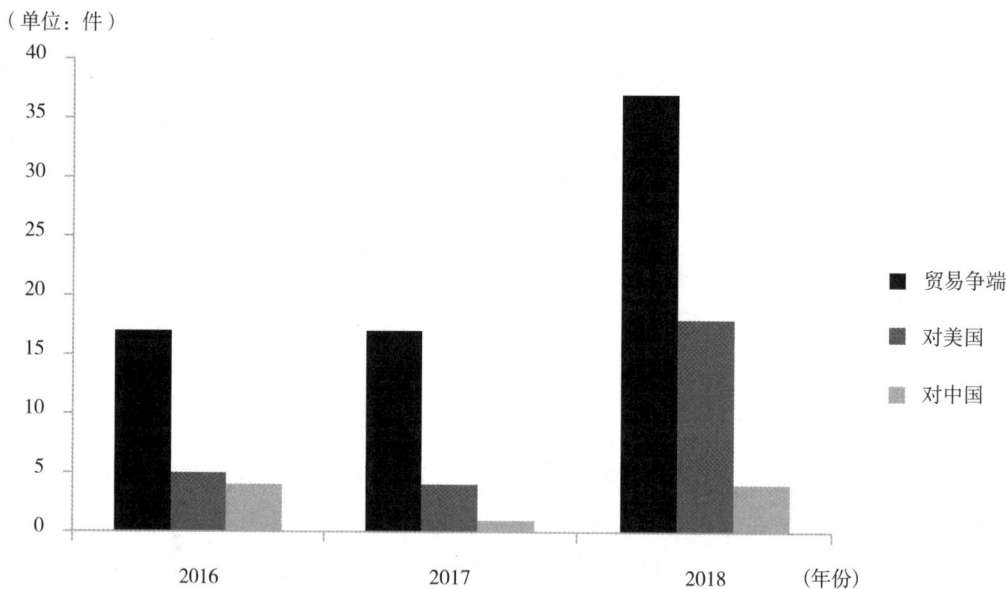

图 10-6　2016—2018 年诉至 WTO 争端解决机制的案件数量

资料来源：世界贸易组织网站。

从图 10-6 可以看出，2018 年诉至 WTO 争端解决机制的案件数量大幅增加，从2016 年和 2017 年各 17 起案件上升至 2018 年的 38 起案件，数量上翻了一番。从国家结构来看，针对美国的案件数量大幅上升，从 2017 年的 4 起案件上升至 2018 年的 18 起之多，原告国家则分布在越南、韩国、中国、欧盟、加拿大、墨西哥、挪威、俄罗斯、瑞士等多个国家。而 WTO 在解决大范围争端方面显得力不从心。实际上，2017 年针对美国的 4 起案件中，有 3 件来自加拿大，而美加之间的争端最终是以签订 USMCA 协定来解决，并非在 WTO 层面解决。2018 年的案件中，同样大多数针对美国的争端最终是以双边谈判达成一致，而非在 WTO 这一多边协调层面得以解决。

（3）上诉机构困局难解，WTO 改革迫在眉睫

WTO 最紧迫的困局恰恰来自争端解决机制。争端解决机制被誉为 WTO 皇冠上的宝石，是 WTO 最具有创造性的规则设计。根据相关规定，成员方之间若发生贸易争端，可诉至争端解决机制，由该机制成立专家组对争端进行裁决。若成员方对专家组的裁决不满，则可上诉至上诉机构。上诉机构会在现任的大法官中挑选至少三位大法官对案件进行审理，并形成最终裁决，经争端解决机构通过后，双方需要无条件执行。这套机制是保障 WTO 效力的重要机制，但近年来在美国的阻挠下即将处于停摆困境。

根据争端解决机构协商一致的原则，美国在 2016 年一票否决任命新的上诉机构大法官，随后一直阻挠现任大法官的合理连任，并且拒绝卸任大法官继续完成手头案件的审理，使得争端解决机制的上诉机构自 2018 年 9 月 30 日起仅剩 3 名大法官，而这是审理案件所需法官数量的最低要求。2019 年 12 月会有另外两名法官到任，届时如果美国阻挠继续，那么上诉机构将无法存续，而作为世贸组织核心的争端解决机制也将失去效力。

对于中国和欧盟这两个贸易主体来说，WTO 框架的存在符合双方的根本利益。中国在加入 WTO 后取得了对外贸易进而得到了经济的快速增长，而 1995 年《关税与贸易总协定》演化为世界贸易组织，欧盟是重要的促成者之一。因此，WTO 目前面临的困境于中国和欧盟而言都具有重要影响。

2. 伊核协议风波下的经济困境

2018 年 5 月 8 日，特朗普在白宫宣布美国退出伊核协议（伊朗核问题全面协议），并对伊朗实施最高级别的经济制裁。这是特朗普就任美国总统以来的又一起退群行为，这可谓是 2018 年影响最为深远的风波之一。受到直接影响的经济体中除了伊朗外，欧盟和中国也都受到相当程度的影响。

（1）美国中东战略下的伊核协议

伊核协议签订于 2015 年 7 月，由伊朗与伊核问题六国（美国、英国、法国、俄罗斯、中国和德国）共同签署，签署文件为《联合全面行动计划》，于 2016 年 1 月生效。除了德国以外，其余的伊核五国均为联合国常任理事国，德国参与协议的原因在于其与伊朗之间密切的经济联系。自 2005 年伊朗开始研发核能，到伊核六国通过经济制裁向伊朗施压，再到最终达成协议总共耗费 10 年时间。最终达成的协议也并非伊朗全面放弃核研发，而是不得从事 5% 以上浓度的铀浓缩，停止阿拉克重水反应堆建设，允许更多来自国际原子能机构的核查，作为交换，有关六国不追加对伊新制裁并松绑部分已有制裁。

协议达成以后，法德企业与伊朗的经济贸易迅速增加，同时各国对于伊朗的投资也迅速增长。但到了 2017 年，特朗普就任美国总统后多次威胁退出伊核协议，这让已经在伊朗形成众多投资的欧盟非常为难，但与美国的多番沟通仍未能改变美国最终退出伊

核协议的结果。美国退出协议的理由是"伊朗没有遵守协议"，然而其背后却是美国中东政策的调整。伊朗在伊核协议下经济逐步恢复，在打击 IS 的同时与叙利亚和伊拉克交往密切，使其领导的什叶派穆斯林势力在中东地区的影响力大为提升；而与之相对的是美国盟友沙特阿拉伯代表的逊尼派穆斯林势力的相对下降。美国为了平衡中东地区的势力才会打击伊朗，扶植沙特阿拉伯，而打击伊朗的最直接办法就是退出伊核协议，并重启对伊制裁。

（2）欧盟出台多项措施应对伊核协议风波

实际上，特朗普早在 2018 年年初就表示要退出伊核协议，但在欧盟各国的极力劝阻下，延迟了 120 天，在最终未能达成新协议后宣布退出。在特朗普发表就伊核协议看法之前，欧盟外交与安全政策代表与法、德、英三国外长举行工作会议，指出特朗普批评伊朗违背核协议没有根据，欧盟将尽一切努力维护核协议，因为协议对防止地区核扩散至关重要。同时，就美国指责伊朗的行为，包括开发弹道导弹及伊与叙利亚、黎巴嫩真主党、也门胡塞武装的关系，伊朗国内骚乱发生伤亡等方面表示关切。意大利甚至决定向伊朗银行提供 50 亿欧元贷款，以体现与伊朗进行经济合作的意愿。① 3 月 16 日，英、法、德三国提议欧洲联盟对伊朗施加新的制裁，原因是伊朗试验弹道导弹、支持叙利亚政府，此举是为美国提供备选方案以维持伊核协议，毕竟，国际原子能机构同日在维也纳确认伊朗自协议生效后一直履行协议，那么对其在境外的扩张行为进行制裁即可。然而，欧盟要想启动新制裁不仅需要 28 个成员方同意，还会拖延相当长的时间，况且，美国对于新制裁的做法并不满意。所以正如 2017 年的《巴黎协定》一样，即使欧盟多方劝阻，仍无法阻止美国退出伊核协议。

美国宣布退出伊核协议后，欧盟数次对美国此举表示遗憾，希望与中国、俄罗斯等伊核协议签署国一道，在美国退出后继续维护伊核协议。2018 年 5 月 18 日，欧盟提出应对之策：一是启用"阻断法令"，保护欧盟企业不受美国制裁影响。"阻断法令"系 1996 年引入欧盟，当年即为对冲美国"域外法权"。按此法令，如美国对别国制裁殃及欧盟企业，涉事企业无须遵守美国制裁规定。二是取消欧洲投资银行相关限制，允许该行继续为欧盟企业尤其是中小企业在伊投资提供融资支持。三是加强对伊产业合作和援助，包括能源产业合作。四是鼓励欧盟成员方寻求向伊朗央行转账的可能性，从而协助伊朗当局收取石油相关收益，特别是如果美国制裁瞄准积极参与伊朗石油交易的欧盟企业。

（3）伊核协议风波对欧盟经济的影响

美国于 2018 年 8 月重新启动对伊朗金融、金属、矿产、汽车等一系列非能源领域的制裁；11 月 5 日重启对伊朗能源、航运等领域制裁，要求其他国家停止购买伊朗原油，否则施以连带制裁。

虽然欧盟极力挽救协议，并多次声明继续承认协议有效，启动"阻断法令"等举

---

① 孙海潮：《欧盟对美威胁退出伊核协议极感惊惧》，环球网，2018 年 1 月 15 日。

措，但欧盟企业仍然忌惮美国的制裁，纷纷停止了与伊朗的贸易。伊朗经济规模仅有4000 亿美元，对大多数欧洲公司来说，冒着失去 20 万亿美元的美国市场的风险继续插手伊朗经济得不偿失。法国能源巨头道达尔石油公司曾于 2017 年 8 月与伊朗签署开发大型油田协议，但在美国制裁生效之前逐步停止投资伊朗南帕尔斯天然气田项目。丹麦石油产品航运商马士基油轮公司也逐步中止同伊朗油企签署的运输合同。欧盟既无法左右私人公司的行为，也无法保护这些公司不受美国制裁的影响。

《财富》全球 500 强企业中，曾有 67 家公司在伊朗进行投资，在美国两个阶段制裁的前 4 个月里，有近一半已经退出或表示即将退出对伊朗的投资。若伊朗退出伊核协议，可能导致中东动荡升级，恐怖袭击和难民问题都将对欧洲的社会安全产生威胁。同时，欧盟是伊朗最大的贸易伙伴之一，一旦伊朗陷入危机，欧洲的经济也将随之受损。

3. 巴黎气候协定面临严峻挑战

为了应对全球变暖及极端天气等气候变化问题，建立于 1992 年的《联合国气候变化框架公约》缔约方自 1995 年起，每年召开一次联合国气候大会，协商减少温室气体排放等重要气候议题，并达成重要的国际法律文件。1997 年在日本京都举行的气候大会上达成了《京都议定书》，2015 年年底在法国巴黎召开的气候大会则取得了人类历史上第一份全球减排协定——《巴黎协定》。2016 年 11 月 4 日，在达到了规定的成员方数量和碳排放水平后，《巴黎协定》正式生效。其核心内容包括：旨在达到净零排放的"长期目标"；每五年盘点一次的不断加强的"行动力度"；保证实现气候承诺的加强"透明度"；帮助发展中国家的"气候资金"；帮助世界最受气候变化影响人群的"适应（行动）"。

欧盟，尤其是法国对这份协定寄予厚望，在碳排放、减排、碳交易等方面也已经形成了体系。同时，欧盟视《巴黎协定》为欧盟国际影响力的重要体现，是欧盟引领全球治理的重要领域。然而，2017 年 6 月 2 日，特朗普宣布美国退出《巴黎协定》，认为巴黎气候协定以降低美国就业为代价。8 月 4 日，美国向联合国正式提交退出《巴黎协定》意向书。这对巴黎协定的执行前景带来巨大的不确定性。

（1）美国宣布退出的影响

虽说美国正式退出《巴黎协定》要到 2020 年，其直接影响并不会很明显；然而美国宣布退出《巴黎协定》本身对《巴黎协定》的打击就已经足够了。首先，作为全球最大的经济体和最大的碳排放国家之一，美国的减排承诺及执行对于《巴黎协定》至关重要。数据显示，美国能源类二氧化碳排放量在 2014—2017 年持续下降后，在 2018 年急剧上升了 3.4%。单是发电厂的二氧化碳排放量就增长了 1.9%，而飞机航班和汽车尾气也有增加，交通业的碳排放量也上涨了 1%。另外，工厂和其他设备的工业碳排放量也有显著提升。2018 年 12 月，美国在波兰气候大会上表示，目前碳排量比起 2005 年的水平已经降低了 14%，但这距离前总统奥巴马所承诺的，在 2025 年前降低 26%—28%，还有很长的一段路要走。其次，美国退出后对于气候资金造成压力。根据《巴黎协定》，发达国家承诺 2020 年以前每年向发展中国家提供 1000 亿美元的资金援助，美国的退出将导致发达国家资金份额分配发生变化，原本对资金援助就有争议的发达国家有可能会因此产生更大分歧。发展中国家应对气候变化的政策或将因资金援助等问题而发生变化，最终退回到观望和"搭便车"的立场之上（李强，2018）[1]。最后，美国的退出具有示范效应。虽然目前并没有其他国家跟随美国退出《巴黎协定》，但在具体的谈判中，各国受到"美国优先"理念的启发，更加强调本国的利益。如此一来，一方面，新的共识形成将更加困难，《巴黎协定》具体细则的谈判中就出现了这种问题，本轮谈判时间较上一轮谈判时间有所延长。另一方面，《巴黎协定》在执行层面可能会遇到更大的阻力。在执行过程中，一国能否真正按照承诺实行减排、能否达到减排目标、如果没有达到减排目标如何处理等实际问题将成为《巴黎协定》面临的长期挑战。

（2）美国宣布退出后的进展

美国宣布退出后，至 2018 年年底联合国气候大会召开了两次，分别是 2017 年 11 月 6—17 日在德国波恩召开的第二十三次气候大会和 2018 年 12 月 2—15 日在波兰卡托维兹召开的第二十四次气候大会。加上 2016 年的马拉喀什气候大会，这三次会议的任务是谈判《巴黎协定》的实施细则，显然，谈判过程非常艰难。

参与气候变化谈判的各方利益诉求存在较大差异，利益博弈激烈复杂，谈判进程艰难曲折。各方代表要针对数百页文件和众多问题选项展开谈判，很多问题相互关联。卡托维兹气候变化大会原定 14 日结束，但是由于在部分问题上存在较大分歧，谈判一度中止。因此，经过多次推迟，参会各国终于对关键问题达成一致。

美国宣布退出后，中国和欧盟承担了推进气候治理的更多压力。卡托维兹气候变化大会期间，中国代表团在会议最后陷入僵局的情况下，接受大会主席和执行秘书的委托开展沟通协调工作，经过与利益相关方长达 6 个小时的沟通和协调，解决了大会闭幕前最重要的问题。中国积极推进节能减排，推进在"国家自主贡献"中提出将于 2030 年左右使二氧化碳排放达到峰值，并争取尽早实现 2030 年单位国内生产总值二氧化碳排放量比 2005 年下降 60%—65% 的目标，2017 年还启动了规模高达 4000 亿元的全国碳排放权交易市场。

不过，即使达成了《巴黎协定》实施细则，但今后的实施过程中仍面临很多挑战。一是占全球碳排放量 17.9% 的美国，为了支持国内汽车行业及制造业发展，会逐渐放松环境管制，碳排放量可能会有所增加，从而抵消其他国家减排的努力。二是作为《巴黎协定》主导国的法国，在 2018 年 11 月政府宣布再次提高燃油税后，法国爆发了"黄背心"运动，不仅在法国长期持续，还蔓延到周边的德国、比利时、荷兰、意大利、瑞典等国。三是作为 2019 年联合国气候大会的主办国巴西，在获得主办权仅仅两个月后就宣布取消举办大会，理由是经济预算限制。实际上，在具体议题的谈判上之所以如此困难，本质原因还在于各国利益诉求不同。如关于温度控制的目标，小型岛国迫

---

① 李强：《美国退出〈巴黎协定〉，全球气候治理面临挑战》，《中国社会科学报》2018 年 1 月 11 日。

切需要更强温度控制，而石油输出国则显然恰恰相反。以"自主贡献"的方式提出减排目标也存在模糊性和不可比性，在评估时难以判断。气候资金是最大的挑战，但目前气候资金不仅没有到位，连筹措分配方案也没有，在 2020 年前能够达成一致恐怕很难。

三、中欧在分歧中寻求利益共同点

中国与欧盟在现实经济交往中当然也存在分歧，如欧盟拒绝承认中国市场经济地位、多次抱怨中国市场的进一步开放等。但是，中欧关系的压舱石仍然是双方互为重要贸易伙伴的经济现实。因此，寻求利益共同点是双方持续合作的现实路径，也符合双方的利益所在。

1. 加强第三方合作

2015 年 6 月，中国政府同法国政府正式发表《中法政府关于第三方市场合作的联合声明》，首次提出了"第三方市场合作"这一概念。"第三方市场合作"是中国提出的国际合作新模式，就是将中国的优势产能同发达国家的先进技术和理念相结合，为第三国提供高水平、高性价比、更具竞争力的产品和服务，实现"三方共赢"。[1] 在与法国签订第三方市场合作联合声明后，中国又陆续同英国、德国、西班牙等欧盟主要国家推进第三方市场合作。

（1）合作进展

总体来说，中欧双方开展第三方合作的实践还不是很多，但进入 2018 年以后，这种趋势正在逐渐加快。随着 2017 年大选后欧盟主要成员方领导人来华访问，及双方高层互动，中欧双方就第三方合作的相关沟通有所加深，双方未来在欧盟以外地区的第三方合作将会日益频繁。

目前来看，与中国展开第三方合作项目最多的欧盟成员方是法国。当然，这同其最早与中国签订第三方合作声明有关。此外，中法之间的产业也具有较强的互补性，双方在核能和航空领域就拥有广泛的合作基础。法国是最早与中国开展民用核能合作的国家。1978 年 12 月，中国向法国购买两座核电站设备，自此开启了中法核能合作的大门。从初期的设备购买，到当前的共同设计、共同建造，中法之间的核能合作已经走过了 40 年历程，拥有坚实的合作基础。中法在核能领域开展第三方合作的标志性工程是英国欣克利角 C 核电项目。2018 年 12 月 11 日，欣克利角 C 核电项目成功完成核岛第一罐混凝土浇筑，该项目是中广核集团和法国电力公司于 2016 年合作投标并中标的项目。

其次，中国与德国也展开了多个领域的第三方合作。巴基斯坦最大的水泥厂德拉加

---

① 曹文炼：《多方共赢 协力筑梦一带一路》，《人民日报》2018 年 1 月 4 日。

齐汗水泥厂项目中采用的钢构件由中国和德国企业合作生产。2016年6月，中德共同发表《第四轮中德政府磋商联合声明》，支持中车集团和德国西门子集团在高铁领域，中国铁路总公司和德国铁路公司在中欧班列、高铁运营维护等领域加强第三方市场合作。2017年6月，中国三峡集团与德国福伊特集团签署巴西圣保罗州伊利亚电站机组改造项目协议。

（2）对欧盟的积极意义

一方面，从经济利益来看，欧盟不应将自身排除于"一带一路"这一宏大建设之外。欧盟意识到，"一带一路"倡议可能是21世纪以来最重要的大型投资计划，同时涉及重要的交通通道、港口等基础设施。欧盟内部很多专家呼吁欧盟参与"一带一路"建设，以跟上这一重要节奏。欧盟的经济虽然较前几年已大有起色，但从长远经济增长来看，还具有很多不确定性，加上英国脱欧的一波三折，英国脱离欧盟所带来的负面效应尚未完全显现。所以，从中长期来看，加入"一带一路"倡议的具体项目对于欧盟经济来说具有积极意义。而最现实的加入方法就是第三方合作。

另一方面，欧盟可以通过第三方合作维持对海外重要地区的影响力。由于地理临近或者历史上的殖民关系，欧盟的主要成员方在多个地区仍具有重要影响力，如西班牙对于拉美地区的影响力、法国对于非洲的影响力，及德国对中东欧甚至巴尔干地区的关注等。因此，这些国家对于中国在相应地区开展"一带一路"建设较为保守，但如果完全不参与"一带一路"建设只会使得欧盟影响力进一步下降，符合欧盟利益的做法恰恰是通过第三方合作。

（3）对中国的积极意义

同样，第三方合作的形式对于中国也具有积极意义。一方面，自"一带一路"倡议提出以来，中国对沿线国家进行了大量投资，但有部分投资面临较高风险，尤其是政治风险，如在马来西亚的投资因政府换届而被迫暂停，还有部分水电站的投资又涉及沿线下游国家的反对。中国在这些领域的经验还不够丰富，往往陷入前期投资已经发生，但工程被暂停，或者工程迟迟无法开工，甚至面临项目重新协商价格等问题。在这种情况下，如果引入发达国家进行第三方投资，在发达国家丰富的投资经验和谨慎的项目管理下，中国的投资风险也会大幅下降，进而提高项目的投资收益。

另一方面，近年来，西方国家有反对声音提出中国投资的"一带一路"项目使得相关国家陷入债务陷阱，称中国投资不够透明等等。邀请欧盟发达国家参与相关项目的第三方合作，将会显著打击这些质疑声音。此外，自中国提出"一带一路"倡议以来，欧盟方面担心中国在地缘政治上增加影响力。中国提出第三方合作的方案，使这些国家加入相应的项目，在打消欧盟顾虑的同时，也能够更好地开展相应项目，符合中国利益。

2. 共同维护多边合作机制

多边合作机制是指两个以上的国家或地区在安全、经济等领域通过条约或协议确立共同的安全责任和义务。联合国、世界贸易组织、巴黎气候协定的缔约国家都超过150个，所以都属于典型的多边合作机制。伊朗核协议参与国家有7个，也属于多边合作机制。与多边合作相对应的主要是单边主义，所谓单边主义是指举足轻重的特定大国，不考虑大多数国家和民众的愿望，单独或带头退出或挑战已制定或商议好的维护国际性、地区性、集体性和平、发展、进步的规则和制度，并对全局或局部的和平、发展、进步有破坏性的影响和后果的行为与倾向。因此，美国特朗普政府自2017年起的退群行为对现有多边合作机制造成损害，共同维护多边合作机制需要中欧共同努力。

（1）共同维护 WTO 争端解决机制

美国的单边主义行为不仅在实际上架空了 WTO，而且还以改革为由阻挠 WTO 甚至破坏 WTO 的基本框架。2018 年以来，特朗普政府以国内法调查结果为由挑起全球性的贸易冲突，对贸易伙伴的钢铝产品加征关税，并威胁欧盟对其加征汽车关税。美国政府的这一做法无视 WTO 规则，弃多边合作机制于不顾，而直接采用单边主义行为，实现其贸易保护主义目的。美国这一最大经济体拒绝通过 WTO 规则解决贸易争端，直接采取单边主义行为并迫使贸易伙伴接受双边谈判，致使 WTO 框架被实质性架空。更为严重的是，美国自 2016 年就开始频频阻碍 WTO 争端解决机制上诉机构大法官的遴选工作，使得上诉机构至 2018 年 10 月仅剩 3 位大法官，2019 年年底其中两名大法官到任，上诉机构将无法继续运作，因为审理案件至少需要 3 位法官。

中国同欧盟保持通畅的沟通机制。2018 年 6 月 25 日召开第七次中欧经贸高层对话，7 月 16 日欧盟理事会主席图斯克、欧盟委员会主席容克赴北京参加第二十次中欧领导人会晤。中欧双方多次声明，必须坚决反对单边主义和贸易保护主义，承诺共同维护以世贸组织为核心、以规则为基础的多边贸易体制，完善全球经济治理体系。

为了维护 WTO，2018 年 9 月欧盟率先提出欧盟版的 WTO 改革方案，对于 WTO 规则制定、透明度及争端解决机制进行了详细的阐述。同时，中国与欧盟成立了 WTO 改革工作组，专门讨论 WTO 改革问题，双方在争端解决机制问题上紧密合作，并于 11 月 26 日主动发布关于争端解决上诉程序改革的联合提案。此外，中欧之间也就双边投资协定加快谈判，在 2018 年交换负面清单，在投资议题上致力于达成一致。

（2）共同维护巴黎气候协定

在美国宣布退出《巴黎协定》后，欧盟作为巴黎气候协定的主导力量承受了巨大的压力，中国的支持对于欧盟而言意义重大。

中国在每年一度的联合国气候大会上发挥积极作用。2018 年 12 月在波兰卡托维兹召开的气候变化大会谈判异常胶着。此次大会是谈判《巴黎协定》实施细则的关键会议，因此涉及各方的实际利益，发达国家与发展中国家之间、沿海小型岛国与石油出口大国之间、新能源优势国同化石燃料禀赋国之间都具有显著的利益冲突。会议一度因为这些矛盾而暂停，甚至面临最终无协议的风险，毕竟，200 多个参与国家达成一致的确非常困难。大会原定于 12 月 14 日结束，然而谈判过程中各方在部分问题上分歧较大，中途还一度因美国代表不接受全球变暖报告而休会一天（美国宣布退出《巴黎协定》，但真正退出要到 2020 年），大会决议案文一直无法确定。12 月 15 日下午，巴西政府因碳排放交易问题导致会议进程搁置。中国代表团在受到大会主席的委托下，经过 6 个小时和利益相关方的磋商、沟通和协调，使得各方最终达成共识，气候大会最终得以圆满结束。中国的积极作用得到会议主办方的高度评价，如绿色和平全球总干事詹妮弗·摩根指出中国在大会上起到了建设性的作用，搭建了发达国家和发展中国家之间的桥梁；欧盟气候行动与能源委员卡涅特肯定了中国对于本届气候大会作出的基础性贡献，并认为中方代表一直是对话中的关键谈判者，展示了灵活性，起到了桥梁的作用。

中国在实际行动上积极减少碳排放。中国实施积极应对气候变化国家战略，2011—2018 年，中国政府累计投资约 1 亿美元，通过开展节能低碳项目、组织能力建设活动等帮助其他发展中国家应对气候变化。尤其于 2016 年在杭州主办 G20 峰会以后，中国对于气候变化问题更加重视，在节能减排方面的治理力度也有所加大。中国在应对气候变化问题上作出的贡献得到了国际社会的高度赞赏。欧盟委员会联合研究中心能源、交通与气候部主任皮特·泽曼斯基表示："中国在控制碳排放领域的成绩世人瞩目，令人印象深刻。过去几年，欧盟与中国在治理气候变化问题上的合作日益增多，双方无论在技术还是制度方面都有互相借鉴的地方。相信欧中在能源环境领域的合作将使欧亚大陆的联系更加紧密。"

3. 推动国际金融体系的去美元化改革

1997 年东南亚金融危机和 2008 年全球金融危机的爆发，使得国际社会深刻认识到以美元为主导的国际货币体系存在显著缺陷：美国国内的货币政策对于国际货币体系乃至其他国家的经济运行都会产生显著的溢出效应：要么是流动性过剩引起的资产泡沫；要么是流动性紧缩引起的经济停滞。国际货币体系多元化是有效解决这一问题的重要途径，包括在计价货币、储备货币等多方面的变革，主要目的是改变以美元为主的现行体系，增加其他国际货币的使用和持有，以分散风险。

（1）多元化国际货币体系是欧元与人民币的共同使命

实际上，欧盟是最早实行去美元化改革的经济体。1998 年欧元问世，这一集合欧洲主要经济体经济实力的货币，在原有德国马克和法国法郎的基础上，在国际货币体系中的地位迅速上升，成为仅次于美元的国际货币。欧元的出现导致美元在全球央行外汇储备资产中的占比由高点 73% 回落至 2008 年全球金融危机后的 62%，而欧元的占比则由 18% 升至 28% 的高点。若不是欧元区部分国家爆发了严重的主权债务危机，欧元目前在外汇储备资产中的占比可能会更高。作为仅次于美元的国际货币，欧元自问世以来就不可避免地同美元存在竞争。目前，欧盟也致力于提升欧元在国际货币体系中的地位，在 2018 年的盟情咨文中，欧盟委员会主席容克就提出，欧盟应注重其全球影响力，尤其应该注重提高欧元的国际货币地位。从这一点上来看，欧元与人民币具有相同的使命，那就是多元化国际货币体系，使国际货币体系更加稳定和安全。在这一点上，中欧双方有着广阔的合作空间。

（2）中欧合力推动去美元化改革的进展与方向

近年来中欧合力推动去美元化改革的最主要成果就是人民币加入 SDR 货币篮子。2016 年 10 月，国际货币基金组织正式将人民币纳入 SDR 货币篮子，这既是人民币国际化取得的重要进展，更是中欧合力推动国际货币体系改革的重要进展。2008 年全球金融危机爆发后，德国和法国在多个场合多次强调推动国际货币体系改革。从人民币入篮后的货币权重变化来看，美元的占比略微下降，仅从 41.9% 下降至 41.73%，欧元和英镑的占比则分别由调整前的 37.4% 和 11.3% 下降至 30.93% 和 8.09%。可见，欧盟方面对于人民币入篮给予了巨大支持，其中还包括法国支持修改"自由兑换"有关规则，以使人民币符合入篮的技术要求（廖峥嵘，2016）。

2018 年以来，伊核协议风波的爆发使得欧盟再次意识到去美元化的重要性。美国不顾欧盟反对重启对伊朗的制裁，并威胁相关国家和企业无法收到石油美元。现有国际贸易体系高度依赖美国以 SWIFT 为框架的全球支付体系，只要美国对某个国家展开金融制裁，那么其他国家与该国开展经济往来的所需资金都无法进行划转，这对于现代经济体系来说非常致命，同时也恰恰是美元霸权的命脉所在。

为了维护本国在伊朗的大量投资利益，欧盟和中国相继开始了去美元化的尝试。2018 年 9 月，以法国、英国和德国为首的几个国家一直试图遏制与伊朗经济关系的恶化趋势，考虑避开美国金融体系，通过建立新的金融渠道 SPV（特别目的载体）向伊朗的欧洲公司支付款项，或允许伊朗的银行在欧洲央行开设或激活新账户。"特别目的载体"的想法出现在美国对伊朗的新一轮制裁之前不久，旨在让欧盟得以与伊朗用欧元进行交易，这将消除商业银行和央行对遭受美国处罚的担忧，维持与伊朗之间的生意。11 月，伊朗央行宣布将人民币列为三大主要换汇货币，并取代了原来美元的位置。此外，俄罗斯、印度也都积极与伊朗开展本币交易的合作，去美元化改革在伊核协议风波下有所加快。

总之，在中国与欧盟建立全面战略伙伴关系 15 周年和中国—欧盟领导人会晤机制建立 20 周年之际，中国于 2018 年 12 月 18 日发布新的中国对欧盟政策文件，这是继 2003 年和 2014 年后的第三份官方对欧盟政策文件。文件提出，当今世界正处于大发展大变革大调整时期，国际形势中不稳定不确定因素增多，单边主义、保护主义、逆全球化思潮抬头，中欧关系需要与时俱进、继往开来，进一步明确新时代深化中欧全面战略伙伴关系的方向、原则和具体举措，有助于推动中欧关系取得更大发展。[1]

---

[1]　《中国对欧盟政策文件》，《人民日报（海外版）》2018 年 12 月 19 日。

主要参考文献

[1]毕晶:《改革开放四十年中欧经贸关系回顾与思考》,《国际贸易》2018年第10期。

[2]车文娇:《中国欧盟经贸关系发展研究》,东北财经大学博士学位论文,2009年。

[3]丁长清等编著:《中外经济关系史纲要》,科学出版社2003年版。

[4]丁纯、霍卓翔:《改革开放以来中国与欧盟经贸合作的历史、现状、问题与展望》,《海外投资与出信信贷》2018年第6期。

[5]丁志杰、严灏、丁玥:《人民币汇率市场化改革四十年:进程、经验与展望》,《管理世界》2018年第10期。

[6]杜尚泽、焦翔:《习近平出席中阿合作论坛第六届部长级会议开幕式并发表重要讲话》,《人民日报》2014年6月6日。

[7]范恒山:《推动共建一带一路向高质量发展转变》,《人民日报》2018年10月29日。

[8]方思元、梁珣:《中国金融对外开放:成就、不足与变革》,《海外投资与出口信贷》2018年第6期。

[9]高疆:《全球数字链与数字贸易新规则》,《信息系统工程》2018年第5期。

[10]国家税务总局湖北省税务局课题组等:《世界银行营商环境报告纳税指标及我国得分情况分析》,《税务研究》2019年第1期。

[11]郭泉真:《中日四十年——前驻日大使徐敦信访谈》,《解放日报》2018年10月23日。

[12]郭田勇:《中国金融开放的进程与展望》,《农村金融研究》2018年第10期。

[13]金熙德:《缔约30年来中日关系的演变轨迹》,《日本学刊》2008年第6期。

[14]金永军、陈柳钦:《人民币汇率制度改革评述》,《国际金融研究》2006年第1期。

[15]李军鹏:《十九大后深化放管服改革的目标、任务与对策》,《行政论坛》2018年第2期。

[16]李克强:《在纪念中日和平友好条约缔结四十周年招待会上的演讲》,《人民日报》2018年5月12日。

[17]李扬、张晓晶:《"新常态":经济发展的逻辑与前景》,《经济研究》2015年第5期。

[18]宁特林、谢朝阳:《中国证券市场开放与金融稳定》,《经济问题》2017年第10期。

[19]陆娅楠:《一带一路,朋友多、路好走》,《人民日报》2018年8月28日。

[20]吕岩、赵文青:《2018保险业:回归、改革、颠覆、底线、开放》,《金融博览(财富)》2019年第1期。

[21]庞岩、卢爱珍:《跨境贸易人民币结算的发展及其影响因素分析》,《国际商务研究》2017年第5期。

[22]权衡等:《中国收入分配改革40年:经验、理论与展望》,上海交通大学出版社2018年版。

[23]权衡等:《复苏向好的世界经济:新格局、新动力与新风险——2018年世界经济分析报告》,格

致出版社、上海人民出版社 2018 年版。

[24]盛斌、高疆:《中国与全球经济治理:从规则接受者到规则参与者》,《南开学报(哲学社会科学版)》2018 年第 5 期。

[25]世界银行、国务院发展研究中心联合课题组:《2030 年的中国:建设现代、和谐、有创造力的社会》,中国财政经济出版社 2013 年版。

[26]孙祁祥、周新发:《中国保险业四十年嬗变》,《中国金融》2018 年第 10 期。

[27]魏勇强、张文静:《中资商业银行"走出去":挑战与对策》,《金融理论与实践》2018 年第 7 期。

[28]习近平:《共建创新包容的开放型世界经济——在首届中国国际进口博览会开幕式上的主旨演讲》,人民出版社 2018 年版。

[29]杨雪峰:《开放进程中人民币汇率制度演变解读》,《世界经济研究》2008 年第 9 期。

[30]杨雪峰:《人民币汇率形成机制的实证研究(2006—2011)》,《世界经济研究》2012 年第 9 期。

[31]姚铃:《中欧自贸区建设的经济影响、挑战与前景》,《国际贸易》2018 年第 2 期。

[32]于凤芹、王智明:《中国汇率制度改革 40 年:变迁与发展》,《经济与管理研究》2018 年第 12 期。

[33]张季风:《中日经贸关系 70 年回顾与思考》,《现代日本经济》2015 年第 6 期。

[34]张竞:《我国证券市场开放面临的潜在风险——基于深港通的视角》,《对外经贸实务》2017 年第 3 期。

[35]张末冬:《银保行业进入开放新阶段》,《中国金融家》2018 年第 6 期。

[36]张幼文:《开放型发展新时代:双向投资布局中的战略协同》,《探索与争鸣》2017 年第 7 期。

[37]赵超、安蓓:《坚持对话协商共建共享合作共赢交流互鉴 推动共建"一带一路"走深走实造福人民》,《人民日报》2018 年 8 月 28 日。

[38]赵中昊、林婷婷:《外资准入逐步放开 证券行业转型提速》,《中国外资》2018 年第 7 期。

[39]Accenture, *The Future of Consumer Goods:Moving from Analog to Digital*, Dublin:Accenture, 2014.

[40]Amador, J. and Cabral, S. , "Global Value Chains:A Survey of Drivers and Measures", *Journal of Economic Surveys*, Vol. 30, No. 2, 2016.

[41]Ashton-Hart, N. , "Addressing the Networked Economy in Trady Policy", in Braga, C. A. P. and Hoekman, B. (eds), *Future of the Global Trade Order*, 2nd Edition, Florence:European University Institute, 2017.

[42]Auboin, M. and Borino, F. , "The Falling Elasticity of Global Trade to Economic Activity:Testing the Demand Channel", WTO Staff Working Paper, No. ERSD-2017-09, 2017.

[43]Baldwin, R. E. , "Multilateralising Regionalism:Spaghetti Bowls as Building Blocs on the Path to Global Free Trade", *World Economy*, Vol. 29, No. 11, 2006.

[44]Baldwin, R. E. , "21st Century Regionalism:Filling the Gap between 21st Century Trade and 20th Century Trade Rules", *WTO Staff Working Paper*, No. ERSD-2011-08, 2011.

[45]Baldwin, R. E. , "Trade and Industrialization After Globalization's 2nd Unbundling:How Building a Supply Chain Are Different and Why It Matters?", NBER Working Paper, No. 17716, 2011.

[46]Baldwin, R. E. and Jaimovich, D. , "Are Free Trade Agreements Contagious?", *Journal of International Economics*, Vol. 88, No. 1, 2012.

[47]Bhagwati, J. N. , *Free Trade Today*, Princeton:Princeton University Press, 2002.

[48]Chen C. , Park T. , Wang X. , Piao S. , Xu B. , Chaturvedi R. K. , Fuchs R. , Brovkin V. , Ciais P. , Fensholt R. , Tømmervik H. , Bala G. , Zhu Z. , Nemani R. R. and Myneni R. B. , "China and India Lead in

Greening of the World Through Land-use Management", *Nature Sustainability*, Vol. 2, 2018.

［49］Doreian P. , Batagelj. V. , and Ferligoj A. , "Symmetric-acyclic Decompositions of Networks", *Journal of Classification*, Vol. 17, No. 1, 2000.

［50］Lusher, D. , Koskinen, J. and Robins, G. , "Exponential Random Graph Models for Social Networks: Theory, Methods and Applications", *Contemporary Sociology*, Vol. 43, No. 4, 2014.

［51］OECD, *Economic Outlook for Southeast Asia, China and India 2018: Fostering Growth through Digitalisation*, Paris: OECD Publishing, 2018.

［52］Sanjaya Lall, *The Technological Structure and Performance of Developing Country Manufactured Exports, 1985-1998*, Oxford Development Studies, Vol. 28, No. 3, 2000.

［53］Wasserman, S. and Faust, K. , *Social Network Analysis: Methods and Applications*, Cambridge: Cambridge University Press, 1994.

［54］VanGrasstek C. , *The History and Future of the World Trade Organization*, Geneva: WTO, 2013.

［55］Siebert H. , "What Does Globalization Mean for the World Trading System?", Kiel Working Paper No. 856, 1998.

［56］Neufeld N. , "Trade Facilitation Provisions in Regional Trade Agreements, Traits and Trends", WTO Staff Working Paper, No. ERSD-2014-01, 2014.

［57］World Trade Organization (WTO), *Trade Policy Review Report 2006: China*, Geneva: WTO, 2006.

后　记

　　2018 年是中国改革开放 40 周年。40 年来中国的国际地位发生了翻天覆地的变化，研究 40 年改革开放走出的中国道路的国际意义，以及中国道路为国际地位提出的新内涵具有重要价值。本报告聚焦世界对中国国际地位认识从定量排名到治理作用的变化，从经济成长到国际政治意义上的全面提升；分析 40 年改革开放中国道路决定中国国际地位的机制和特点，最真实地记录中国国际地位变化。

　　本报告依然是集体努力的结果，因为工作量大，需要跨学科多人合作，但是得益于上海社会科学院世界经济研究所的研究工作者长期对这些问题的跟踪研究，才有本报告长期持续出版。报告编写团队多次讨论，对稿件一再修改，力争最大程度提升报告的质量水平。

　　各章作者分别是：

　　导论：苏宁

　　第一章：刘芳

　　第二章：周大鹏

　　第三章：陈陶然

　　第四章：彭羽

　　第五章：吕文洁

　　第六章：高疆

　　第七章：杨雪峰

　　第八章：张天桂

　　第九章：智艳、徐乾宇

　　第十章：姜云飞

　　本报告由张幼文、黄仁伟和权衡拟定选题和大纲，胡晓鹏、赵蓓文组织专题讨论并审阅、细化提纲，薛安伟统稿。

　　作为主编，我们感谢所有科研人员的真诚合作，同样期待各位读者对我们的工作提出宝贵意见，以帮助我们将这一工程持久推进下去。

张幼文、黄仁伟、权衡

2019 年 6 月于上海社会科学院

策划编辑：郑海燕
责任编辑：郑海燕　李甜甜
封面设计：肖　辉　欢　欢
责任校对：苏小昭

图书在版编目（CIP）数据

中国国际地位报告.2019/张幼文,黄仁伟,权衡 主编. —北京:人民出版社,2020.6
ISBN 978－7－01－021159－6

Ⅰ.①中…　Ⅱ.①张…②黄…③权…　Ⅲ.①中国经济-经济发展-研究报告-2019
②中外关系-研究报告-2019　Ⅳ.①F124 ②D822

中国版本图书馆 CIP 数据核字(2019)第 239144 号

中国国际地位报告(2019)

ZHONGGUO GUOJI DIWEI BAOGAO (2019)

张幼文　黄仁伟　权　衡　主　编

赵蓓文　胡晓鹏　副主编

人民出版社 出版发行

(100706　北京市东城区隆福寺街 99 号)

中煤(北京)印务有限公司印刷　新华书店经销

2020 年 6 月第 1 版　2020 年 6 月北京第 1 次印刷
开本:787 毫米×1092 毫米 1/16　印张:14.5
字数:300 千字

ISBN 978－7－01－021159－6　定价:66.00 元

邮购地址 100706　北京市东城区隆福寺街 99 号
人民东方图书销售中心　电话 (010)65250042　65289539